ADAC Reiseführer

Die Ferienstrasse der Schweiz

Grand Tour of Switzerland

Landschaften · Museen · Aussichtspunkte · Städte
Kulturschätze · Pässe · Hotels · Restaurants

Die Top Tipps führen Sie zu den Highlights

von Axel Klemmer

Intro

Unterwegs

Leserforum

Die Meinung unserer Leserinnen und Leser ist wichtig, daher freuen wir uns, von Ihnen zu hören. Wenn Ihnen dieser Reiseführer gefällt, wenn Sie Hinweise zu den Inhalten haben – Ergänzungs- und Verbesserungsvorschläge, Tipps und Korrekturen –, dann kontaktieren Sie uns bitte:

Redaktion ADAC Reiseführer
Travel House Media GmbH
Grillparzerstr. 12, 81675 München
adac.reisefuehrer@travel-house-media.de

Bern Region 216

Luzern – Vierwaldstättersee 228

Zürich Region 258

Schweizer Mythen

Beine vertreten

Karten und Pläne

☐ Service

Die Ferienstraße der Schweiz multimedial erleben

Mit Ihrem Smartphone, Tablet-PC oder Computer können Sie viele Routenabschnitte der Grand Tour of Switzerland auch in bewegten Bildern erleben.

1

Im Buch finden Sie bei ausgewählten Sehenswürdigkeiten QR-Codes sowie Internet-Adressen.

▶ Reise-Video
Ade Toggenburg: Ankunft in Gams
QR-Code scannen [s. S. 5] oder dem Link folgen: tinyurl.com/ankunftgams

2

Öffnen Sie den QR-Code-Scanner auf Ihrem Handy und scannen Sie den Code. Gut geeignet sind Apps wie barcoo oder Scanlife.

3

Die meisten Apps schlagen Ihnen nun ein Programm zum Öffnen des Films vor. Das iPhone startet ihn automatisch. Am flüssigsten laufen die Filme bei einer WLAN oder 3G-Verbindung.

4

Sollten Sie kein Smartphone besitzen, dann nutzen Sie bitte die neben dem QR-Code stehende Internet-Adresse.

Bitte beachten Sie, dass beim Aufruf der Reise-Videos über das Handy Kosten bei Ihrem Mobilfunkanbieter entstehen können. Im Ausland fallen Roaming-Gebühren an.

Grand Tour of Switzerland

Der Weg ist das Ziel

Europa hat eine neue Traumroute. Sie führt vom Fuß der höchsten Alpenberge hinab zum Ufer des Genfersees und von den Rebstöcken am Rhein bis zu den Palmen im Tessin. Mehr Abwechslung auf so kleinem Raum bietet kein anderes Land des Kontinents. Die Grand Tour of Switzerland verbindet hohe Alpenpässe und weite Seen, schroffe Felsberge und sanfte Kuhweiden, Mittelalter und Moderne. Mehr als **1600 Kilometer** misst die Runde, dazu kommen drei lange Einstiegsetappen, jede allein schon einen eigenen Besuch wert. Die Schweiz als Roadmovie: Alle, die sich auf den Weg machen, werden zu Regisseuren ihres ganz persönlichen Wunschfilms. Gleichsam im Vorüberfahren entdecken sie die ursprüngliche Qualität des Reisens wieder. Denn hier gewinnt nicht, wer auf schnellstem Weg von A wie Appenzell nach Z wie Zürich kommt, sondern wer dabei am meisten sieht. **46 Highlights** stecken die Route ab, elf davon stehen zusätzlich auf der Liste des UNESCO-Welterbes. Das Spektrum reicht vom Bergdorf Guarda im Engadin bis zur Kulturstadt Basel und von der Weinberg-Terrassenlandschaft Lavaux am Nordufer des Genfersees bis zum Berg der Berge, dem Matterhorn. Die goldenen **Kunstschätze** im Kloster Saint-Maurice im Rhonetal gehören ebenso zum Inventar wie die **Naturschätze** im Schweizerischen Nationalpark, wo man sich den Rocky Mountains näher fühlt als den Kuh- und Käsealmen im Berner Oberland. Auch grandiose Aussichtsberge wie der Muottas Muragl im Engadin oder der Pilatus bei Luzern liegen an der

Route – wobei die Berg- und Zahnradbahnen oft genauso bemerkenswert sind wie die **Panoramen**, die sie erschließen.

Muss man wirklich *alles* gesehen haben? Im Idealfall schon … Weil eine Reise dazu kaum reichen wird, ist es auch möglich, Teilstrecken der Grand Tour unter die Räder zu nehmen. Wer sich Zeit lässt, entdeckt beim entspannten Cruisen zwischen den offiziellen Highlights noch viel (!) mehr inoffizielle Höhepunkte. Zur Tour starten kann man überall. In diesem Buch beginnt die Reise im hohen Norden der Schweiz, nahe der deutschen Grenze bei Schaffhausen beim ersten rauschenden Highlight: dem **Rheinfall**. Am Rhein entlang geht es zum Ufer des Bodensees und nach **St. Gallen**, wo neben dem großartigen Stiftsbezirk auch eine wunderbare Stadt zu entdecken ist. Dahinter warten die Alpen: das grüne Wald- und Wiesenidyll im Kanton **Appenzell**, das weite Rheintal mit dem kleinen Fürstentum Liechtenstein und schließlich das Hochgebirge im Engadin – die spektakuläre Gletscher- und Seenlandschaft bei **St. Moritz**. Durch die berühmte Viamala rollt man durchs Hinterrheintal und über den Alpenhauptkamm hinab in den Süden, ins Tessin, zu Lago Maggiore und Lago di Lugano. An der Uferpromenade von **Ascona**, der tiefstgelegenen Stadt der Schweiz (196 m), darf man den Cappuccino auf Italienisch bestellen. Und beim Abstecher in den Südzipfel der Schweiz hat man es schwer, sich von Lugano, seinen Parks und seinem Kulturangebot zu verabschieden. Über den Gotthard- und den Furkapass führt die Route danach ins

Ganz weit und voller Licht: Blick über die Weinberg-Terrassen von Lavaux auf den Ort Cully am Ufer des Genfersees

Wallis mit seinen Gletschern und Weinbergen und, natürlich, nach Zermatt. Dort sieht man hinauf zum höchsten Punkt der Schweiz, zur Dufourspitze (4634 m) im Monte-Rosa-Gebiet, und fotografiert das benachbarte **Matterhorn** (4478 m) am Ende doch viel öfter. Dem Lauf der Rhone folgend, geht es hinaus aus den Bergen und an den mondänen Uferstreifen des Genfersees entlang über Montreux und Lausanne bis nach **Genf**, der selbst ernannten kleinsten Weltstadt auf dem Globus. Nun wendet man sich nach Norden, dem **Jura** zu: ein grünes Mittelgebirge und ein großer weißer Fleck auf den touristischen Landkarten. Fantastische Landschaftsbilder sind zu entdecken – im ›Uhrmachertal‹ des Vallée de Joux, über dem Felskessel des Creux du Van oder im Tal des Doubs –, daneben hochinteressante Städte wie Neuchâtel und La Chaux-de-Fonds. Von der Kulturmetropole **Basel** im schweizerisch-französisch-deutschen Dreiländereck fährt man zurück Richtung Alpen, quer durch die Drei-Seen-Region, vorbei an der zauberhaft mittelalterlichen Kulisse von Fribourg ins Schokolade- und Käseland rund um Gruyères (Greyerz). Postkartenmotive und Bilderbuchpanoramen am laufenden Kilometer liefert auch das daran anschließende **Berner Oberland**. Im Simmental sind einige der schönsten Schweizer Bauerndörfer zu sehen und über dem Thunersee bei Interlaken die berühmte Skyline der Gletscherriesen Eiger, Mönch und Jungfrau. Mit der Zahnradbahn rattert man hinauf zum **Jungfraujoch** (3454 m), blickt nach Süden auf den Aletschgletscher, den größten Gletscher der Alpen, und nach Norden hinab zum blaugrünen Fjord des Brienzersees. Nach so viel begeisternder Natur genießt man in der ›Bundesstadt‹ **Bern** das urbane Leben – in einem Juwel mittelalterlicher Stadtbaukunst. Dahinter wird es wieder grün, sehr grün sogar: Das **Emmental** lässt ans Auenland im ›Herrn der Ringe‹ denken. Am Nordende des Hallwiler-

Kleine Welt im Emmental - mit grünen Wiesen, glücklichen Kühen und schönen Bauernhäusern

Große Welt in Zürich – mit mondänem Lifestyle und großem Alpenpanorama hinter dem Turm des Fraumünsters

sees, beim Wasserschloss Hallwyl, wendet sich die Route wieder nach Süden und erreicht das urbane Gesamtkunstwerk **Luzern**. Die Fahrt an den Ufern des **Vierwaldstättersees** entlang bietet einige der malerischsten Streckenabschnitte der Grand Tour. Hier schlägt das mythisch-historische Herz der Eidgenossenschaft, es ist das Land von Wilhelm Tell, Rütlischwur und Schweizer Taschenmesser. Vorbei am Klosterort Einsiedeln gelangt man zur wunderbaren Stadt Rapperswil und folgt der ›Goldküste‹ des Zürichsees zur unverwechselbaren Kulisse der beiden Türme des **Zürcher Grossmünsters** – unter dem das weltliche Leben nicht nur in Banken und Boutiquen tobt, sondern auch in Dutzenden ›Badis‹: See- und Flussbädern.

Die letzte Etappe führt schließlich vorbei an der notorisch unterschätzten Großstadt Winterthur mit ihren großartigen Museen hinauf zu den Obstwiesen und Weinbergen am Rhein, wo sich der Kreis in Schaffhausen wieder schließt.

Wer die Runde gemacht hat, ganz oder auch nur in Teilen, weiß, dass viele **Klischees** über die Schweiz tatsächlich stimmen: die grünen Wiesen mit den braunen Kühen, die Puppenstubenhäuser und die blumengeschmückten Bauernhöfe, die Berge, die man in der Käse- und Schokoladenwerbung immer sieht, die historischen Schaufelraddampfer auf den romantischen Bergseen, die japanischen Touristen in den Zahnradbahnen, die smarten Banker am Zürcher Paradeplatz, die schicken Uhrengeschäfte, die Hotelpaläste aus der Belle Époque ...

Ungemein spannend zu erleben ist der **kleinräumige Wechsel** – nicht nur der Landschaft, sondern auch der Sprachen und Kulturen. Wer aus den ›deutschen‹ Städten Zürich, Bern und Basel ins ›italienische‹ Lugano kommt und danach durch die ›französischen‹ Mini-Metropolen Genf und Lausanne bummelt, erlebt einen faszinierenden Mikrokosmos in der Mitte Europas. Das dichte Nebeneinander von **Historie und**

Zeiten ändern sich: Das Eis des Rhonegletschers ist mittlerweile verschwunden, dafür haben die Fahrzeuge auf der Furkapassstraße heute mehr Pferdestärken

Hightech, von uraltem Gebälk und hypermodernen Fassaden aus Glas und Stahl kann auch irritieren. Grasende Kühe auf grüner Wiese vor blumengeschmückten Bauernhäusern lassen leicht vergessen, dass **Heidiland** längst globalisiert ist. Und wie! Immerhin stand die Schweiz im Jahr 2014 schon zum vierten Mal in Folge auf Platz eins des ›Global Innovation Index‹, der Liste der innovativsten Länder weltweit. Warum? Sicher nicht deshalb, weil die Menschen hier so runde Käselaibe, so zartschmelzende Schokoladen, so klanggewaltige Kuhglocken und Alphörner produzieren. Seinen großen Wohlstand verdankt das Land nicht einmal dem Verkauf luxuriöser mechanischer Uhren.

Das Vermögen wird anders erwirtschaftet – durch eine Industrie, die Maschinen, Nahrungsmittel, chemische und pharmazeutische Produkte herstellt, vor allem aber durch einen Dienstleistungssektor, der nicht allein durch Großbanken und Versicherungen repräsentiert wird. Der Tourismus? Macht heute rein rechnerisch weniger als drei Prozent des Bruttoinlandsprodukts aus. Als er vor etwa 150 Jahren im großen Stil begann, war das noch anders, und auch heute ist er für den **Nimbus** der Schweiz, für ihre Corporate Identity, von allergrößter Bedeutung.

Gereist wurde schon vor 2000 Jahren, jedoch nicht zum Vergnügen. Bis weit ins 19. Jh. hinein galten die Alpen vor allem als ein Verkehrshindernis. **Römische Ingenieure** hatten wichtige Übergänge wie den Septimer, den Julier und den Maloja im heutigen Graubünden bereits zu festen Wegen ausgebaut. Man ging zu Fuß, ritt hoch zu Ross, benutzte Pferde- und Ochsenkarren – aber nur wenn es zum Lebensunterhalt nötig war. Wenn man sich als Bauarbeiter, Wanderhändler, Handwerker, Lehrer oder Künstler fern der Heimat einen Job suchen musste. Oder wenn man in der **Säumerei** arbeitete, als früher Logistikdienstleister, und Wein und Gold, Salz und Gewür-

ze, Samt und Seide über die Alpen beförderte. So ein Warentransport mit Pferden, Maultieren und Eseln dauerte zwei bis vier Wochen. Ganze Täler profitierten von der Säumerei, das Netz der Wege und Saumstationen war dicht geknüpft.
Auch ein früher Tourist aus der deutschen Residenzstadt Weimar, der Legationsrat Johann Wolfgang Goethe, blieb auf seinen Reisen 1775, 1779 und 1797 in der Schweiz hängen. Er begeisterte sich für die Natur, botanisierte, dichtete, zeichnete und prägte einen neuen Blick auf das Land. In der ersten Hälfte des 19. Jh. wurden die wichtigen **Passstraßen** ausgebaut. Nachdem am 1. Januar 1849 die Bundespost den Dienst aufgenommen hatte, verkehrten auf allen wichtigen Routen die Kutschen nach Plan. **Zweistöckige Pferdeomnibusse** zuckelten in 14 Stunden von Chur aus über den Albula nach St. Moritz. Der Tourismus boomte. Im Januar 1874 rollten Tag für Tag schon an die 100 Fahrgäste mit der Post über den Albula. Längst waren die Alpen nicht mehr nur das Durchgangsland, das Reisende auf ihrem Weg nach Italien so schnell wie möglich hinter sich bringen wollten.

Der Mythos der großen Alpenpässe, in Jahrhunderten gewachsen, ist geblieben. Zwei besonders geschichts- und geschichtenträchtige Nord-Süd-Übergänge erlebt man auch auf der Grand Tour of Switzerland. Da ist zum einen die heute noch furchterregende Schlucht der **Viamala**, die den Zugang aus dem Rheintal über den **San-Bernardino-Pass** (2065 m) ins Tessin erschließt – hinab zu den gewaltigen Festungsanlagen von Bellinzona. Und da ist zum anderen der **Gotthardpass** (2106 m), so etwas wie der gefühlte Mittelpunkt des Landes und fester Bestandteil der schweizerischen DNA. Beide Pässe umfährt bzw. unterquert der Transitverkehr heute durch lange Tunnels. Die Grand Tour of Switzerland nutzt dagegen die alten, aufregenden Routen über die Berge: Denkmäler der Straßenbaukunst und legendäre Symbole des alpinen Reiseverkehrs – wie auch die Straßen über den Flüela (2383 m), den Julier (2284 m) und die Furka (2429 m), den höchsten Punkt der ›Großen Tour durch die Schweiz‹. Die wahren Höhepunkte lassen sich jedoch nicht in Zahlen und Nummern messen. Oft tragen sie nicht einmal bekannte Namen. So wie der **Col du Marchairuz** (1447 m) nördlich von Genf: ein Pass auf aussichtsreichen Jurahöhen und eine wunderbare Fahrt ins Grüne. Der Weg ist das Ziel – auf der Grand Tour of Switzerland sind das keine hohlen Worte.

Highway-Atmosphäre bei der Zufahrt zur Schwägalp am Fuß des Säntis in der Ostschweiz

8 Tipps für cleveres Reisen

1 Kleine(re) Städte ganz groß

Zürich, Basel, Bern, Genf, Lausanne: Bei vielen Reisenden stehen die großen Städte ganz oben auf dem Programm. Und weil ihnen nach dem Besuch die Zeit nicht mehr reicht, fahren sie an Sion, Neuchâtel, La Chaux-de-Fonds, Fribourg, Thun, Rapperswil oder Winterthur vorbei. Was sehr schade ist – denn gerade in der ›zweiten Reihe‹ der Schweizer Städte erlebt man die schönsten Überraschungen.

2 Bloß nicht vergessen: die Öffis

Die Schweiz ist das Land der öffentlichen Verkehrsmittel. Die ›Kleine Rote‹ (Rhätische Bahn) und der gelbe Postbus (der in der Schweiz Postauto heißt) sind Kult. Praktisch sind Öffis in Weingegenden: Wer etwa über die Weinberg-Terrassen des Lavaux (→ S. 137) bummeln und dabei im einen oder anderen Weinkeller einkehren möchte, kann das guten Gewissens tun: Bahn oder Bus bringen ihn nach Montreux/Vevey bzw. Lausanne ins Hotel. Fahrpläne und Verbindungen findet man hier: *www.sbb.ch*, *www.postauto.ch*

Gut schlafen, weniger zahlen 3

Die schweizerische Parahotellerie bietet fünf günstige Alternativen zum Hotelbett: in den Schweizer Jugendherbergen, auf den Campingplätzen des Touring Club Schweiz *(www.tcs.ch/de/reisen-camping/camping/)*, bei den Betrieben von Bed and Breakfast Switzerland *(www.bnb.ch)*, in den vielen Häusern der Reka Schweiz *(www.reka.ch)* und in den Interhome Ferienwohnungen bzw. -häusern *(www.interhome.ch)*.

4 Hilfe, der Stecker passt nicht!

Die Spannung (230 Volt) passt, der Stecker meistens nicht: In der Schweiz verwendet man keine zweipoligen Schukostecker, sondern dreipolige Stecker vom Typ J. An der Hotelrezeption bekommt man zwar einen Adapter, bequemer ist es aber, diese kleinen Helfer selbst mitzuführen (und beim Auschecken nicht zu vergessen). Im Elektromarkt kosten die Teile nur ein paar Euro.

Extratour auf zwei Rädern 5

Trottinetts sind die SUVs unter den Rollern: mit großen Rädern, dicken, profilierten Reifen und – wichtig! – guten Bremsen. Toll ist z.B. die 800-Höhenmeter-Fahrt von der Bergstation auf der Bettmeralp (→ S. 109) zum Bergdorf Betten *(www.bettmeralp.ch)*. Besonders breite, weiche Reifen besitzen dagegen die Grastrottinetts, mit denen man im Pays-d'Enhaut (→ S. 191) von La Braye über die Wiesenwege nach Château-d'Oex rollt *(www.chateau-doex.ch)*.

6 Matterhorn im Morgenlicht

Sonnenaufgangsfahrten mit der Seilbahn – u.a. an Säntis *(www.saentisbahn.ch)*, Stockhorn *(www.stockhorn.ch)*, Eggishorn *(www.eggishorn.ch)* und am Gornergrat über Zermatt: Schöner sieht man das Matterhorn nicht *(www.gornergratbahn.ch)*. Morgenmuffel wählen die Nachtfahrt mit Dinner auf 3883 m Höhe *(www.matterhornparadise.ch)*, oder am Monte Brè über dem Lichtermeer von Lugano *(www.montebre.ch)*.

Ab in den Keller 7

Die Schweiz ist ein Weinland – kaum ein Tag, an dem man nicht irgendwo an Weinbergen vorbeifährt! Mehr als 200 Rebsorten gibt es, darunter einige echte Raritäten wie z.B. die Petite Arvine im Wallis, in deren Genuss man nur vor Ort kommt. Da kaum exportiert wird, ist man gut beraten, die eine oder andere Kellervisite einzulegen. Alles über Regionen, Rebsorten und Önotourismus erfährt man auf: *www.swisswine.ch*

8 Und immer wieder: Beine vertreten!

Augen auf beim Fahren – nicht nur für die Straße, sondern auch für die Umgebung. Wo es besonders schön ist, sollte man sich die Zeit für einen Spaziergang gönnen. In den grünen Kästen finden Sie in diesem Buch einige Vorschläge. Ideal für unterwegs ist die Online-Wanderkarte ›SchweizMobil‹, die auf einen Klick alle Wanderwege zeigt: *map.wanderland.ch*

8 Tipps

für die ganze Familie

Tiere in der Stadt – die großen Zoos 1

Die Tierparks in den größten Städten sind sehr unterschiedlich. Der schönste ist vielleicht der Zoo Zürich, der sich als Naturschutzzentrum versteht. *Zürichbergstr. 1, Tel. 044 254 25 10, www.zoo.ch, März–Okt. tgl. 9–18, Nov.–Febr. tgl. 9–17 Uhr, Erw. 26 CHF, Jugendl. (16–25) 19 CHF, Kinder (6–15) 13 CHF.* Der Zoo Basel bietet den größten Tierbestand. *Binningerstr. 40, Tel. 061 295 35 35, www.zoobasel.ch, März–Okt. tgl. 8–18, Mai–Aug. bis 18.30, Nov.–Febr. tgl. 8–17.30 Uhr, Erw. 18 CHF, Jugendl. (16–25) 12 CHF, Kinder (6–16) 7 CHF.* Neben dem Bärenpark gibt es in Bern den Tierpark Dählhölzli. Motto: Mehr Platz für weniger Tiere. *Tierparkweg 1, Tel. 031 357 15 15, www.tierpark-bern.ch, zur Sommerzeit tgl. 8.30–19 Uhr, Erw. 10 CHF, Kinder (6–16) 6 CHF.*

2 Es kann nur eine geben: Besuch bei Heidi

Die Bündner Herrschaft, die nördlichste Ecke Graubündens, ist eine wunderbare Gegend: Milch für die Kinder, Wein für Mama und Papa, Idylle für alle – auch wenn sie manchmal inszeniert ist wie im vielbesuchten Heididorf (→ S. 44), das der heimlichen Botschafterin der Schweiz in aller Welt eine erlebbare Heimat gibt. Und nicht vergessen: Weihnachten 2015 läuft die neue ›Heidi‹-Verfilmung im Kino. *7304 Maienfeld, Tel. 081 330 19 12, www.heididorf.ch, Mitte März–Mitte Nov. tgl. 10–17 Uhr, Erw. 9,90 CHF, Kinder (5–14) 3,90 CHF.*

3 Steinbock, Adler, Murmeltier

Diese Tiere in freier Wildbahn zu sehen, ist eine Schau – vor allem in der tollen Natur der Schweizerischen Nationalparks (→ S. 54). Viele naturkundliche Exkursionen werden geboten, auch für Kinder und Familien, man kann aber auch mithilfe der kostenlosen App iWebPark aufbrechen. *Besucherzentrum Zernez, 7530 Zernez, Tel. 081 851 41 41, www.nationalpark.ch*

4 Spiel- und Spaßberg im Tessin

Der Monte Tamaro (→ S. 87) bietet alles, was kleine und große Kinder zum Jauchzen bringt: Sommerrodelbahn, Seilrutsche, Hochseilpark und vieles mehr. *Monte Tamaro SA, 6802 Rivera, Tel. 091 946 23 03, www.montetamaro.ch, April–Okt. tgl. 8.30–17 Uhr, Erw. ab 25 CHF, Kinder (6–15) ab 12 CHF.* An der Talstation bietet das Erlebnisbad ›Splash & Spa‹ Rutschen, Wellen, Pools und Geysire. *Via Campagnole 1, 6802 Rivera-Monteceneri, Tel. 091 936 22 22, www.splashespa.ch, tgl. 10–22, Sa/So/Fei ab 9 Uhr, Erw. ab 35 CHF, Kinder (6–15) ab 25 CHF.*

5 Ein ganzes Haus voller Schokolade

Vorsicht an heißen Sommertagen – damit all die Tafeln, Pralinen und Röllchen auf dem Weg zurück zum Parkplatz und später im Auto keinen Schaden nehmen. Im historischen Gebäude des Maison Cailler (→ S. 189) neben dem modernen Nestlé-Werk wird die Geschichte der Schokolade bunt und effektvoll inszeniert. Hinterher darf man verschiedene Schoko-Spezialitäten probieren. Und dann ist da vor dem Ausgang noch der Shop ... Achtung: In der Hauptsaison, an Wochenenden und bei schlechtem Wetter gibt's oft längere Wartezeiten. *Rue Jules Bellet 7, 1636 Broc, Tel. 026 921 59 60, www.cailler.ch, tgl. 10–18, Nov.–März tgl. 10–17 Uhr, Erw. 10 CHF, Kinder bis 16 gratis.*

6 Wie die Löcher in den Käse kommen

Jedes Kind weiß es: Ein echter Schweizerkäse hat Löcher. Und nirgends sehen diese schöner aus als im Emmental. In der Schaukäserei in Affoltern (→ S. 222) wird nicht nur demonstriert, wie es früher war, sondern auch wie es heute ist. Mit Streichelzoo und Spielplatz. *Schaukäsereistr. 6, 3416 Affoltern im Emmental, Tel. 034 435 16 11, www.e-sk.ch, April–Okt. tgl. 9–18.30, Nov.–März bis 17 Uhr, tgl. ab 14 Uhr öfftl. Frischkäsen, Sa/So Führungen um 13 und 15.15 Uhr, Eintritt kostenlos.*

7 Pilatus: Ein Berg zeigt die Zähne

Eine spannende Rundtour ab Luzern (→ S. 239): Mit dem Dampfer nach Alpnachstad, mit der steilsten Zahnradbahn der Welt zur Station Pilatus-Kulm (2073 m), danach mit den Panorama-Seilbahnen hinab nach Kriens und mit dem Bus zurück nach Luzern. *›Goldene Rundfahrt‹ (Schiff bis Alpnachstad): Erw. ab 106 CHF, Kinder (6–16) 54 CHF; ›Silberne Rundfahrt‹ (Zug bis Alpnachstad): Erw. ab 83,20 CHF, Kinder (6–16) 42,60 CHF. www.pilatus.ch*

8 Besser in die ›Badi‹

Klimaanlagen im Auto sind gut, Strandbäder vor dem Auto sind besser. Gerade an heißen Sommertagen möchte die Familie wissen, wo es zur nächsten Abkühlung geht. In der Schweiz gibt es ja nicht nur wunderbar moderne Erlebnis-, Thermal- und Spaßbäder, sondern auch jede Menge ›Badis‹ an Seen und Flüssen in der schönen Natur. Diese Seite kennt sie alle: *www.badi-info.ch*

Ostschweiz/ Liechtenstein

Unterwasser im Toggenburg mit dem Säntis

Ostschweiz/Liechtenstein – Weinberge, Burgberge, Wiesenberge

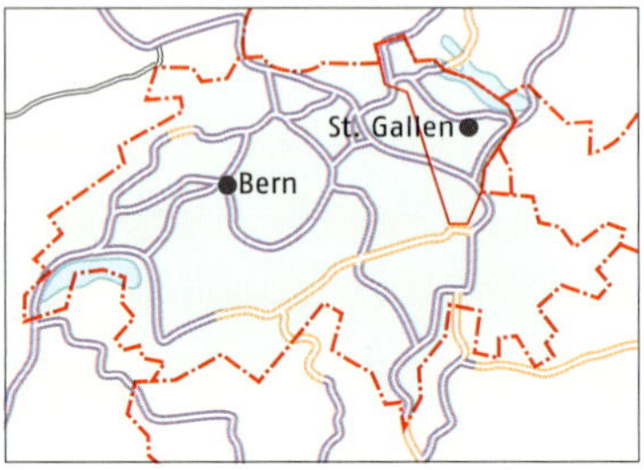

Käse und Kühe, Wein und Welterbe: Vom Rheinfall bei Schaffhausen geht die Fahrt am Bodensee entlang nach St. Gallen und von dort durch die grüne Bilderbuch-Berglandschaft des Appenzellerlands – mit einem Abstecher auf den fantastischen Aussichtsberg Säntis (2501 m) – ins Rheintal. Eingebettet in die ungemein abwechslungsreiche Natur sind mittelalterliche Städtchen wie Stein am Rhein oder St. Gallen mit seinem prunkvollen Stiftsbezirk. Spannend ist am Ende auch die Schleife durch das Fürstentum Liechtenstein nach Vaduz, das mit moderner Kunst und Architektur überrascht.

1 Rheinfall

Das erfrischt: elementare Naturgewalt und exquisite Kulturdenkmäler in und um Schaffhausen.

Rund eine Million Menschen wollen Jahr für Jahr sehen, was passiert ist, als der Rhein gegen Ende der letzten Eiszeit, vor über 15 000 Jahren, aus seinem alten Flussbett gedrängt worden ist. Wo Geologen nüchtern eine Grenze zwischen hartem Kalk und weichem Schotter orten, staunen die Besucher über das ganz große Spektakel: 150 m breit, 23 m tief, durchschnittlich 600 000 l Wasser pro Sekunde im Sommer – damit ist der Rheinfall der **größte Wasserfall Europas** (neben dem doppelt so hohen, aber nur halb so viel Wasser führenden Dettifoss auf Island). Zwischen beiden Ufern, inmitten der donnernden Wassermassen, ragt eine fotogene Felsnase auf, deren Spitze – mit wehender Schweizerfahne! – nach kurzer, aufregender Überfahrt im schmalen Boot auf steiler Treppe erklommen werden kann. Interessant zu wissen, aber nicht zur Nachahmung empfohlen und überdies verboten: Der Rheinfall wurde auch schon mit Kajaks befahren. Von welcher Seite man sich dem großen Tosen nähert, ist prinzipiell egal. Die Wege sind auf dem linken wie dem rechten Ufer gut ausgebaut und sie führen in beiden Fällen zu großartigen **Aussichtsplattformen** unmittelbar über dem Wasser. Das nördliche Rheinufer mit der Gemeinde Neuhausen gehört zum Kanton Schaffhausen; hier steht das nette **Schlössli Wörth** (Rheinfallquai 32) mit Gourmet-Gastronomie, Schnellimbiss und Souvenirverkauf. Der Zugang zum Rheinfall ist auf dieser Seite gratis, dafür kostet der Parkplatz etwas. Spektakulärer ist der aufwendig und modern inszenierte Zugang von Süden. Hier parkt man kostenlos (dafür bezahlt man für den Zugang zum Wasserfall) beim großen, 2010 neu eröffneten Besucherzentrum vor dem hübschen, noch im Kanton Zürich gelegenen **Schloss Laufen** (Areal Schloss Laufen, Dachsen, www.schlosslaufen.ch, Juni–Aug. tgl. 8–19, April/Mai und Sept./Okt. tgl. 9–18, Nov.–März tgl. 10–17 Uhr). Die interaktive Ausstellung im ›**Historama**‹ erklärt, was man danach zu sehen und zu hören bekommt – bei der Fahrt im rundum verglasten Panoramalift und beim Gang auf die weit hinausragende Plattform des **Känzeli**. In jedem Fall sollte man auch eine *Schifffahrt* (Tel. 052 672 48 11, www.rhyfall-maendli.ch, April/Okt. tgl. 11–17, Mai/Sept. tgl. 10–18, Juni–Aug. tgl. 9.30–18.30 Uhr) buchen, z. B. die Kombifahrt ›Rheinfall-Erlebnis‹ mit Rhein-Überquerung, kleiner Rundfahrt, Anlegen beim Felsen und Aufstieg zur fahnengeschmückten Spitze. Wer sich noch mehr bewegen will, kann den **Hochseilgarten** *Adventure Park Rheinfall* (Nohlstrasse, Neuhausen am Rheinfall, Tel. 052 670 19 60, www.ap-rheinfall.ch) auf dem Nordufer besuchen.

TOP TIPP Schaffhausen

Ein Stück rheinaufwärts entstand dort, wo die Führer der Handelsschiffe vor dem Rheinfall ihre Ladung an Land bringen mussten, die Stadt Schaffhausen – vor rund 1000 Jahren. Großartig ist die Zufahrt von Süden her über die Rheinbrücke: Links breitet sich die schön herausgeputzte **Altstadt** aus, rechts erhebt

Dem großen Tosen des Rheinfalls unter Schloss Laufen kommt man auf spektakulären Aussichtsplattformen ganz nah

An der Schifflände in Schaffhausen, unter dem Munot, steht der Güterhof. Früher Umladestation und Lagerhaus, dient er heute unter anderem als Restaurant

sich der mit Weinstöcken bepflanzte **Festungsberg**. Bevor man ihn besteigt, sollte ein Rundgang in der Altstadt auf dem Programm stehen. Hier bummelt man vorbei an zahlreichen historischen Brunnen und zwischen Bürgerhäusern aus der Renaissance, die mit wunderbaren Erkern geschmückt sind: Besonders schön anzusehen sind die Häuser ›zum Ritter‹ (Vordergasse 65) und ›zum goldenen Ochsen‹ (Vorstadt 17). Grandios ist der Gebäudekomplex der ehemaligen **Benediktinerabtei Allerheiligen** im Winkel zwischen Münsterplatz und Klosterstrasse. Der karge, nahezu leere Innenraum der um 1106 geweihten romanischen Klosterkirche erzeugt eine kraftvolle Atmosphäre – ebenso wie der angeschlossene Kreuzgang aus der Zeit des 12.–13. Jh., der einen romantischen, leicht verwilderten Garten einfasst. Heute zeigt das **Museum zu Allerheiligen** (Klosterstr. 16, Tel. 052 633 07 77, www.allerheiligen.ch, Di–So 11–17 Uhr) in den Räumen des Klosters unterschiedliche Sammlungen – Münzen, Spielkarten, Grafik und Skulpturen. Über viele Stufen gelangt man auf dem Munotstieg hinauf zum Festungsberg mit dem imposanten **Munot**, einer kreisrunden Festung aus dem 16. Jh. Aus der niedrigen, von dicken Pfeilern gestützten Gewölbehalle führt ein Schneckengang hinauf zur Terrasse mit Café und Biergarten. Der Blick

über die Rosenbeete (ca. 170 Sorten!) und die Rebstöcke hinab auf die Altstadt ist fantastisch.
Uhren-Fans werden danach noch einen Abstecher an den Südrand der Altstadt machen. Dort befindet sich, gleich am Rheinufer, der Hauptsitz der 1868 gegründeten Uhrenmanufaktur **IWC** (Baumgartenstr. 15, Tel. 052 635 65 65, www.iwc.ch, Di–Fr 15–17, Sa 10–15 Uhr) mit angeschlossenem Museum.

Praktische Hinweise

Information

Schaffhauserland Tourismus, Herrenacker 15, 8201 Schaffhausen, Tel. 052 632 40 25, www.schaffhauserland.ch

Restaurants

Restaurant Schützenstube, Schützengraben 27, 8200 Schaffhausen, Tel. 05 26 25 42 49, www.schuetzenstube.ch. Sehr hübsches Mittelalter-Ambiente am Rande der Altstadt mit regionaler Frischeküche, auch für Vegetarier, mit lokalen Weinen und Kleinkunstbühne (Mo–Fr 11.30–14 und 18–22 Uhr).

TOP TIPP **Rheinhotel Fischerzunft,** Rheinquai 8, 8200 Schaffhausen, Tel. 05 26 32 05 05, www.fischerzunft.ch. 19 Gault-Millau-Punkte! Die Menüs heißen u. a. Ying und Yang, die Expertise in Sachen Wein ist fast legendär (Mi–So ab 12 bzw. 19 Uhr).

Wii am Rii, Fischerhauserstr. 57, 8200 Schaffhausen, Tel. 079 464 03 47, www.wiiamrii.ch. Klein und urgemütlich, mit sehr engagierter Küche, die auf erstklassige Hausmannskost setzt und die verarbeiteten Tiere sozusagen beim Namen kennt (Mi–Sa ab 17 Uhr).

Auf Tour

Schaffhausen – Stein am Rhein (19 km)

Zurück über die Brücke und auf der Hauptstraße (13), geht es am südlichen Rheinufer entlang Richtung Osten. Hinter Langwiesen entfernt sich die Straße vom Rhein – der flache, sehr schöne Uferbereich zur Linken bleibt als ›**Naturparadies**‹ Radlern, Fußgängern und Bootfahrern vorbehalten –, sie führt durch den Ort mit dem schönen Namen Neuparadies und auf der Umfahrung vorbei an Diessenhofen. Mit tollem Blick über den Rhein und auf das steil ansteigende, dicht bewaldete Ufer auf der anderen Seite rollt man

Tolles Panorama über Stein am Rhein: die Burg Hohenklingen

Gute Aussicht über Stein am Rhein

Aus der malerischen Stadtmitte von Stein am Rhein geht es nordwestlich (Richtung Hemishofen) durch das Untertor hinaus an den Fuß des sonnigen Weinbergs. Über Hoppihoo gelangt man zum Aussichtspunkt bei der Burgruine **Wolkenstein**, dann in spitzem Winkel nach Südosten auf dem Höhenweg zur **Burg Hohenklingen** mit der Burggaststätte (www.burghohenklingen.com, Mo geschl.), wo man einkehren kann. Die Aussicht auf die Stadt, über das Rheintal und hinaus zum Bodensee ist grandios. Steil hinab durch den Wald und die **Rebberge** kommt man zum Ausgangspunkt zurück. Die gesamte Rundtour dauert ca. 2 Std., der direkte Aufstieg von der Stadt zur Burg 45 Min.

weiter nach Rheinklingen. Kurz dahinter nimmt man die Ausfahrt nach Stein am Rhein, wechselt über die Brücke auf die andere Seite und gelangt unter Wein- und Waldbergen zu den großen Parkplätzen am Eingang von Stein am Rhein.

2 Stein am Rhein

TOP TIPP *Bunter geht's nicht – die Stadt als begehbares Bilderbuch.*

Der schönste Zugang in den Ort erfolgt vielleicht über die **Schiffländi** am Rheinufer entlang zur Schwarzhorngass. Auf dieser gelangt man dann mitten hinein ins Zentrum der Niedlichkeit – zum **Rathausplatz**. Anno 1267 wurde das Städtchen am äußersten Westzipfel des Untersees erstmals urkundlich erwähnt, 1972 erhielt es für seinen mustergültig gepflegten Altstadtkern den allerersten Wakker-Preis des Schweizer Heimatschutzes. Auf dem Rathausplatz erkennen Besucher warum: Neben den schönen Fachwerkhäusern fallen v.a. die sehr bunten, großflächigen **Fassadenmalereien** ins Auge. Auf dem Rathaus (1539–42) zeigen sie die Schlacht von Murten, auf dem Haus ›Sonne‹ den griechischen Philosophen Diogenes von Sinope, der zu Alexander dem Großen die berühmten Worte sagt: »Geh mir aus der Sonne«. Die älteste erhaltene Fassadenmalerei der Schweiz (1520/25) ziert das Haus ›Weisser Adler‹ – u. a. mit Szenen aus Boccaccios ›Decamerone‹. Ganz reizend ist das **Museum Lindwurm** (Unterstadt 18, Tel. 052 741 25 12, www.museum-lindwurm.ch, März–Okt. tgl. 10–17 Uhr) mit seiner Ausstellung zur bürgerlichen Wohnkultur und Landwirtschaft im 19. Jh.

Unbedingt besuchen sollte man das **Kloster St. Georgen** (Fischmarkt 3, Tel. 052 741 21 42, www.klostersanktgeorgen.ch, April–Okt. Di–So 10–17 Uhr) am Rand der Altstadt unmittelbar am Rhein. Die ehemalige Benediktinerabtei, im 11. Jh. gegründet, gilt als eine der am besten erhaltenen mittelalterlichen Klosteranlagen der Schweiz. Heute ist sie ein Museum. Neben den Klausurgebäuden samt Kapitelsaal, Refektorien, Dormitorien, Abtstuben und Abtkapelle sind der spätgotische Kreuzgang und der Festsaal mit seinen großartigen Wandmalereien aus der Frührenaissance (1499–1525) sehenswert. Ein Tipp: Wem es auf der Achse Unterstadt – Rathausplatz – Oberstadt sowie vorne an der Schiffländi am Rheinufer zu voll ist, ist schon wenige Schritte daneben, etwa in der Frohnhofgasse, oft allein.

Praktische Hinweise

Information

Tourismus Stein am Rhein, Oberstadt 3, 8260 Stein am Rhein, Tel. 052 632 40 32, www.steinamrhein.ch

Restaurant

Café-Confiserie Späth ›Zur Hoffnung‹, Rathausplatz 21, 8260 Stein am Rhein, Tel. 052 741 21 82, www.cafe-spaeth.ch. Im ersten Stock eines Hauses aus dem frühen 17. Jh. gibt es »den besten Kuchen der Welt«. Nun, er ist wirklich sehr gut (Di–Sa 8–18, So 9–18 Uhr).

Rother Ochsen, Rathausplatz 9, 8260 Stein am Rhein, Tel. 052 741 23 28, www.rother-ochsen.ch. Seit 1446 ist der Gastbetrieb verbrieft – in einem der ältesten, schönsten und buntesten Häuser am Platz. Italienisch-schweizerische Küche (Mi–Mo ab 10 Uhr).

»Geh mir aus der Sonne!« – Auf dem Rathausplatz wird das Städtchen Stein am Rhein zu einem begehbaren Bilderbuch

Auf Tour

Stein am Rhein – St. Gallen (76 km)

Man kurvt aus dem Ort hinaus und fährt über die Rheinbrücke ans andere Ufer, wo auf einer Anhöhe über dem Rhein das älteste Gotteshaus im Kanton Schaffhausen steht: die Johannes dem Täufer geweihte **Kirche Burg** (Burg 5, Stein am Rhein, Tel. 0527412227). Mit ihren 600 Jahre alten Wandmalereien im Chor und den umgebenden Mauerresten einer römischen Befestigungsanlage aus dem 3. Jh. ist sie ein kulturhistorisches Juwel – das oft links liegen gelassen wird. Gleich dahinter fährt man auf die nahe Kantonsstraße Richtung Kreuzlingen. Der Rhein, der hier den Untersee verlässt, gibt ein eindrucksvolles Bild ab. Man muss aber auf diesem Streckenabschnitt, besonders an Wochenenden, auf die vielen Radfahrer achten, da der *Bodenseeradweg* hier über weite Strecken auf der Straße verläuft. Vorbei an naturbelassenen Uferstreifen zur Linken und Streuobstwiesen zur Rechten, immer wieder leicht ansteigend und mit herrlicher Sicht, geht es in schöner Fahrt über Mammern nach Steckborn (schöne Altstadt) und weiter direkt am Ufer entlang nach **Berlingen**, das auf seiner kleinen Landzunge über dem See ein malerisches Fotomotiv abgibt. Am Ortseingang von Mannenbach/Arenenberg sollte man den Abzweig nach rechts zum **Napoleonmuseum** im **Schloss Arenenberg** (Salenstein, Tel. 0583457410, www.napoleonmuseum.ch, Ende März–Mitte Okt. tgl. 10–17 Uhr) nicht verpassen. Die **Parkanlage** mit ihrer Aussicht über den See und bis zu den Alpen ist eine Schau! Man lustwandelt auf blühenden Wiesen und zwischen hohen

Römische Ruinen, eine mittelalterliche Altstadt und die schöne Seepromenade: Für einen Spaziergang durch Arbon unterbricht man die Fahrt gern

In Schloss Arenenberg verbrachte Charles Louis Napoléon Bonaparte seine jungen Jahre – bevor er als Napoleon III. der letzte Kaiser Frankreichs wurde

Bäumen, bewundert Rasenbänke, Wasserspiele und Rosenspaliere. Sehr sehenswert sind darüber hinaus die historischen Räume, in denen Napoleon III., der letzte Kaiser Frankreichs, zusammen mit seiner Mutter Hortense, der Stieftochter und Schwägerin Napoleons I. in den Jahren von 1815 bis 1838 lebte.

Am Bodensee entlang

Über Ermatingen geht die Fahrt weiter entlang am See, dessen Ufer nun breite Schilfgürtel einnehmen, nach **Kreuzlingen**. Die 20 000-Einwohner-Stadt an der Grenze zu Deutschland bildet zusammen mit dem unmittelbar nördlich anschließenden Konstanz die größte Agglomeration des Bodenseeraumes. Hinter dem Industrie- und Gewerbegürtel liegen eine hübsche Altstadt, ein rundes Dutzend kleine Schlösschen und am Ufer des Bodensees der Seeburgpark. Dort befindet sich auch der kulturelle Hotspot der Stadt, das **See-Burgtheater** (Rigishusstr. 3, Altnau, Tel. 071 695 24 53, www.seeburgtheater.ch), das sein ›kritisches Volkstheater‹ auch an anderen ungewöhnlichen Orten, bevorzugt unter freiem Himmel, inszeniert.

Bottighofen, Scherzingen, Güttingen: Am Bodenseeufer folgt Ort auf Ort, die Landschaft ist geprägt von Apfelplantagen. An Romanshorn vorbei gelangt man schließlich nach **Arbon**, das mit seiner hübschen Altstadt und der Seepromenade einen Zwischenstopp verdient. Neben dem Schloss samt Schlossturm sind außerdem der Eckturm eines Römerkastells sowie Teile der alten Stadtmauer zu sehen.

Im spitzen Winkel leitet die Route von Arbon nach Roggwil mit seinen schönen alten Häusern und – gut aufpassen! – dann auf sehr schmaler

Straße über Streuobstwiesen mit weiter Aussicht über den Bodensee hinauf nach Rüti, Watt und Lömmenschwil. Und die herrliche Fahrt geht weiter: über saftgrüne Wiesen direkt nach Süden auf den Säntis mit seiner riesigen Antenne zu und an Wittenbach vorbei. Kurz dahinter biegt man bei Schöntal links ab und erreicht über eine wellige Wald- und Wiesenlandschaft Engelburg. Durch ein enges Waldtal und anschließend unter der Autobahnbrücke hindurch wird **St. Gallen** (668 m) erreicht.

Praktische Hinweise

Information

Kreuzlingen Tourismus, Hauptstr. 39, 8280 Kreuzlingen, Tel. 071 672 38 40, www.kreuzlingen-tourismus.ch

Infocenter Arbon und Umgebung, Schmiedgasse 5, 9320 Arbon, Tel. 071 440 13 80, www.arbontourismus.ch

Hotel

****s **Wellnesshotel Golf Panorama**, Golfpanorama 6, 8564 Lipperswil, Tel. 052 208 08 08, www.golfpanorama.ch. Sehr schicke, moderne Hotelanlage ca. 12 km südwestlich von Kreuzlingen mit schönem Spa, ausgezeichnetem Restaurant – und einem 27-Loch-Meisterschaftsplatz direkt vor dem Haus.

Restaurant

Wirtschaft Ruggisberg, Ruggisberg 416, 9308 Lömmenschwil, Tel. 071 298 54 64, www.ruggisberg.ch. Großartiger Landgasthof mit wunderbarem Ambiente in schöner Umgebung zwischen Arbon und St. Gallen. Die teils traditionelle, teils moderne Frischeküche hat 15 Gault-Millau-Punkte. (Do–Sa 11–14 und 18–23 Uhr, So 11–17 Uhr).

3 Stiftsbezirk St. Gallen

TOP TIPP

Barockes Leben mit Baukunst, Bier und Bratwurst.

Am besten kommt man am Morgen auf den Klosterhof – dann ist das Licht auf der Ostfassade der **Stiftskirche** (Klosterhof, Tel. 071 227 33 81, Mo–Sa 9–18, Mi ab 10, So 12.15–17.30 Uhr) mit den beiden 68 m hohen Türmen am schönsten. In ihrem Inneren bietet die barocke Kathedrale aus der Mitte des 18. Jh. ein überwältigendes Raumerlebnis. Trotz ihrer

Trotz aller geistlichen Erbauungen im Stiftsbezirk rund um die Kathedrale kommen die weltlichen Genüsse in St. Gallen nicht zu kurz

gewaltigen Größe wirkt sie leicht, luftig, hell – und ausgesprochen bunt. Großartig sind die Deckengemälde, freundlich-verspielt die grünen Stuckaturen. Ältester Teil ist die Krypta aus dem 9. Jh. mit dem Grab des irischen Mönchs St. Gallus, der im Jahr 612 an diesem Ort eine Einsiedelei gründete. Aus ihr ging 719 schließlich das **Kloster** hervor, das bis 1805 bestand. Die Stiftskirche ist der Mittelpunkt des einzigartigen Gebäude-Ensembles, das bereits 1983 zum UNESCO-Welterbe erklärt wurde. An seiner Südostecke, gleich hinter der Kathedrale, ist die berühmte **Stiftsbibliothek** (Klosterhof 6d, Tel. 071 227 34 16, www.stibi.ch, Mo–Sa 10–17, So/Fei 10–16 Uhr) zu bestaunen. Zu Beginn des 8. Jh. gegründet, ist sie seit 1767 im schönsten weltlichen Barocksaal der Schweiz untergebracht. 50 000 der insgesamt 170 000 Bücher umfassenden Bibliothek sind dort ausgestellt – ebenso wie die 2700 Jahre alte ägyptische Mumie der *Schepenese*. Zu den größten Schätzen zählt die Sammlung mittelalterlicher Handschriften, darunter der **St. Galler Klosterplan**, der älteste in Europa erhaltene Bauplan aus der Zeit zwischen 819 und 830. Heute ist Sankt Gallen (74000 Einwohner) halb hip, halb heilig und auch durch eine auffällig alternative Stadtkultur geprägt. In der wunderbaren Altstadt mit ihren prächtigen Bürgerhäusern aus dem 16.–18. Jh. fallen die bunt bemalten und reich verzierten Erker auf – besonders schön in der Kugelgasse 9 und der Schmiedgasse 15 sowie am Haus ›Zum Greif‹ in der Gallusstr. 22. Kunstliebhaber zieht es ins **Kunstmuseum** (Museumstr. 32, Tel. 071 242 06 71, www.kunstmuseumsg.ch, Di–So 10–17, Mi 10–20 Uhr), wo zeitgenössische Skulpturen neben Malerei und Plastiken der Klassischen Moderne des 20. Jh. zu sehen sind, sowie in die **Kunst Halle** (Davidstr. 40, Tel. 071 222 10 14, www.k9000.ch, Di–Fr 12–18, Sa/So 11–17 Uhr) mit ihren spannenden Wechselausstellungen aktueller Kunst. Hochinteressant ist auch der Besuch im **Textilmuseum** (Vadianstr. 2, Tel. 071 222 17 44, www.textilmuseum.ch, tgl. 10–17 Uhr), das die lange Tradition des ›Textillands Ostschweiz‹ eindrucksvoll dokumentiert. Und in jedem Fall muss man in Sankt Gallen die beiden lokalen Spezialitäten probieren. Sie passen wunderbar zusammen: Zur St. Galler Bratwurst – mit geschützter Herkunftsbezeichnung! – genießt man das hiesige Bier, denn schon der St. Galler Klosterplan verzeichnete 820 drei Brauereien. Tipp: das unfiltrierte St. Galler Klosterbräu der Brauerei Schützengarten.

i Praktische Hinweise

Information

St. Gallen-Bodensee Tourismus, Bahnhofplatz 1a, 9001 St. Gallen, Tel. 071 227 37 37, www.st.gallen-bodensee.ch

So sah Wissen in der Zeit vor Wikipedia aus: Die prachtvolle Stiftsbibliothek in St. Gallen ist ein Ort zum Staunen und Nachdenken

Hotels

******s Einstein St. Gallen – Hotel Congress Spa,** Berneggstr. 2, 9000 St. Gallen, Tel. 071 227 55 55, www.einstein.ch. Sehr großes Businesshotel mit vielen Gesundheitsangeboten nahe dem Zentrum.

******s Oberwaid – Kurhaus & Medical Center,** Rorschacher Str. 311, 9016 St. Gallen, Tel. 071 282 00 00, www.oberwaid.ch. Modernes Gesundheitszentrum, das tatsächlich mehr Medizin als Wellness bietet. Etwas oberhalb von St. Gallen auf der grünen Wiese.

***** Hotel Dom,** Webergasse 22, 9000 St. Gallen, Tel. 071 227 71 71, www.hoteldom.ch. Sehr sympathisches, modern eingerichtetes Hotel in unmittelbarer Nähe zum Stiftsbezirk und zur Altstadt.

***** Idyllhotel Appenzellerhof,** 9042 Speicher, Tel. 071 343 71 10, www.appenzellerhof.ch. Moderne Komfortzimmer in einem schönen alten Haus oberhalb von St. Gallen. Prächtige, aussichtsreiche Umgebung.

Restaurants

Restaurant Bierfalken, Spisergasse 9 a, 9004 St. Gallen, Tel. 071 222 75 46, www.bierfalkenwirt.ch. Zum Bier gibt es auch Weißwürste, zu denen 16 Senfsorten serviert werden. Die berühmten Bratwürste aber bitte ohne Senf genießen, dafür gern mit Zwiebelsoße (Mo–Fr 9–23/24, Sa 8.30–17 Uhr).

Restaurant Lagerhaus, Davidstr. 42, 9000 St. Gallen, Tel. 071 223 70 07, www.restaurantlagerhaus.ch. Die ›Feuerstelle‹ im ehemaligen Zollfreilager St. Gallens widmet sich seit 2007 der Pflege des gastronomischen Erbes (Di–Sa 17–24, Di–Fr auch 11.30–14 Uhr).

Wirtschaft zur alten Post, Gallusstr. 4, 9000 St. Gallen, Tel. 071 222 66 01, www.apost.ch. Fast zu schön, um echt zu sein. Das ›Pöstli‹, in einem herrlichen Gebäude aus dem 16. Jh. untergebracht, ist eine Institution in der St. Galler Altstadt (Di–Sa 11.30–14 und ab 17.30 Uhr).

Auf Tour

St. Gallen – Appenzell (25 km)

Neben der Straßenbahn fährt man von St. Gallen hinauf nach Speicher – in eine grüne Bilderbuchlandschaft mit Kühen und Bauernhöfen. Absoluter Blickfang ist der Säntis mit seinem riesigen Sendemast. Von Speicher geht es nach Teufen, wo man nach einem kurzen Abstecher nach Westen den Ort Stein erreicht. Hier ist in der **Appenzeller Schaukäserei** (Dorf 711, Tel. 071 368 50 70, www.schaukaeserei.ch, Mai–Okt. tgl. 8.30–18.30, sonst tgl. 8.30–17.30 Uhr) zu erleben, wie der Appenzeller Käse entsteht und wie etwa 12 500 fertige Käselaibe regelmäßig gepflegt und gewendet werden – vom garantiert nicht traditionellen Roboterarm. Ansonsten hält man sich in Teufen links, rollt durch ein liebliches Tal nach Bühler (hübsche Häuser) und gelangt an Gais vorbei in den von sanften Hügeln eingefassten Talkessel von **Appenzell** (764 m).

4 Fassadenmalerei Appenzell

Schöner wohnen: Ein Bummel durch die Stadt der bunten Häuser.

Vor allem an Wochenenden schieben und shoppen sich vorwiegend Schweizer Besucher durch das auto-

freie Zentrum der 7000-Seelen-Gemeinde. Sie sehen farbenfrohe Häuser und auf dem großen **Landsgemeindeplatz** mit der Gerichtslinde das Symbol einer sehr eigenständigen, basisdemokratischen Lokalpolitik (s. S. 35). Bestimmend für die Ortsentwicklung ist das Jahr 1560. Damals brannte das alte Appenzell ab und machte Platz für das neue – wobei viele der Fassadenmalereien teilweise erheblich später entstanden sind. Der Bilderbogen der Appenzeller Geschichte am spätgotischen **Rathaus** (1561–63) stammt z. B. aus dem Jahr 1928, die Wandgemälde in den Ratssälen wurden dagegen schon 1567 gemalt. Im Rathaus ist das **Museum Appenzell** (Hauptgasse 4, Tel. 071 788 96 31, April–1. Nov. tgl. 10–12 und 14–17, 2. Nov.–März Di–So 14–17 Uhr) beheimatet. Prächtig sind u. a. auch das Haus Konkordia (17. Jh.) in der Engelgasse mit seiner bemalten Südfassade – unter dem Dach sind die acht Lebensalter dargestellt – sowie das Haus Ebneter-Kölbener (Hauptgasse 41), heute Sitz der Raiffeisenbank, wo Wandmalereien der acht Tugenden die Schalterhalle schmücken. Appenzell ist klein und nach dem Gang durch die **Hauptgasse** mit ihren besonders typischen Häuserreihen kann man sich noch durch die anderen Gassen und Straßen treiben lassen, etwa in die Poststr. 6, wo Sattlermeister Dörig in seiner ungemein urigen Werkstatt typische Gürtel, Ohrschmuck und Kuhglocken fertigt – und verkauft. Öffentliche Gratis-Führungen durch Appenzell finden von 2. Juni–15. Okt. an jedem Dienstag und Donnerstag jeweils um 10 Uhr statt. Treffpunkt ist bei der Tourist Information (Hauptgasse 4).
Kultur beschränkt sich in Appenzell

übrigens nicht nur auf die Pflege der Volksmusik, instrumental (Alphorn) oder vokal (Jodeln), solo oder im Chörli. Unter seiner aufregenden silbernen Zickzack-Silhouette zeigt das **Kunstmuseum Appenzell** (Unterrainstr. 5, Tel. 071 788 18 00, www.kunstmuseumappenzell.ch) Werke der Klassischen Moderne und der Gegenwart. Das Schaffen der heimischen Maler Carl Liner Vater und Sohn dokumentiert die **Kunsthalle Ziegelhütte** (Ziegeleistr. 14, Tel. 071 788 18 60, www.kunsthalleziegelhuette.ch, beide Museen: April–Okt.

Gegen einen farblosen Alltag helfen bunte Fassaden: Auf der Hauptgasse in Appenzell wird der Zusammenhang deutlich

Di–Fr 10–12 und 14–17, Sa/So 11–17, Nov.–März Di–Sa 14–17, So 11–17 Uhr). Zudem zeigt sie Kunst des 20. Jh. und der Gegenwart und bietet ein Forum für zeitgenössische Musik. Braukunst erlebt man beim Besuch der **Brauerei Brauquöll/Locher** (Brauereiplatz 1, Tel. 071 788 01 76, www.brauquoell.ch, April–Okt Mo 13–17, Di–Fr 10–12.15 und 13–17, Sa/So 10–17 Uhr, im Winter So/Mo geschl.) vor der Altstadt. Familie Locher betreibt die Brauerei seit 1886 – und produziert seit 2002 auch noch den feinen Säntis Whisky, einen echten Single Malt.

Praktische Hinweise

Information

Appenzellerland Tourismus AI, Hauptgasse 4, 9050 Appenzell, Tel. 071 788 96 41, www.appenzell.ch

Hotels

**** **Romantik Hotel Säntis**, Landsgemeindeplatz, 9050 Appenzell, Tel. 071 788 11 11, www.saentis-appenzell.ch. Kunstvoll bemaltes Schmuckstück im Zentrum von Appenzell, mit einem ausgezeichneten Gourmet-Restaurant und der gut geerdeten ›Landsgmendstobe‹.

Ziel in Sicht: das Berggasthaus neben der kleinen Gipfelkuppe

Hundwiler Höhi

Diese kleine Bergwanderung begeistert. Vom Bahnhof **Zürchersmühle** (811 m, 1 km nördlich von Urnäsch) geht es über den Bach Urnäsch zum Weiler **Befang**, dann östlich durch das Tal – nach 10 Min. links halten – nach Egg und Ramsten. Weiter über den Höhenzug und zuletzt in Kehren gelangen Wanderer zum beliebten Bergrestaurant auf der Hundwiler Höhi (1306 m); fantastisches 360-Grad-Panorama vom Säntis bis zum Bodensee! Zurück zum Ausgangspunkt steigt man auf dem sanften Bergrücken nach Südwesten über **Gigershöhi**, Berg und Bühl ab – durch eine Bilderbuchlandschaft mit lichtem Wald, grünen Kuhweiden und adretten Bauernhäusern, immer das Gebimmel der Kuhglocken im Ohr. Die Tour dauert 3 Std.

*** **Idyllhotel Appenzellerhof**, 9042 Speicher, Tel. 071 343 71 10, www.appenzellerhof.ch. Schön gelegen in der lieblichen Voralpenlandschaft oberhalb von St. Gallen.

Restaurants

Lokal öbe d'gass, Am Schmäuslemarkt, Hauptgasse 15, 9050 Appenzell, Tel. 071 787 01 15, www.lokal-appenzell.ch. Freundliche Modernität im alten Zentrum. Hier werden mediterrane Imbisse angeboten, vor allem Focaccie und Panini mit unterschiedlichen Beilagen, Antipasti, Suppen und Crêpes (Di–Sa 9–18, So 12–18 Uhr).

Restaurant Truube, Rotenwies 9, 9056 Gais, Tel. 071 793 11 80, www.truube.ch. Ein schon ziemlich gut bekannter ›Geheimtipp‹, nicht weit vor Appenzell. Erstaunlich: 15 Gault-Millau-Punkte und ein Michelin-Stern im Käseland. Moderat modernes Ambiente in einem charmanten alten Haus (Do–Mo 11.30–14 und 18–24 Uhr).

➔ Auf Tour

Appenzell – Vaduz (69 km)

Auf der Fahrt durch das breite Tal Richtung Urnäsch zieht vor den Autofenstern die heile Welt vorbei: ein weiter, hellgrün leuchtender Faltenwurf voller Hügelchen, Spitzchen und Tälchen, mit Mulden und Kuppen und Inseln von dunklem Wald. Die pittoresken Holzhäuser stehen einzeln und weit verstreut, oder sie bilden kleine Dörfer wie Gonten, Jakobsbad und **Urnäsch** (832 m). Letztere Gemeinde kam bei ihrer Kandidatur um den Europäischen Dorferneuerungspreis im Jahr 2008 auf den ehrenvollen zweiten Platz. Noch heute bestimmen Handwerk und Landwirtschaft das Leben im offenen Talboden und auf den sanften Hängen. Einen guten Eindruck der keineswegs musealen Lebenskultur vermittelt das **Appenzeller Brauchtumsmuseum** (Am Dorfplatz, Tel. 0713642322, www.museum-urnaesch.ch, April–Okt. Mo–Sa 9–11.30 und 13.30–17, So 13.30–17 Uhr), das in einem besonders urigen Haus mit niedrigen Decken, schrägen Holzböden und nicht übertrieben vielen rechten Winkeln untergebracht ist.

Säntis (2502 m), Toggenburg und Rheintal

Hinter Urnäsch wird das Tal zuerst einsamer, dann enger und waldiger. Die Straße führt in Kurven steil bergauf, die Umgebung wird alpiner. Auf der **Schwägalp-Passhöhe** (1278 m) nimmt man die kurze Stichstraße nach links und erreicht nach 1 km das neue große Berghotel Schwägalp und die Talstation der Säntis-Seilbahn.

Die Fahrt mit der Seilbahn von der Schwägalp zu den Panoramarestaurants und Terrassen auf dem TOP TIPP **Säntis** ist bei schönem Wetter ein absolutes Highlight. Vom höchsten Punkt unter dem 123 m hohen Sendemast hat man alle fünf Nachbarländer der Schweiz im Blick (Deutschland, Österreich, Liechtenstein, Italien, Frankreich). Das Panorama besticht durch die perfekte Harmonie zwischen der Skyline der Alpengipfel im Süden und der schier endlosen Weite des Alpenvorlands mit dem Bodensee im Norden. Zu empfehlen ist die kleine Rundtour über den Gipfel (mit Sternwarte und Wetterstation) hinüber zum urigen Berggasthaus und durch die Galerie

Die gewaltigen Kuhglocken gehören nicht zwingend zur farbenfrohen Appenzeller Tracht

zurück. 2014 wurde auf der Schwägalp gebaut. Das neue Berghotel soll 2015 fertiggestellt werden. Bis dahin findet man Kost und Logis im großen Holzbau des alten Hotels (Säntis-Schwebebahn AG mit Hotel, Gastronomie und Events, Schwägalp, Tel. 071 365 65 65, www.saentisbahn.ch, Ende Mai–Mitte Okt. tgl. 7.30–18, Sa/So bis 18.30 Uhr, übrige Zeit i.d.R. tgl. 8.30–17 Uhr, im Jan./Febr. 3 Wochen Betriebsunterbrechung).

Von der Schwägalp geht es durch eine herrliche Berglandschaft mit Waldflecken, Wiesen und immer wieder freien Durchblicken auf die majestätische Bergkette der sieben Churfirsten hinab. Die traumhafte Bergstraße führt vorbei am Dorf Ennetbühl, das höchst fotogen auf

Direkter Draht zur ganz großen Alpenschau: die Fahrt mit der Seilbahn von der Schwägalp auf den Säntis

einem sonnigen Wiesenhang gelegen ist, und gerade hinab ins **Toggenburg**, das man in Neu St. Johann erreicht – inmitten einer beinahe übertrieben idyllischen Landschaft mit leicht gewellten Wiesen, verstreuten Häuschen und Streifen von dunklem Wald. Hier biegt man links ab, Richtung Wildhaus und Buchs. Als eine der beliebtesten Ferienregionen der Ostschweiz bietet das Toggenburg viele Gelegenheiten, um die Fahrt zu unterbrechen. Seilbahnen führen von Alt St. Johann, Unterwasser und Wildhaus nach Süden hinauf zu den kuriosen Bergzipfeln der Churfirsten, an deren Fuß wunderbare Wanderwege durch die Almregion leiten. Weil die Menschen hier gern singen und Musik machen, haben sie den **Klangweg** geschaffen. Er führt von der Alp Sellamatt oberhalb von Alt St. Johann bis nach Wildhaus-Oberdorf. Die reine Gehzeit beträgt 2,5 Std., unterwegs kann man 25 Klanginstallationen bespielen. Zentrum der Klangwelt ist die im Jahr 2011 eröffnete **Klangschmiede** (Sonnenhalbstr. 22, Tel. 071 998 50 00, www.klangwelt.ch, Museum Di–Fr 10–12 und 14–17, Sa 10–17 Uhr) in **Alt St. Johann**. Hier werden Schellen, Gongs und andere Klangkörper geschmiedet. Hinter Wildhaus wird das Tal eng und waldig – und schließlich kurvt man mit überraschender Aussicht in weiten Kehren über die ausladenden Hänge hinab ins **Rheintal** nach Gams.

Reise-Video Ade Toggenburg: Ankunft in Gams

QR-Code scannen [s. S. 5] oder dem Link folgen: tinyurl.com/ankunftgams

Wir bestimmen uns selbst! Appenzeller und, seit 1990, auch Appenzellerinnen entscheiden auf der Landsgemeinde, was zu tun und was zu lassen ist

Die Demokratie

Wie heißt der Bundespräsident der Schweiz? Manche erinnern sich an den netten Namen Schlumpf (Vorname: Leon), aber das ist die Ausnahme und irgendwie auch so gewollt. Tatsächlich hat die Schweiz kein eindeutiges Regierungsoberhaupt. ›Chef‹ ist der Bundesrat, als Kollegium. Jedes Jahr übernimmt ein anderer das Amt des Bundespräsidenten – als Erster unter Gleichgestellten. Viel wichtiger ist das Geschehen in den weitgehend autonomen 20 Kantonen, sechs Halbkantonen und 2408 politischen Gemeinden. ›Direkt‹ ist die Schweizer Demokratie deshalb, weil das Volk nicht nur in Wahlen, sondern viel öfter noch durch Volksabstimmungen bestimmt, wo es langgeht. Details zu sämtlichen Volksabstimmungen seit 1848 (!) bietet die Seite: www.admin.ch/dokumentation/abstimmung/
Wie so ein echter Souverän aussieht, kann man auf der Landsgemeinde in Appenzell erleben: Jedes Jahr am letzten Sonntag im April kommen die Appenzeller auf dem Landsgemeindeplatz zusammen. Sie beraten, bringen Fragen ein, entscheiden über Verfassungsänderungen und Gesetze und wählen die Regierung – mit der erhobenen Hand. Dass auch Frauen die Hand heben dürfen, ist übrigens erst nach der Volksabstimmung am 16. März 1971 Gesetz geworden, nicht aber in Appenzell Innerrhoden, wo die Landsgemeinde noch am 29. April 1990 das alleinige Männerwahlrecht bestätigte. Appenzeller Frauen zogen daraufhin vors Bundesgericht und bekamen am 27. November 1990 Recht. So geschah es, dass der letzte Kanton das Stimmrecht für Frauen einführte, während an der Großforschungseinrichtung CERN in Genf bereits die Grundlagen für das Internet entwickelt wurden.

In Gams biegt man scharf rechts ab und gelangt kurz vor Buchs in die ›kleinste Stadt der Schweiz‹. Tatsächlich besitzt die Ortschaft **Werdenberg** mit ihren rund 60 Einwohnern Stadtrecht. Im Zentrum bildet die älteste Schweizer Holzbausiedlung mit dem wunderschön verzierten ›**Schlangenhaus**‹ (Städtli 14, Tel. 081 740 60 40, Apr.–Okt Di–Fr 11.30–18 Uhr, Sa/So/Fei 10–18 Uhr) und dem darüber aufragenden **Schloss** (Schlossweg, Tel. 081 771 29 50, beide: www.schloss-werdenberg.ch, Apr.–Okt Di–Fr 11.30–18 Uhr, Sa/So/Fei 10–18 Uhr) ein sehr malerisches Fotomotiv.

In Buchs folgt man der Beschilderung nach Osten, fährt über die Rheinbrücke und rollt auf Liechtensteiner Boden.

Vaduz – Intermezzo in Liechtenstein

Ein lockeres kleinstädtisch wirkendes Siedlungsband verbindet Schaan, die bevölkerungsreichste Gemeinde Liechtensteins (5900 Einwohner), mit der Hauptstadt **Vaduz** (455 m, 5200 Einwohner). Einen spektakulären Kontrast zur aufgeräumten Wohlstandsarchitektur bilden die himmelhoch über dem Talboden aufragenden Bergflanken: Sie sind ungemein steil und wild, von dunklem Tann überzogen und mit Felsabbrüchen durchsetzt. Vorne sieht man das **Schloss von Vaduz**. Es thront 120 m über der Stadt, wird seit 1939 ständig von der Fürstenfamilie bewohnt – und ist nicht zu besichtigen. Liechtenstein, eine ›konstitutionelle Erbmonarchie auf demokratisch-parlamentarischer Grundlage‹, ist mit 160 km² der **sechstkleinste Staat der Welt** und seit 1923 mit seiner Wirtschaft und Verwaltung eng an die Schweiz gebunden. Man zahlt in Schweizerfranken. Das Zentrum von Vaduz bietet auf engstem Raum eine beeindruckende Mischung von historischer und ganz neuer Architektur.

Sightseeing und Shopping im ›**Städtle**‹ erledigt man problemlos zu Fuß. Im kleinen Regierungsviertel auf dem Peter-Kaiser-Platz beeindruckt nicht so sehr das noble Regierungsgebäude von 1905, sondern vielmehr der außergewöhnliche, 2008 eröffnete Bau des Landtags mit seiner filigran durchbrochenen Fassade aus mehr als einer Million hellen Ziegelsteinen.

TOP TIPP Der anthrazitfarbene Kubus des **Kunstmuseums** ist der kulturelle Glanzpunkt (Städtle 32, Tel. 00423 235 03 00, www.kunstmuseum.li, Di–So 10–17, Do 10–20 Uhr). Dort werden

»Gespräch in Bewegung« heißt die Skulptur von Kurt Laurenz Metzler zwischen Regierungsgebäude, Landtagsgebäude und Landesarchiv in Vaduz

bedeutende Skulpturen, Objekte und Installationen vom 19. Jh. bis in die Gegenwart gezeigt – und im 2015 eröffneten Anbau der **Hilti Art Foundation** die große Kunstsammlung des Liechtensteiner Vorzeigebetriebs, der mit seinen Bohrhämmern auf allen großen Baustellen vertreten ist.

Praktische Hinweise

Information

Toggenburg Tourismus, Hauptstr. 104, Wildhaus, Tel. 071 999 99 11, www.toggenburg.org

Liechtenstein Marketing, Äulestr. 30, 9490 Vaduz, Tel. 00423 239 63 63, www.tourismus.li

Restaurant

Restaurant Torkel, Hintergass 9, 9490 Vaduz, Tel. 00423 232 44 10, www.torkel.li. Torkel ist der regionale Begriff für einen Weinkeller. Dieser hier steht im fürstlichen Weinberg Herawingert nördlich von Vaduz. Schickes Ambiente zwischen Mittelalter und Moderne. Die Küche? International, regional, saisonal und nie prätentiös (Di–Fr 11.30–13.30 und 18.30–21, Sa 18.30–21 Uhr).

Burg Gutenberg steht seit etwa 800 Jahren auf einem Felshügel mitten in der Rheinebene über den Dächern von Balzers

Auf Tour

Vaduz – Bad Ragaz (20 km)

Aus Vaduz hinaus folgt die Landstraße dem Lauf des Rheins durch eine prächtige grüne Tallandschaft mit Wiesen und Wald bis Balzers mit der malerisch auf einem frei stehenden Felshügel erbauten **Burg Gutenberg** (12. Jh.). Hier, in der südlichsten Gemeinde Liechtensteins, beginnt ein besonders reizvoller Streckenabschnitt: Sanft ansteigend führt die Straße hinein in die grüne Talmulde zwischen dem bewaldeten Fläscher Berg zur Linken und den ungemein schroffen Abstürzen des Falknis (2560 m) zur Rechten. Kurz vor dem Sattel bei **St. Luzisteig** (713 m) wird eine kleine Festung durch zwei enge Tore passiert, dahinter weist ein Schild zum Militärmuseum (Juni–Okt. Sa 13–17 Uhr, www.luzisteig.ch).
In traumhafter Fahrt geht es nun hinab über sanfte Bergwiesen mit kleinen Baumgruppen und mitten hinein in die Weinberge über dem malerischen Maienfeld, wo man der Beschilderung ins nur 4 km entfernte Bad Ragaz folgt. Über die Autobahn und den Rhein hinweg führt die Straße durch eine verblüffende, parkartige Landschaft – es handelt sich um den Golfplatz des Grand Resort Bad Ragaz – und vorbei an der ebenso riesigen wie luxuriösen Hotelanlage in den berühmten Kurort hinein.

5 Tektonikarena Sardona

TOP TIPP *Auf den Kopf gestellt: Berg-Bau als erdgeschichtliche Extravaganz.*

Nicht jedes UNESCO-Welterbe erschließt sich auf den ersten Blick. Die Tektonikarena Sardona erstreckt sich westlich von **Bad Ragaz** (516 m) über eine Fläche von mehr als 300 km^2 – und von Ennenda nahe Glarus (knapp 540 m) bis zur Ringelspitz

(3257 m). Ihren Namen hat sie jedoch vom **Piz Sardona** (3055 m) an der Grenze zwischen den Kantonen St. Gallen, Glarus und Graubünden. Dort oben liegt der Grund der UNESCO-Auszeichnung offen zutage: Es ist eine rund 35 km lange und 25 km breite, schon von Weitem deutlich sichtbare Felslinie – die ›**Glarner Hauptüberschiebung**‹. Sie trennt eine Schicht aus 250–300 Mio. Jahre altem Verrucanogestein – einem Quarz-Konglomerat – von einer Schicht aus ›nur‹ 35–50 Mio. Jahre altem Flysch. Der Clou: Das alte Gestein liegt oben, das junge unten. Die Erklärung für das Phänomen liefert die Tektonik. Im Zuge der Alpenfaltung drückte die afrikanische Kontinentalplatte auf die europäische, wobei sie jene 10 km hohe Verrucano-Masse 35 km weit auf den deutlich jüngeren Felsblock hinaufschob. Wegen der unterschiedlichen Farbe der Schichtmassen kann man die Glarner Hauptüberschiebung im Gelände problemlos erkennen. Das oben liegende Verrucanogestein ist rötlich, teilweise auch grünlich. Die Flyschsedimente darunter erscheinen dagegen grau und braun, nach unten hin auch schwarz. Zwischen den Schichten verläuft eine schmale Trennschicht aus hellem Kalkgestein. Man muss nicht Geologie studiert haben, um das zu erkennen, man sollte aber etwas Zeit mitbringen – und gut zu Fuß sein. Sind beide Voraussetzungen gegeben, fährt man mit der Pizolbahn (Talstation Matells, Tel. 081 300 48 30, www.pizol.com, Ende Juni–Mitte Okt. Mo–Fr 9–17, Sa/So/Fei 8.15–17.30 Uhr, im Juni Sa/So) von Bad Ragaz zum **Pizol** und startet dort zur **5-Seen-Wanderung**, die nicht nur geologisch spannend, sondern auch landschaftlich toll ist, allerdings 4,5 Std. Gehzeit erfordert.

Spektakuläre Geologie gibt es aber auch im Tal zu sehen, unmittelbar

Logieren wie im 18 Jh. – in der Fürstensuite des denkmalgeschützten Palais auf dem weitläufigen Gelände des Grand Resort Bad Ragaz

Oben alt, unten jung: Wie mit dem Lineal gezogen verläuft die »Glarner Hauptüberschiebung« mitten durch die Felszacken der Tschingelhörner

hinter Bad Ragaz, wo in der engen **Tamina-Schlucht** bei Bad Pfäfers das 36 Grad warme Thermalwasser aus dem Fels sprudelt. Zwei Jäger entdeckten die Quelle im Jahr 1240. Fast 300 Jahre später, 1535, wurde der Naturforscher, Arzt und Philosoph Paracelsus, der die Heilkraft des Wassers erkannte, dort zum ersten Badearzt. 1716 wurde unterhalb des Benediktinerklosters zu Pfäfers das früheste barocke Badehaus der Schweiz erbaut und ab 1840 leitete man das Thermalwasser hinab nach Ragaz, das sich danach rasch zum gefragten Kurort der europäischen Hautevolee entwickelte. Der Zugang in die Schlucht liegt beim **Alten Bad Pfäfers** (Tel. 081 302 71 61, www.altes-bad-pfaefers.ch, Besichtigung Ende April–Mitte Okt. tgl. 10–17.15, Mai/Okt. tgl. 10–16.15 Uhr). Es wurde umfassend restauriert und zeigt im Kloster- und Badmuseum Wechselausstellungen. Man erreicht es von Bad Ragaz zu Fuß in 1 Std. oder mit dem Postauto in 15 Min. Bequemer ist der Besuch der Tamina Therme (Hans Albrecht Strasse, Tel. 081 303 27 40, www.taminatherme.ch, tgl. 8–22, Fr 8–23 Uhr) auf dem Gelände des Grand Resort.

Ein weiterer Tipp ist der Abstecher (7 km) zum bemerkenswerten Museum im mittelalterlichen **Schloss Sargans** (Tel. 081 723 14 88, www.schlosssargans.com, Museum: April–Okt. 10–12 und 13.30–17.30 Uhr,

Restaurant: tgl. 9.30–23.30 Uhr). Es präsentiert Geschichte, Volkskunde, Geologie und Bergbau auf sechs Stockwerken – und besitzt einen großartigen Weinkeller.

Praktische Hinweise

Information

Heidiland Tourismus AG, Infostelle Bad Ragaz, Am Platz 1, 7310 Bad Ragaz, Tel. 081 300 40 20, www.heidiland.com

IG UNESCO-Welterbe Tektonikarena Sardona, Städtchenstr. 45, 7320 Sargans, Tel. 081 723 59 20, www.unesco-sardona.ch, tourismus.unesco-sardona.ch

Hotels

TOP TIPP *******s Grand Resort Bad Ragaz**, 7310 Bad Ragaz, Tel. 081 303 30 30, www.resortragaz.ch. Eines der Aushängeschilder der Schweizer Luxus-Hotellerie, hervorgegangen aus dem historischen Quellenhof, und eigentlich eine eigene Stadt, für die man einen guten Lageplan braucht. Zimmer und Suiten von historisch-fürstlich bis top-modern-puristisch. Dazu ein komplettes medizinisches Zentrum – von Vorsorge über verschiedenste Behandlungen bis Reha, ›Wellbeing‹ im Thermal Spa, bestes Golfen auf einem 18-Loch- und einem 9-Loch-Course sowie einem umfangreichen Kunst- und Kulturprogramm. Auch bei den Restaurants wird Abwechslung geboten: vom Gourmettempel ›Äbtestube‹ über feine asiatische Küche im ›Namun‹ bis zur urigen ›Zollstube‹ mit regionalen Spezialitäten, Fondues, offenen Weinen und 17 verschiedenen Biersorten. Und wer hinterher immer noch Geld hat (oder welches gebrauchen kann), versucht sein Glück im Casino.

****** Sorell Hotel Tamina**, Am Platz 3, 7310 Bad Ragaz, Tel. 081 303 71 71, www.hoteltamina.ch. Angenehmes, 2011 runderneuertes Haus im Zentrum von Bad Ragaz. Schnörkellos modern eingerichtete Zimmer, originelle regionale Küche im Restaurant Im Park.

Restaurant

Gasthof Löwen, Löwenstr. 5, 7310 Bad Ragaz, Tel. 081 302 13 06, www.loewen.biz. Der Löwe brüllt dort, wo einst die Zollbrücke über die Tamina den einzigen Weg nach Graubünden vermittelte. In den aufwendig restaurierten, sehr einladenden Räumen gibt es u. a. Fleisch und Fisch vom aus Australien importierten Holzkohlengrill (Di–Sa 9–23.30 Uhr).

Graubünden

Kurven im Hochgebirge – auf der Straße zum Flüelapass

Graubünden – Die Höhen machen den Unterschied

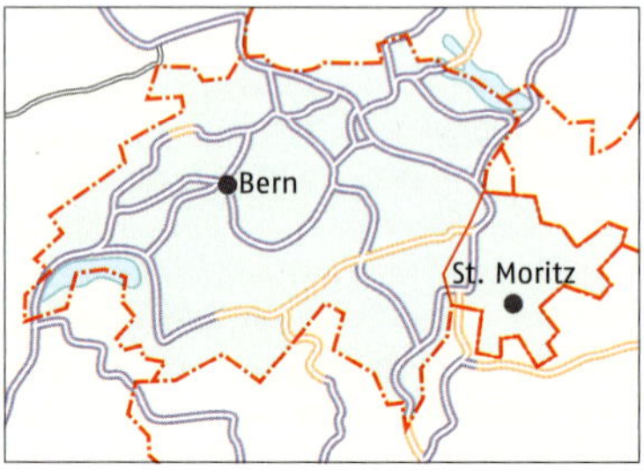

Der Steinbock im Wappen zeigt es schon an: Der größte Kanton der Schweiz liegt ganz und gar im Gebirge. Zwischen den 400 m hohen Weinbergen im Rheintal und dem 4049 m hohen Piz Bernina im Engadin ist die Landschaft lieblich wie auf den Almwiesen des ›Heidilands‹, dramatisch wie in der schaurigen Kluft der Viamala und episch wie auf der Oberengadiner Seenplatte bei St. Moritz. Die Fahrt ins Herz der Alpen wird nebenbei zur Sprachreise: Im Norden Graubündens spricht man deutsch, in der Mitte rätoromanisch, im Süden italienisch – was in der Praxis aber nie ein Problem darstellt.

6 Heididorf Maienfeld

Das ›Original‹: Heile Bergwelt für die ganze Familie.

Am 3. Oktober 2014 wurde die einmillionste Besucherin empfangen: Sie kam aus Japan. Tatsächlich bietet das Heididorf im Weiler Rofels oberhalb von Maienfeld ein Bild, das der japanischen Zeichentrickserie von 1974 ebenso stark entspricht wie der schweizerischen Romanvorlage von 1880/81. Vom Bahnhof in **Maienfeld** (504 m) kommt man mit dem Auto oder zu Fuß (1–1,5 Std.) auf dem **Heidiweg** hinauf. Im Dorf zeigt das **›Original Heidihaus‹**, wie Heidi gelebt haben könnte. Mehr Informationen bietet das **Johanna Spyri Museum** (beide: Mitte März–Mitte Nov. tgl. 10–17 Uhr). Andenken erwirbt man im Dorf- und Souvenirladen und in der kleinsten Poststelle der Schweiz, die den Heididorf-Sonderstempel hat. Ziegen gibt es selbstverständlich auch zu sehen und zu streicheln, Hunger und Durst kann man im nahen Restaurant Heidihof stillen.

Die Bündner Herrschaft

Maienfeld ist das Zentrum der Bündner Herrschaft. Mit ›Herrschäftlern‹ werden allerdings nicht die Menschen bezeichnet, die in den Gemeinden **Fläsch, Maienfeld, Jenins** und **Malans** wohnen, sondern die hiesigen Weine. In der wärmsten Weinbauregion der Deutschschweiz baut man zu 78 % Blauburgunder an. Eine Alternative zum Heidiweg – für Erwachsene sozusagen – ist der **Weinweg**, eine leichte Rundwanderung im Osten von Malans mit Informationen zur lokalen Weinproduktion. Deren herausragende Qualität kann man in zahlreichen Weinkellern, hier ›Torkel‹ genannt, probieren.

Das Naturkind aus den Schweizer Bergen schaffte es bis nach Japan – und kehrte von dort als Zeichentrickfigur im Jahr 1974 zurück

Das Heidi

Am 19. August 2014 fiel in Graubünden die erste Klappe zur großen Walt-Disney-Produktion ›Heidi‹. Wie oft die Geschichte schon verfilmt worden ist? Schon oft... Begonnen hat es 1920 mit dem Stummfilm ›Heidi‹, ebenfalls eine US-Produktion. Danach folgten **zehn weitere Spielfilme,** zusätzlich **vier Fernsehserien** und **acht Zeichentrickfilme** bzw. -serien. Ein Renner, auch im deutschen Fernsehen, war die 52-teilige japanische Zeichentrickserie von 1974. Das Titellied der deutschen Synchronfassung, gesungen von Gitti und Erika, ist einer der hartnäckigsten Ohrwürmer des deutschen Schlagers. Die Vorlage für all das schuf die Schweizer Schriftstellerin **Johanna Spyri** (1827–1901) mit ihren beiden Büchern ›Heidis Lehr- und Wanderjahre‹ (1880) und ›Heidi kann brauchen, was es gelernt hat‹ (1881). Sie erfand die Geschichte vom Waisenmädchen Heidi, dem gleichaltrigen Geißenpeter, einem Ziegenhirten, und dem Alpöhi, Heidis kauzigem Großvater (in der hochdeutschen Erstausgabe: Alm-Öhi). Nach drei Jahren zwischen Bergen, Tannen und Tieren muss die **glückliche Analphabetin** mit Tante Dete nach Frankfurt am Main zu Familie Sesemann, wo sie lesen lernt, aber Heimweh nach den Bergen hat, schlafwandelt und endlich wieder nach Hause fahren darf. Das gesunde, freie, unschuldige und irgendwie geschlechtslose Naturkind – es heißt: *das* Heidi – schien der Schweizer DNA eingeschrieben zu sein. Für den Tourismus im Land ist das ein Segen und eine Belastung zugleich. Einerseits lässt sich der Mythos weiterhin gut vermarkten – vor allem auf dem asiatischen Markt –, andererseits wird die Kluft zwischen **inszenierter Idylle** und sehr realer Modernität immer offensichtlicher.

Es gibt viele Möglichkeiten, sich über dem grünen Talboden von Klosters die Beine zu vertreten – wie hier auf dem Weg zur Walsersiedlung Monbiel

Praktische Hinweise

Information

Heididorf AG, 7304 Maienfeld, Tel. 081 330 19 12, www.heididorf.ch

Heidiland Tourismus AG, Valenserstr. 6, 7310 Bad Ragaz, Tel. 081 720 08 20, www.heidiland.com

Restaurants

Restaurant & Hotel Weiss Kreuz, Dorfplatz 1, 7208 Malans, Tel. 081 735 25 00, weisskreuzmalans.ch. In vier kleinen, gemütlichen Stuben oder auf der Sonnenterrasse mit tollem Panorama wird gehobene regionale Küche serviert. Feines Wild von Jägern aus der Umgebung (Mo–So 11.30–14 und 18–22 Uhr).

Schloss Brandis, 7304 Maienfeld, Tel. 081 302 24 23, www.schlossbrandis.ch. Tolles Ambiente, entweder in mittelalterlichen Sälen oder – im Sommer am schönsten – im wunderbaren Gartenrestaurant (Mo–So ab 11 Uhr durchgehend).

Auf Tour

Maienfeld – Davos – Zernez (81 km)

Von Heidiland nach Auenland sind es nur 3 km: Man nimmt in Maienfeld die obere, schmale Straße und gelangt nach **Jenins**, wo Tolkien-Fans 2013 ein **Hobbit-Museum** (Verduonig 2A, www.greisinger.museum,

Besichtigung nur nach Anmeldung) eröffnet haben. Die Straße nach Malans verläuft wunderschön durch Wald und Weinberge, bietet eine großartige Aussicht, ist aber außerordentlich schmal – Achtung! Auch die Fahrt durch den sehr hübschen Weinort **Malans** verlangt Konzentration, dann geht es schnurgerade hinab nach **Landquart** (529 m), das an sich wenig attraktiv ist, dafür aber neben dem Bahnhof und direkt an der A13 ein stark frequentiertes Designer Outlet (Tardisstr. 20a, Tel. 081 300 02 90, www.designeroutlet landquart.ch, tgl. 10–19 Uhr) bietet. Nun geht es nach Osten gerade auf die enge Einfahrt ins Landwassertal zu. Ein Tunnel leitet auf die Schnellstraße, der man durch das immer schöner werdende Tal mit seinen locker bebauten Flanken folgt: an Schiers vorbei und bis Küblis noch im Bereich des Talbodens, dahinter in der sonnigen Talflanke mit schöner Sicht über das Tal und die Berge.

Klosters und Davos

Klosters (1179 m) praktiziert den touristischen Spagat. Einerseits hat es schon Anteil am gehobenen Ski- und Sporttourismus mit VIP-Faktor (Prinz Charles kommt regelmäßig zu Besuch), andererseits kann es mit seinen 4000 Einwohnern und der unaufdringlichen Chalet-Architektur als ländlich-dörflicher und besonders familienfreundlicher Ferienort für alle Jahreszeiten punkten. Mit Kindern sucht man im Sommer gern das **Madrisa Land** (Madrisastr. 7, Tel. 081 410 21 70, www.madrisa-land.ch) auf dem Sonnenberg (1900 m) von Klosters auf: eine Sagenwelt mit 100-m-Rutschbahn, 200-m-Flying-Fox, Tierpark, Hüpfburg, Käserei und mehr. Ganz ohne künstliche Attraktionen und sehr natürlich, bietet der Ausflug ins Dorf **Monbiel** (1291 m) eine stille Alternative. Die alten Walserhäuser mit ihren sonnenverbrannten Holzbalken sind äußerst fotogen, der Weg durch das schöne Tal ist einladend – wer will, kann bis zu den leuchtenden Gletschern der Silvrettagruppe wandern.

In zwei weiten Kehren führt die Straße aus Klosters hinaus. Man passiert gleich den Abzweig zum Verladebahnhof Selfranga am Nordportal des 19 km langen **Vereinatunnels** (Tel. 081 288 37 37, www.rhb.ch/de/autoverlad-vereina, Abfahrt tgl. 6.20–20.50 Uhr alle 30 Min., 20.20 Uhr nur Fr–So), dem direkten und wintersicheren Zugang ins Engadin nach

Susch/Sagliains (s. S. 51). Die Fahrt dauert 18 Min. Bald weitet sich das Tal wieder, die Landschaft wird zunehmend alpin. Über den Sattel **Wolfgang** (1631 m) rollt man hinab ans Ufer des überraschend großen *Davosersee*. An seinem Ende – und am Eingang von Davos-Platz – biegt links die Straße zum Flüelapass ab.

Davos (1560 m) ist ein Phänomen: 13 000 Einwohner, 28 120 Gästebetten, über 2 Mio. Übernachtungen im Jahr. Die höchstgelegene Stadt in den Alpen genießt als Kur-, Sport- und Kongressort Weltruhm. Jahr für Jahr treffen sich hier im Januar die mächtigsten Regierungschefs und Ökonomen mit Wissenschaftlern und Medienmenschen zum Jahrestreffen des **Weltwirtschaftsforums**. Der Boom begann vor 150 Jahren – gewissermaßen mit dem Verkauf der guten Bergluft. Lungenkranke pilgerten nach Davos, dessen Heilklima seit rund 150 Jahren bekannt ist. Die Methode: Schlafen auf sonnigen Terrassen am Tag, Wein trinken in schicken Salons am Abend. Nachlesen kann man das in Thomas Manns Roman ›Der Zauberberg‹ (1924), der im Kurhotel auf der **Schatzalp** spielt. Dort kann man auf knapp 1900 m den größten Hotelpark der Schweiz (450 000 m^2) und das **Alpinum** (Tel. 081 415 51 51, www.alpinum.ch, Mitte Mai–Mitte Nov. tgl. 9–18 Uhr) mit rund 800 verschiedenen Pflanzenarten aus aller Welt bewundern – im Juni und Juli am schönsten. Davos bietet ein beinahe großstädtisches Angebot an Shops und Klubs, Bars, Cafés und Restaurants. Kulturelles Highlight ist das moderne **Kirchner Museum** (Promenade 82, Tel. 081 410 63 00, www.kirchnermuseum.ch, Di–So 10–18 Uhr). Es zeigt die weltweit größte Sammlung von Gemälden des deutschen Expressio-

So hatte das vorher noch kein Einheimischer gesehen: Der zugezogene Maler Ernst Ludwig Kirchner brachte neue Farben nach Davos

Berg, Bach, Wiese, Haus – wie sich aus wenigen Elementen eine Schweizer Bilderbuchlandschaft gestalten lässt, erlebt man beispielhaft im Sertigtal

nisten Ernst Ludwig Kirchner (1880–1938), der von 1917 bis zu seinem Tod in Davos lebte.

Ansonsten genießt man die Natur: beim Wandern und Panorama-Schauen auf den mit Seilbahnen erschlossenen Bergen Jakobshorn (2590 m), Parsenn mit **Weissfluhjoch** (2844 m) und Rinerhorn (2490 m); man wandert, radelt oder fährt in der Pferdekutsche in die Seitentäler Sertig, Dischma oder Flüela. Besonders schön ist der Ausflug zu Fuß oder mit Bus von Davos-Clavadel ins TOP TIPP großartige **Sertigtal** mit seinen Blumenwiesen und schönen Bauernhäusern. Vom malerischen **Sertig-Dörfli** (1860 m) ist es nicht mehr weit zum eindrucksvollen *Ducan-Wasserfall*.

Ein Spezialtipp für Bierliebhaber: der Abstecher zur höchstgelegenen Brauerei Europas in **Monstein** (1625 m). Die Brauerei (BierVision Monstein AG, Tel. 081 420 30 60, www.biervision-monstein.ch), die auch Bierbrände und Single Malts brennt, bietet verschiedene ›Erlebnis-Angebote‹, u. a. immer freitags ungeführte Besichtigung und Direktverkauf (16–19 Uhr), daneben Brauer-Apéros und andere Aktionen nach Anmeldung.

Praktische Hinweise

Information

Destination Davos Klosters, Talstr. 41, 7270 Davos Platz, Tel. 081 415 21 21, www.davos.ch

Hotels

******s Grischa – DAS Hotel Davos**, Talstr. 3, 7270 Davos Platz, Tel. 081 414 97 97, www.hotelgrischa.ch. Großes, modernes Haus mit ambitioniertem Öko-Konzept bei der Haustechnik und kulinarischen Reisen von China über die Alpen ans Mittelmeer in fünf Restaurants.

****** Sunstar Boutique Hotel Albeina,** Boscaweg 7, 7252 Klosters Dorf, Tel. 081 423 21 00, www.sunstar.ch. Schönes und schön gelegenes Hotel im Bündner Chalet-Stil. Arvenholz in den Zimmern, noch mehr Arvenholz im gemütlichen Restaurant.

*****s Hotel Chesa Grischuna,** Bahnhofstr. 12, 7250 Klosters Schweiz, Tel. 081 422 22 22, www.chesagrischuna.ch. ›Swiss Historic Hotel‹ mit Geschichte und illustren Namen auf der Gästeliste: Greta Garbo, Gene Kelly, John Irving … Die Inneneinrichtung repräsentiert gewissermaßen eine Leistungsschau des regionalen (Kunst-)Handwerks.

***** Apart- und Kinderhotel Muchetta,** Aussergasse 18, 7494 Davos Wiesen, Tel. 081 410 41 00, www.kinderhotel.ch.

Eine fantastische Bergstraße erschließt die erste große Pass-Trophäe auf der Grand Tour of Switzerland

Das einzige Kinderhotel der Schweiz beherbergt auch deren Eltern und andere Erwachsene.

Restaurants

Amrein's Seehofstübli, im Hotel Seehof Davos, Promenade 159, 7260 Davos Dorf, Tel. 081 417 06 66, www.seehofdavos.ch. Starkoch Armin Amrein bietet mit seinem Bündnermenü eine Neuinterpretation der lokalen Küche und nimmt anspruchsvolle Gäste mit dem Degustationsmenü auf eine kulinarische Weltreise mit (Mi–So 11.30–14 und 18.30–21.30 Uhr).

Teufi, Dischmastr. 113, 7260 Davos Dorf, Tel. 081 416 35 82, www.teufi.ch. Eine Davoser Institution auf 1700 m am Eingang des Dischmatals. Deftige Küche mit vielen Produkten aus eigener Öko-Herstellung, Fondues in allen Varianten, gute Weine und Brände aus der Umgebung (Mo–So 10–23 Uhr).

Über den Flüelapass ins Engadin

Die Straße über den Flüelapass gehört zu den reizvollsten Schweizer Bergstrecken. Vor allem an schönen Wochenenden herrscht darum auch viel Verkehr. Gleich hinter Davos noch eng und dicht bewaldet, wird das Flüelatal weiter oben offener, alpiner. Bäche fließen über grüne Wiesen und plätschern über die Bergflanken. Vorbei am Berggasthaus Tschuggen fährt man neben dem mäandernden Flüelabach durch die immer eindrucksvollere, faszinierend-karge Tallandschaft, in der einzelne Zirben gute Fotomotive abgeben. Der **Flüelapass** (2383 m, Wintersperre) liegt zwischen den beiden Dreitausendern Schwarzhorn (3147 m) und Flüela Wisshorn (3085 m). Beim Passhotel/Restaurant

Durch dick und dünn: Mit der unverwechselbaren Silhouette seiner beiden Türme ist Susch das Tor zu den Natur- und Kulturschätzen des Engadins

Flüela Hospiz (Tel. 081 416 17 47, www.flueela-hospiz.ch) verläuft die Straße zwischen den beiden kleinen Seen auf der Passhöhe, ehe die grandiose Fahrt hinab ins Engadin beginnt. Unter dem Eisenbahnviadukt der Rhätischen Bahn rollt man schließlich nach **Susch** (1426 m), dessen ›Skyline‹ von zwei Türmen dominiert wird: schmal, hoch und mit Pyramidendach der Turm der reformierten Kirche, niedriger, dicker und mit etwas unterdimensioniert wirkender Zwiebelhaube der mittelalterliche Wohnturm Tuor Planta. Der Bahnhof ist mit dem Wort ›Staziun‹ bezeichnet – man ist im rätoromanischen Sprachraum angekommen.

Nach rechts, Süden, sind es nur 6 km bis zum weiten Talboden von **Zernez**, dem hübschen Ort an der Grenze vom Unter- zum Oberengadin und Ausgangspunkt der Ofenpassstraße in den Schweizer Nationalpark (s. S. 54) und zum Kloster Müstair (s. S. 55). Doch davor empfiehlt sich der kurze Abstecher von Susch nach links, talabwärts, zum Bergdorf Guarda (8 km).

7 Bergdorf Guarda

TOP TIPP *Schöner wohnen hinter dicken Mauern – und auf den Plätzen davor.*

Jedes Schweizer Kind kennt die Geschichte vom **Schellenursli** – und den bilderbuchschönen Bergort Guarda, in dem sie spielt. Jedes Jahr am 1. März ziehen die Buben von Guarda mit großen Kuhglocken durch das Dorf, um den Winter auszutreiben. ›**Chalandamarz**‹ heißt die Tradition. Ursli, der wegen seines kleinen Glöckchens von den anderen Kindern gehänselt wird, erinnert sich an die riesige Glocke in einer hoch gelegenen Alphütte. Nach abenteuerlichem Aufstieg zur tief verschneiten Hütte kommt er am nächsten Tag mit der Glocke zurück und darf den Zug der Buben durch das Dorf anführen.

Guarda liegt 300 m über dem Inn in 1653 m Höhe auf einer sonnigen Hangterrasse 8 km östlich von Susch. Rund 160 Menschen leben hier in typischen **Engadinerhäusern** mit dicken Mauern, trichterförmigen Fensternischen, Erkern, bogenförmigen Eingangstoren und der traditionellen Aufteilung mit hintereinanderliegenden Wohn- und Wirtschaftsteilen. Grandios sind die vielfältigen Schmuckelemente: Rokokoschnitzereien an den Toren, Familienwappen – aufgemalt, aus Granit oder Marmor – und üppige **Fassaden-Sgraffiti.** Diese Kunstform stammt ursprünglich aus Italien und wurde im Engadin vervollkommnet. Dabei werden verschiedene Mörtelschichten aufgetragen, mal naturfarbig, mal gefärbt. In den noch weichen Putz ritzen, schneiden oder kratzen die Künstler Linien, Flächen und fantasievolle Muster. Einige so gestaltete Häuser in Guarda fanden Aufnahme in den ›Kunstführer durch die Schweiz‹ der Gesellschaft für Schweizerische Kunstgeschichte, darunter die Wohnhäuser Nr. 25 (Könz) aus dem Jahr 1717 mit großartigen Blumen- und Blattranken-Sgraffiti, Nr. 34 (Jecklin) mit feinen Sgraffiti und Malereien sowie Nr. 46 (Bart) mit Renaissance-Sgraffiti von 1662.

Vom Parkplatz vor dem Dorf kann man sich von der GPS-basierten **App ›Dorfrundgang Guarda‹** (Download unter der Website der Gäste-Info) durch das Dorf leiten lassen. Dem Schellenursli ist ein familientauglicher Wanderweg gewidmet. Auch interessant: Seit 1. Januar 2015 bildet Guarda zusammen mit den fünf Nachbargemeinden Ardez, Ftan, Scuol, Sent und Tarasp die flächenmäßig größte Gemeinde der Schweiz (438 km^2) – mit insgesamt nun etwa 4700 Einwohnern.

Praktische Hinweise

Information

Gäste-Info Guarda, Dorfstrasse, 7545 Guarda, Tel. 081 861 88 27, www.scuol.ch/guarda

Zum schnellen Konsum viel zu schade: Guarda ist ein Dorf, in dem man ganze Tage verbummeln könnte – beim Wandern, Spazierengehen, Kaffeetrinken …

Hotel

Hotel Meisser, Dorfstr. 42, 7545 Guarda, Tel. 081 862 21 32, www.hotel-meisser.ch. Fast zu schön, um wahr zu sein: ein Ensemble von zwei sgraffitogeschmückten Engadinerhäusern mit Zimmern und Suiten – und im Haupthaus bewusst ohne Fernseher ausgestattet. Sagenhafter Blick von den Wiesenterrassen auf die Berge.

Restaurant

Ustaria Crusch Alba, 7545 Guarda, Tel. 081 860 36 36, cruschalbaguarda.ch. Familien-Kleinbetrieb im Zentrum mit lustvoll-variabler Küche und einem Schwerpunkt auf lokalen Spezialitäten von Wiesen und aus Bächen. Feine Polentabeilagen und gute Weine (Di–So 10–22 Uhr).

Auf Tour

Susch – Zernez (6 km)

Die Fahrt von Susch nach Zernez ist kurz. Zur Rechten hat man die Trasse der *Rhätischen Bahn* mit einzelnen Viadukten, zur Linken den wilden Inn in seinem unverbauten Kiesbett. Hinter einer Engstelle sieht man bereits den spitzen Kirchturm in **Zernez** (1473 m), das sich einen intakten Ortskern mit schönen Häusern bewahrt hat. Die strategische Lage zwischen Unter- und Oberengadin, am Abzweig der Straße zum Ofenpass, war historisch bedeutsam.

8 Schweizerischer Nationalpark

Adler, Steinbock, Murmeltier – und eine fantastische Landschaft (fast) ohne Menschen.

Der 1914 gegründete ›Parc Naziunal Svizzer‹ (romanisch) ist der **älteste Nationalpark in den Alpen.** Naturschutz wird hier kompromisslos praktiziert: Die wenigen offiziellen Wanderwege im Park dürfen nicht verlassen werden und Besucher tun gut daran, die Regeln zu beachten. Dafür können sie hier sämtliche **Alpentiere** in freier Wildbahn beobachten: Steinadler und Bartgeier, Steinböcke und Gämsen, Rothirsche, Murmeltiere, Schneehasen, Eidechsen und viele mehr. Auch Bären, Luchse und Wölfe wurden hier bereits gesehen bzw. werden in Zukunft erwartet. Mit einer Fläche von 170,3 km^2 ist der Nationalpark das **größte Schutzgebiet der Schweiz;** tiefster Punkt ist das Tal des Baches Clemgia bei Scuol (ca. 1400 m), höchster Punkt der Piz Pisoc (3174 m) unmittelbar darüber. Wald bedeckt knapp 35 % des Parkgebiets. Fällt ein Baum um, bleibt er liegen und verrottet – was mehr als 100 Jahre dauern kann. Alpen und Wiesen bedecken 20 %, vegetationslose Flächen mit Fels, Geröll und Schnee bzw. Eis bilden den großen Rest. Das Land-

Die urtümliche Natur im Val Cluozza südlich von Zernez bleibt sich selbst überlassen. Wie überall im Nationalpark darf man keinen Schritt vom Weg abweichen

schaftsbild ist atemberaubend. Es ähnelt auf verblüffende Weise dem der kanadischen Rocky Mountains. Wie ein Monolith erscheint das **Besucherzentrum** (Mitte Mai–Anf. Nov. tgl. 8.30–18 Uhr, sonst reduzierte Öffnungsz.) in **Zernez:** hell, schlicht, mit avantgardistischem Raumkonzept und modernster Umwelttechnik. Hier ist die interaktive Dauerausstellung mit laseranimiertem Relief und Alpenflug-Simulation zu besichtigen. Das wahre Highlight erlebt man natürlich beim Abstecher outdoor: TOP TIPP auf der Straße über den **Ofenpass**, die man schon deshalb fahren muss, weil dahinter das nächste Highlight zu besichtigen ist: das Benediktinerinnen-Kloster in Müstair. Entlang der Straße gibt es mehrere gut ausgeschilderte Wandermöglichkeiten. Schön und nicht anstrengend ist der 3 km lange Weg vom Hotel Il Fuorn (1794 m) zur Alp Stabelchod (1958 m). Im Besucherzentrum kann man sich auch für eine der zahlreichen, von Rangern geführten Exkursionen anmelden, z.B. in das großartige **Val Trupchun** mit seinem reichen Wildbestand.

i Praktische Hinweise

Information

Schweizerischer Nationalpark, Besucherzentrum Zernez, 7530 Zernez, Tel. 081 851 41 41, www.nationalpark.ch

Hotel

******s Hotel Belvedere,** Stradun 330, 7550 Scuol, Tel. 081 861 06 06, www.belvedere-scuol.ch. Wohlfühlen wird großgeschrieben im Engadiner Thermen- und Feriendorf auf der Nordseite des Nationalparks. Neben raffinierten Gesundheitspaketen bietet man in vier Restaurants echte Gaumenwellness.

Restaurant

Baer & Post, 7530 Zernez, Tel. 081 851 55 00, www.baer-post.ch. Das Hotelrestaurant des Drei-Sterne-Hauses stimmt die Speisen auf den Wechsel der Jahreszeiten ab. Spezielle Wildgerichte im Herbst (tgl. 11.30–14.30 und 18.30–21.30 Uhr).

9 Benediktinerinnen-Kloster St. Johann, Müstair

Karl der Große, fromme Frauen und die Bibel als Bildergeschichte.

Wer die 39 km von Zernez durch den Schweizerischen Nationalpark und über den Ofenpass ins **Val Müstair** (Münstertal) unter die Räder nimmt, wird gleich doppelt belohnt: mit einer der schönsten Landschaften in den Alpen und mit einem kunsthistorischen Kleinod, das bereits 1983 von der UNESCO in den Rang des Welterbes erhoben wurde. Unmitelbar neben der Grenze zum italienischen Vinschgau steht im Dorf **Müstair** (Münster, 1247 m) auf der sprichwörtlichen grünen Wiese das Kloster St. Johann, in dem heute noch zwölf Benediktinerinnen gemäß ihrer Ordensregel beten und arbeiten (»ora et labora«). Kein Geringerer als Karl der Große soll das Kloster anno 775 gegründet haben. Seine lebensgroße Skulptur steht in der Klosterkirche, deren größter Schatz die einzigartigen, großflächigen **Fresken** aus der Zeit um 800 darstellen. Später vollständig übermalt, wurden sie erst am Ende des 19. Jh. wiederentdeckt und bis 1951 freigelegt. Die immer noch ungemein farbenprächtigen Bilderzyklen zeigen u.a. die Flucht nach Ägypten, das Gastmahl des Herodes, Christus als Kirchengründer, Herrscher und Lehrer der Welt sowie als Triumphator in den Apsiden.

Bemerkenswert ist auch die **Heiligkreuzkapelle** am Eingang zum Friedhof. Sie entstand von 785–88 und birgt die älteste datierte Holzdecke Europas. Weitere Baudenkmäler auf dem Klostergelände sind die frühromanische **Bischofsresidenz** (1035) mit der **Doppelkapelle St. Ulrich und St. Nikolaus** sowie die beiden um 1500 entstandenen Tortürme, die den Wirtschaftshof im Westen abschließen. Im **Plantaturm** mit seinem zinnenbewehrten Pultdach wurde 2003 ein **Museum** (Mai–Okt. Mo–Sa 9–12 und 13.30–17, So/Fei 13.30–17, Nov.–April Mo–Sa 10–12 und 13.30–16.30, So/Fei 13.30–16.30 Uhr) eröffnet, das die 1200-jährige Bau- und Wohnkultur dokumentiert. Wer möchte, kann übrigens im Gästehaus des Klosters nächtigen, an kirchlichen Gebeten und Eucharistiefeiern teilnehmen und im Speisesaal die Mahlzeiten (mit Bio-Gemüse aus eigenem Anbau) einnehmen.

Und wer schon einmal hier ist, sollte auch noch im westlich benachbarten Dorf **Valchava** (1412 m) das **Talmuseum Chasa Jaura** (Bauorcha 17, Tel. 081 858 53 17, www.chasajaura.ch, Di–Fr 10–12 und 14–17, Sa/So 15–18 Uhr) besuchen. Das bildschöne Haus bietet einen Überblick über die Lebenskultur im Tal und ist darüber hinaus ein überaus lebendiges Kulturzentrum.

Praktische Hinweise

Information

Museum & Butia Kloster St. Johann,
7537 Müstair, Tel. 081 851 62 28,
www.muestair.ch

Gäste-Information Val Müstair,
Chasa Cumünala, 7532 Tschierv,
Tel. 081 861 88 40, www.val-muestair.ch

Restaurant/Hotel

Chasa Chalavaina, Plaz Grond, 7537 Müstair, Tel. 081 858 54 68, www.chalavaina.ch. Traditionsreicher Gastbetrieb gleich neben der Klosteranlage in Müstair: Das Hotel samt Restaurant residiert in einem uralten Haus mit dem ältesten, immer noch in Betrieb befindlichen Holzbackofen Europas. Alle Räume sind mit historischen Möbeln ausgestattet.

Erbin der Menschheit: Schwester Johanna kümmert sich um den Garten des Benediktinerinnen-Klosters St. Johann in Müstair nahe der italienischen Grenze

➔ Auf Tour

Zernez – Punt Muragl (30 km)

Die erste Etappe durch das Oberengadin bietet entspanntes Cruisen – abgesehen von einigen Ortsdurchfahrten zu Beginn, die teilweise so schmal sind, dass keine zwei Autos aneinander vorbeikommen. Dafür wird die begeisternde Landschaft immer weiter und offener, schließlich meint man sogar, auf einer sehr breiten, flachen Rampe geradewegs in den Himmel hinaufzufahren. Ort reiht sich an Ort, alle mit ausnehmend schönen Dorfkernen, viele mit Namen, deren Aussprache rätselhaft erscheint: **Cinuos-chel** oder **S-chanf;** Letzteres spricht man »sch-tschanf« aus, mit weichem »sch«. Die Straße wird zum regelrechten Highway und umgeht die nächsten Dörfer am südlichen Rand des Talbodens. So hat man einen guten Blick auf die beeindruckenden, baumlosen und mit zahlreichen Holzhütten bestandenen Grashänge zur Rechten. Die Hänge zur Linken sind dagegen dicht bewaldet.

Einen Zwischenstopp verdient der schöne Ort **Zuoz** (1716 m) mit seinen reich verzierten Patrizierhäusern, dem auffälligen Gebäudekomplex des Lyceum Alpinum (Internat) und der höchstgelegenen Kaffeerösterei Europas auf 1669 m, dem **Cafè Badilatti** (Chesa Cafè, Tel. 081 854 27 27, www.cafe-badilatti.ch), das zusätzlich mit einem umfangreichen Veranstaltungsprogramm das Kulturleben im Tal bereichert. Auch das anschließende **Madulain** mit seiner spätgotischen Dorfkirche ist sehenswert. In La Punt-Chamues-ch erreicht die Strecke von Tiefencastel über den Albulapass das Engadin, und dahinter beginnt die weite Ebene *La Plaiv* mit ihren wunderschönen Feuchtwiesen. Nächster Ort ist **Bever.** Wer das Auto beim Bahnhof abstellt, kann zu Fuß schöne Gartenanlagen und prachtvolle Gebäude entdecken – ein echter Tipp!

Schnell ist man danach in **Samedan** (1721 m), dem Hauptort des Oberengadins, das vor allem für seinen internationalen Flughafen bekannt ist, aber auch einen Dorfkern mit hübschen sgraffitiverzierten Häusern aufweist. Blickfang ist der Wohnturm **La Tuor** aus dem 13. Jh., kultureller Mittelpunkt das **Planta-Haus** (Plazzet 2, Tel. 081 852 12 72, www.chesaplanta.ch, Do 15–18 Uhr; Führungen Mitte Juni–Mitte Okt. Di/Fr 16.30 Uhr und auf Anfrage) mit dem *Museum für Wohnkultur* und dem *Kulturarchiv Oberengadin.* Außerdem kann man sich beim ›Baderitual‹ im neuen **Mineralbad & Spa** (San Bastiaun 3, Tel. 081 851 19 19, www.mineralbad-samedan.ch, Di–So 10–20.30, Mo 13–20.30 Uhr) über drei Stockwerke bis aufs Dach baden.

Nur 3 km hinter Samedan erreicht man Punt Muragl und die Talstation der Seilbahn zum Muottas Muragl.

Entschleunigung in Zuoz: Das hübsche Dorf bietet sich für einen Spaziergang zwischen hohen Bergen, grünen Wiesen und dicken Mauern an

Beste Aussicht vom Muottas Muragl auf St. Moritz und die Kette der Oberengadiner Seen. Wer das Erlebnis noch toppen möchte, bleibt hier oben über Nacht

10 Aussichtsberg Muottas Muragl

TOP TIPP *Das schönste Panorama im Oberengadin: Seen, Berge, Gletscher – und ›magisches‹ Licht.*

Der **Muottas Muragl** bietet kein 360-Grad-Panorama. Freie Sicht hat man eigentlich nur nach Süden und Westen. Man steht nicht einmal auf einem richtigen Gipfel, sondern auf einer Geländeterrasse darunter, auf 2454 m Höhe. Da die nächsten Berge rundherum zwischen 3000 m und 4000 m hoch sind, ist der weiteste Horizont kaum 25 km entfernt. Und doch ist dies einer der ganz großen Schweizer Aussichtspunkte. Schon bei der 10-minütigen Auffahrt mit der 1907 in Betrieb genommenen **Standseilbahn** (Tel. 081 842 82 32, www.muottasmuragl.ch, tgl. 7.45–23, ab 8.10 Uhr alle 30 Min.) von **Punt Muragl** (1738 m), ahnt man, warum. Oben auf der großen Sonnenterrasse sind dann die letzten Zweifel ausgeräumt. Der Blick nach Südwesten über die großen und kleinen Seen im flachen Talboden zwischen **St. Moritz** und dem **Malojapass** ist atemberaubend. Im Süden sieht man durch die tiefen Einschnitte des Val Roseg und des Val Morteratsch auf die fantastische Gletscherkulisse des **Piz Palü** (3901 m) und auf den spitzen **Piz Bernina** (4049 m), den einzigen Viertausender in den Ostalpen. Wer sich die Beine vertreten möchte, kann dem Wanderweg Richtung **Lej Muragl** ein Stück weit folgen und die Aussicht von einer der dort aufgestellten Bänke in aller Ruhe genießen, abseits des Trubels an der Bergstation. Wie man den Eindruck weiter steigern kann? Indem man bis zum Sonnenuntergang hier oben bleibt und noch die ›blaue

Die »Weiße Hölle« macht Ferien: Piz Palü (3905 m) und Piz Bernina (4049 m), ganz rechts, präsentieren sich auf der Diavolezza in strahlender Unschuld

Stunde‹ genießt – am schönsten im **Panoramarestaurant**, beim festlichen Candle-Light-Dinner.

Pontresina, Diavolezza und Berninapass

Im nahen **Pontresina,** 3 km südlich der Talstation, ist ein architektonischer Mix aus sgraffitigeschmückten Engadinerhäusern aus dem 17./18. Jh. und prächtigen Hotelpalästen aus der Belle Époque um 1900 zu bestaunen. Im sehenswerten **Museum Alpin** (Via Maistra 199, Tel. 081 842 72 73, www.pontresina.ch/museumalpin, 15. Juni–24. Okt. Mo–Sa 16–18 Uhr) werden die Entwicklung des Tourismus, die Jagd, das Wild und die Mineralien der Alpen thematisiert. Die Praxis des neuzeitlichen Tourismus verkörpert dagegen das Erlebnisbad Bellavita (Via Maistra 178, Tel. 081 837 00 37, www.pontresina-bellavita.ch, Mo–Fr 10–22, Sa/So 10–21 Uhr) mit Außenbecken und Wellnessoase.

Wer möchte, kann von hier auch einen Ausflug mit der *Rhätischen Bahn* (www.rhb.ch) über den **Berninapass** (2330 m) hinab nach Poschiavo (1021 m) machen – eine faszinierende Fahrt. Großartige Natur bieten Exkursionen zu Fuß oder mit der Pferdekutsche ins **Val Roseg** oder mit der Seilbahn (tgl. 8.30–17, Juli/Aug. bis 17.30 Uhr, alle 20–30 Min.) auf die **Diavolezza**

TOP TIPP

(2973 m), wo man dem Piz Palü mit seinen drei Pfeilern aus Fels und Eis sowie dem Piz Bernina unmittelbar gegenübersteht. Wer das Farbenspiel bei Sonnenunter- und Sonnenaufgang erleben will, bucht eine Nacht im **Berghaus Diavolezza** (Tel. 081 839 39 00, www.diavolezza.ch).

Praktische Hinweise

Information

Bergbahn und Berghotel Muottas Muragl, 7503 Samedan, Tel. 081 842 82 32, www.muottasmuragl.ch

Pontresina Tourist Information, Via Maistra 133, 7504 Pontresina, Tel. 081 838 83 00, www.pontresina.ch

Hotels

***** **Grand Hotel Kronenhof,** 7504 Pontresina, Tel. 081 830 30 30, www.kronenhof.com. Der pure Luxus in Pontresina: Belle-Époque-Palast mit 2000 m^2 großem Spa und wahrlich prunkvollem Ambiente im ›Grand Restaurant‹.

***s **Hotel Chesa Salis,** Fuschigna 2, 7502 Bever-St. Moritz, Tel. 081 851 16 16, www.chesa-salis.ch. Architektonisches Schmuckstück im schönen Bever. Ursprünglich 1590 erbaut, Auszeichnung als ›Das Historische Hotel 2015‹. Jedes Zimmer mit eigenem Charakter.

*** **Sporthotel Pontresina**, Via Maistra 145, 7504 Pontresina, Tel. 081 838 94 00, www.sporthotel.ch. Belle Époque für alle. Die ›Grand Old Lady‹, Baujahr 1881, bietet eine imposante Palastarchitektur. Behutsam renoviert, modernisiert und zu einer stilvollen, komfortablen Hotelanlage umgebaut, empfiehlt sich das Haus heute ebenso für Aktion wie Erholung suchende Gäste.

Romantik Hotel Muottas Muragl, 7503 Samedan, Tel. 081 842 82 32, www.muottasmuragl.ch. Gleich neben der Bergstation gelegenes Haus. Kleine, gemütliche Doppelzimmer mit viel Arvenholz. Dazu Sonnenauf- und Sonnenuntergang auf einem der schönsten Aussichtsbalkone der Schweiz.

Restaurants

Saratz, Via da la Staziun 2, 7504 Pontresina, Tel. 081 839 40 00, www.saratz.ch. Im 140 Jahre alten Jugendstilsaal des Hotels Saratz schmausen die Augen mit. In den Magen kommen frische Gerichte aus lokaler Produktion (tgl. 19–22 Uhr).

Stüva, Via Maistra 202, 7504 Pontresina, Tel. 081 839 30 00, www.hotel-mueller.ch.

Das Restaurant des Hotels Müller bietet außenrum Arvenholz, mittendrin nicht mehr als 20 Plätze. Italienische Küche, Fisch und raffinierte Flambées, feine Weinkarte. Ist alles voll, hat man vielleicht in der ›Stüvetta‹ Glück (Mo–So 12–14 und 18.30–21 Uhr).

Auf Tour

Punt Muragl – Sils-Maria (15 km)

Vorbei an der alten **Kirche San Gian,** die malerisch auf einem Hügel mitten in der Ebene steht, erreicht man **Celerina** (1714 m), das in seinem Kern noch ein hübsches Engadiner Dorf geblieben ist. Heute steht Celerina ganz klar im Schatten der touristischen Weltmetropole St. Moritz, die sich in unmittelbarer Nachbarschaft, jenseits einer 100 m hohen Geländestufe am Rand des *St. Moritzersees* erstreckt. St. Moritz ist auch der Mittelpunkt der **Ferienregion Engadin St. Moritz**, zu der sämtliche 13 Gemeinden des Oberengadin gehören: von Zernez (1473 m) bis Maloja (1809 m).

Luxus-Seen: Sankt Moritz, Silvaplana, Sils

Die höchste Promi-Dichte herrscht im Winter, im Sommer ist St. Moritz vergleichsweise ruhig. **St. Moritz-Dorf** (1822 m) sieht weniger dörflich als vielmehr städtisch aus und steigt mit dichter Bebauung über dem Nordufer des St. Moritzersees bergan. Als quasi offizielles Wahrzeichen

Und, wie war der Urlaub? Wie im Märchen! Das berühmte Badrutt's Palace Hotel in St. Moritz ist eines der Flaggschiffe der Schweizer Luxus-Hotellerie

gilt der um 5,5 Grad geneigte **Schiefe Turm** gegenüber dem Kulm Hotel, ein Überbleibsel der alten Mauritiuskirche, die im 19. Jh. abgerissen wurde. Wirklich dominant sind jedoch die **Hotelpaläste.** 2014 feierte man ›150 Jahre Wintertourismus‹. Die Ortschronik verzeichnet zwei Olympische Winterspiele (1928 und 1948) sowie mehrere Ski- und Bob-Weltmeisterschaften, daneben das erste Golfturnier in den Alpen (1889), den ersten Windsurf-Weltcup auf einem Binnensee (1994) und den ersten Engadin-Inline-Marathon (1996). Sportskanonen und Zuschauer der höheren Einkommensklassen treffen sich vor allem im Winter zum legendären Pferderennen ›White Turf‹ auf dem zugefrorenen See, zum ›St. Moritz Polo World Cup on Snow‹ – und natürlich zum Skifahren auf den weiten Hängen zwischen den Hausbergen **Corviglia** und **Piz Nair.** Letzterer, 3057 m hoch, ist auch im Sommer mit der Bergbahn (ab St. Moritz-Dorf, Tel. 081 830 00 00, Ende Juni–Mitte Okt. tgl. 8.20–16 Uhr) schnell zu erreichen. Wer unten bleibt, kann in der **Via Serlas** einschlägige Luxusartikel einkaufen. Die weithin berühmte **Engadiner Nusstorte** genießt man bzw. lässt man sich einpacken im nicht weniger berühmten **Café Hanselmann** (Via Maistra 8, Tel. 081 833 38 64, www.hanselmann.ch). Auch Kunst gibt es zu sehen, sogar ganz hervorragende. Gleichermaßen Gedenk- wie Ausstellungsstätte ist das 1908 eröffnete **Segantini Museum** (Via Somplaz 30, Tel. 081 833 44 54, www.segantini-museum.ch, 20. Mai–20. Okt. und 10. Dez.–20. April Di–So 10–12 und 14–18 Uhr). Es widmet sich Leben und Werk des Malers Giovanni Segantini (1858–1899), der seine fünf letzten Lebensjahre im Engadin ver-

Blick über den Silsersee zum Fextal unter dem Piz Corvatsch (3451 m)

Idyllen hinter Sils-Maria: eine Wanderung ins Fextal

Nur rund 100 Menschen leben in dem großartigen Tal südlich von Sils-Maria. Es ist seit 1954 streng geschützt: eine fantastische Naturlandschaft mit Blumenwiesen, baumlosen Sonnen- und dicht mit Lärchen bewaldeten Schattenhängen. Eine rund zweistündige Runde zu Fuß beginnt in **Sils-Maria** (1809 m) mit dem Aufstieg zum Hotel Waldhaus. Weiter geht es auf dem Fahrweg durch schönen Bergwald zum Weiler Vaüglia. Man geht nun im flachen Talboden bis nach **Crasta** (1951 m), evtl. noch gute 2 km weiter nach **Curtins** (1973 m) und über Platta zurück nach Sils-Maria. Im Sommer fahren Pferdekutschen auf dem Weg; auch (Leih-)Fahrräder, insbesondere E-Bikes, sind für die Tour zu empfehlen.

brachte. Prunkstück der Sammlung ist das bewegende Triptychon ›La vita – la natura – la morte‹: Werden – Sein – Vergehen.
Am **Silvaplanersee** kann man fast immer dem wilden Treiben der Kitesurfer zuschauen, die hier eines der besten Reviere Europas vorfinden: Der kräftige Malojawind schläft fast nie ein. Von **Silvaplana** (1815 m), das sich als junge, trendige Alternative zu St. Moritz profiliert, erreicht man nach knapp 5 km den berühmten, gleichwohl klein und beschaulich gebliebenen Ort **Sils-Maria** (1809 m) am Rand der weiten Ebene zwischen Silvaplana- und Silsersee. Der Spielfilm ›Die Wolken von Sils-Maria‹, eine deutsch-französisch-schweizerische Koproduktion, bestätigte 2014 einmal mehr den Ruf des Dorfes als kulturelles Gravitationszentrum im Engadin – als das Refugium von Dichtern und Denkern. Friedrich Nietzsche begründete diesen Ruf, als er 1881 sowie von 1883–88 sieben Sommer lang im Haus der Familie Durisch wohnte und arbeitete. Heute ist das **Nietzsche-Haus** (Via da Marias 67, Tel. 081 826 53 69, www.nietzschehaus.ch, Mitte Juni–Mitte Okt. und Ende Dez.–Mitte April Di–So 15–18 Uhr) der Öffentlichkeit zugänglich. Die schöne Sammlung informiert über Leben und Werk des Philosophen, daneben werden Zimmer an interessierte Kulturschaffende vermietet und Ausstellungen zeitgenössischer Kunst organisiert.

Praktische Hinweise

Information

Engadin St. Moritz, Via San Gian 30, 7500 St. Moritz, Tel. 081 830 00 01, www.engadin.stmoritz.ch

Hotels

*****s **Badrutt's Palace Hotel,** Via Serlas 27, 7500 St. Moritz, Tel. 081 837 10 00, www.badruttspalace.com. Das Superhotel ist unübersehbare Kulisse mit seinem mächtigen Turm samt Spitzhaube. Bietet seinen Gästen auch im Sommer alles, was sie benötigen. Transfer-Service mit Großraumlimousine ab Flughafen Zürich (1200 CHF einfach).

*****s **Kulm Hotel St. Moritz,** 7500 St. Moritz, Tel. 081 836 80 00, www.kulm.com. Die zweite Hotel-Legende am Ort: 150-jährige Tradition in

Sieht aus wie in Kanada, ist aber in der Schweiz: Über den Fischerbooten im Silsersee bei der Halbinsel Chastè ragt der felsige Piz da la Margna (3159 m) auf

der Beherbergung einfacher und anspruchsvollster Gäste. Gilt als Wiege des alpinen Skilaufs (anno 1865!).

TOP TIPP ***** **Hotel Waldhaus,** Via da Fex 3, 7514 Sils-Maria, Tel. 081 838 51 00, www.waldhaus-sils.ch. Eine echte Institution – und noch immer persönlich geführt von der Gründer- und Besitzerfamilie. Seit 1908 steht die märchenhafte Immobilie auf einem bewaldeten Felsbuckel über dem Ort, und sie präsentiert sich – vom Treppenhaus über die repräsentativen Säle und Salons bis zum Schreib- und Lesezimmer – wie zu Zeiten der Belle Époque. Modern ist nur der von außen gut versteckte Spa-Bereich. Es ist auch heute noch das Hotel der Wahl bekannter Künstler, Musiker und Schriftsteller, mit deren Namen aber nicht geworben wird, denn das wäre gewöhnlich. Geistesadel schlägt Geldadel – in einer ausgesprochen herzlichen Atmosphäre.

***** **Suvretta House,** Via Chasellas 1, 7500 St. Moritz, Tel. 081 836 36 36, www.suvrettahouse.ch. Und noch einer dieser sagenhaften Hotelpaläste, der ganz besonders mit seiner grandiosen

Lage trumpft: etwas außerhalb in parkartiger Umgebung mit fantastischem Blick über die Seen.

******s Hotel Schweizerhof St. Moritz,** Via dal Bagn 54, 7500 St. Moritz, Tel. 081 837 07 07, www.schweizerhofstmoritz.ch. Zentral und lebhaft, mit modern eingerichteten Zimmern. Eine Schau ist der Wellnessbereich auf dem Dach – mit toller Sonnenterrasse.

******s Nira Alpina,** Via dal Corvatsch 76, 7513 Silvaplana, Tel. 081 838 69 69, www.niraalpina.com. Ein kantiger Bau mit vier übereinanderliegenden Terrassen und schickem Interieur an der Talstation der Corvatsch-Seilbahn. Schöner Spa-Bereich, drei Restaurants (asiatisch, alpin und mediterran), eigene Bäckerei und Rooftop Bar mit Panoramablick.

Die Augen essen mit – im prachtvollen Grand Restaurant des Hotel Suvretta House über den Dächern von St. Moritz

Reise-Video Hotel Waldhaus in Sils-Maria
QR-Code scannen [s. S. 5] oder dem Link folgen: tinyurl.com/waldhaus-sils-maria

Auf Tour

Sils-Maria – Tiefencastel (53 km)

Der Abschied vom Engadin beginnt in **Silvaplana** mit drei Kehren über die steile Talflanke hinauf Richtung Julierpass. Zwischen den lichten Bäumen genießt man letzte Tiefblicke auf Ort und See, dann biegt man in ein weites, flaches Hochtal ein. Die Straße ist breit und gut ausgebaut, sie wird das ganze Jahr über freigehalten und sommers wie winters nicht nur von Touristen in Pkws, sondern auch von zahlreichen Lkws befahren. Durch die eindrucksvolle, aber sehr karge Landschaft geht es ohne größere Steigung zum nahen **Julierpass** (2284 m) mit dem kleinen See neben der Passhöhe. Etwas dahinter liegt das renovierte **Ospizio La Veduta** (Hotel/Restaurant, www.laveduta.ch). Die erste Ortschaft, die man in der rätoromanischen *Talschaft Surses* (Oberhalbstein) durchfährt, ist **Bivio** (1769 m), wo neben der Amtssprache Italienisch auch Deutsch und Rätoromanisch gesprochen wird. Der Ortsname bedeutet ›Wegscheide‹: Hier trennen sich die Wege über die schon von den Römern benutzten Pässe *Septimer* und *Julier.* Das 250-Seelen-Dorf hat ein hübsches, geschlossenes Ortsbild und genießt mit seinen wenigen, aber langen Liftanlagen in den Wintermonaten

1954 versank das alte Dorf Marmorera in einem großen Stausee, der den Namen weiterträgt. Das neue Marmorera liegt etwas oberhalb des Wasserspiegels

bei Freeridern auf Ski oder Snowboard Kultstatus.

Etwas weiter unten führt die Straße am Ufer des recht großen **Marmorera-Stausees** (ca. 1680 m) entlang, der von einem begrünten Staudamm (Kiosk, Imbiss) abgeschlossen wird. Das reizvoll am Hang gelegene Dorf, das rechts oberhalb der Straße zu sehen ist, heißt **Sur** (1610 m). Es ist der Ausgangspunkt zur **Alp Flix,** einem von Menschenhand geschaffenen Naturparadies auf 2000 m Höhe. Die Alp wird ganzjährig bewohnt und extensiv genutzt. Vielfältigste Fett- und Trockenwiesen, Waldabschnitte und Moore bieten ein fantastisches Landschaftsbild. Im Sommer und Herbst erreicht man die Alp von Sur aus mit dem ›Bus alpin‹ (www.busalpin.ch/de/regionen/region-alp-flix.html).

Autofahrer werden immer wieder gefordert: Viele Ortsdurchfahrten im Oberhalbstein sind sehr eng – auch die nächstfolgende in **Mulegns.** Vor Rona rollt man über eine weite, flache Ebene, dann folgt die nächste enge Stufe hinab in den Talboden von Tinizong und Savognin.

Parc Ela: Savognin und Tiefencastel

Auch **Savognin** (1206 m) ist ein bekannter Skiort – aber natürlich wesentlich älter als die Seilbahnanlagen. Gleich am Ortseingang steht auf grüner Wiese die weiße Kirche **Son Martegn** (1677). Von den riesigen, vielfältig strukturierten Wald- und Wiesenhängen auf der westlichen Talseite ließ sich schon der Maler Giovanni Segantini inspirieren, der von 1886–94 im Tal lebte und als Meister der Hochgebirgslandschaft gilt. Sehenswert sind die markante **Steinbrücke** aus dem Jahr 1682 sowie mehrere alte Häuser. Ein Führer

Höchste Eisenbahn für das Welterbe: 2008 bekam die Albulastrecke der Rhätischen Bahn – hier das Landwasserviadukt – endlich die begehrte UNESCO-Auszeichnung

für einen **Kulturspaziergang** mit elf Stationen kann bei Savognin Tourismus (Stradung, Tel. 081 659 16 16, www.savognin.ch) bestellt bzw. runtergeladen werden.

Hinter Savognin, gegenüber von Cunter, bildet die Kirchenburg **Rätia Ampla** im Bergdorf **Riom** einen eindrucksvollen Blickfang. Um 1250 errichtet, dient sie heute dem Kulturprojekt ›Origen‹ (www.origen.ch) als das erste professionelle Theaterhaus der rätoromanischen Kulturgeschichte. Vor Tiefencastel ist, ebenfalls auf der linken Talseite, unterhalb des kleinen Orts **Mon** (1231 m) die uralte Kirche San Cosmas e Damian zu sehen, eine der bedeutendsten frühromanischen Kirchen in der Schweiz. Die Fresken im Inneren zeigen u. a. Szenen aus dem Leben Jesu. In **Tiefencastel** (851 m) erreicht man das Albulatal. Der strategische Verkehrsknotenpunkt zwischen Julier- und Albulapass im Süden bzw. Osten und Lenzerheide ist Verwaltungszentrum des größten regionalen Naturparks der Schweiz: Der **Parc Ela** (Infostelle und Buchshop im Bahnhof Tiefencastel, Stradung 11, Tel. 081 508 01 12, www.parc-ela.ch) ist benannt nach dem gewaltigen Piz Ela (3339 m) zwischen Savognin und Bergün; er misst 548 km^2, dreimal mehr als der Nationalpark im Engadin. Mindestens so schützenswert wie die großartige Natur- ist die historische **Kulturlandschaft** mit ihren alten Verkehrs- und Handelswegen, mit 19 Gemeinden und den drei Sprachen Deutsch, Rätoromanisch und Italienisch. Auch die Genossenschaft ›Gran Alpin‹ hat ihren Sitz in Tiefencastel. Sie fördert den ökologischen Anbau von Berggetreide, das von den lokalen Mühlen und Bäckereien verarbeitet wird.

11 Rhätische Bahn Albula/ Bernina

TOP TIPP

Die ›Kleine Rote‹ im Gebirge: Land Art mit hohen Bögen und krummen Gleisen.

Man kann der Rhätischen Bahn nur gratulieren. Die insgesamt **128 km** lange Bahnstrecke von Thusis über den **Albulapass** nach St. Moritz und weiter über den Berninapass nach Tirano im italienischen Veltlin ist nicht nur ein ingenieurtechnischer Geniestreich, sondern auch eine Augenweide. Dass sie 2008 von der UNESCO das Welterbe-Prädikat bekommen hat, ist mehr als berechtigt. Seit 1903 rattert die ›Kleine Rote‹ mit **Spurweite 1000** mm über die Albulastrecke, sieben Jahre später war auch die Berninastrecke fertig. Mit ihren **144 Brücken** sowie **42 Tunnels** und Galerien bietet die Albulabahn die schönste Möglichkeit, die 62 km von Thusis (697 m) bis nach St. Moritz (1775 m) zurückzulegen. In keinem Fotoforum fehlen Bilder vom **Landwasserviadukt** bei Bahnkilometer 63.070 zwischen Tiefencastel und Filisur: Eine kühn geschwungene Reihe von sechs 20 m weit spannenden Gewölben und fünf hohen Pfeilern aus dunklem Kalkstein. Die Bahntrasse beschreibt hier einen Bogen mit einem Radius von 100 m und weist eine Steigung von 20 Promille auf.

Für den schönsten Blick muss man aussteigen und zu Fuß gehen

Der schönste Blick aufs Welterbe: Bahnerlebnisweg Bergün

Mit ihren Tunnels und Viadukten gilt die **Albulastrecke** der Rhätischen Bahn zwischen Thusis und St. Moritz als ein **bahntechnisches Meisterwerk** – und als Beweis dafür, dass Mensch und Natur zusammen Großes schaffen können. Nirgends ist das UNESCO-Welterbe spektakulärer anzusehen als zwischen den Stationen **Preda** (1789 m) und **Bergün** (1373 m). Zwischen beiden wurde ein 7 km langer Bahnerlebnisweg eingerichtet. Am besten fährt man von Bergün 18 Min. mit der Bahn (Stundentakt) hinauf nach Preda und wandert immer parallel zu den Gleisen auf dem Weg bergab. Je nach Lust und fotografischer Laune braucht man dafür ca. 2 Std.

Von Tiefencastel kommend, fährt man in der Rechtskurve ca. 1 km vor Filisur links auf den Parkplatz. Dort beginnt ein Fußweg, über den man in 10 Min. zum Viadukt kommt.

Noch spektakulärer ist der Abschnitt zwischen **Bergün** (1373 m) und **Preda** (1789 m): 416 m Höhendifferenz auf nur 6,5 km Luftlinie! Um das ohne Zahnradantrieb zu schaffen, musste die Trasse durch Kunstbauten wie Spiral- und Kehrtunnels und vier talquerende Viadukte auf 12 km verlängert werden. Hinter Bergün rattern die Züge mit 35 Promille Steigung bergan, hinter Preda verschwinden sie im 5866 m langen **Albulatunnel**, durch den sie das Engadin nahe Bever erreichen. Der Neubau des Tunnels, Baubeginn war 2014, soll etwa im Jahr 2020 fertig sein. Im schönen Ort **Bergün,** 17 km hinter Tiefencastel, dokumentiert das **Bahnmuseum** (Plazi 2A, Tel. 081 420 00 06, www.bahnmuseum-albula.ch, Di–Fr 10–17, Sa/So/Fei 10–18 Uhr) dieses grandiose Land-Art-Monument mit vielen Exponaten, unter denen die eindrucksvollen ›Krokodil‹-Lokomotiven zu Recht einen Ehrenplatz einnehmen. Dazu gibt es einen Fahrsimulator im originalen ›Krokodil‹-Führerstand, Wechselausstellungen und ein Schaudepot für Tüftler sowie Laien.

Praktische Hinweise

Information

Bergün Filisur Tourismus, Plazi 2A, 7482 Bergün/Bravuogn, Tel. 081 407 11 52, www.berguen-filisur.ch

Bahn

Rhätische Bahn AG, Bahnhofstr. 25, 7002 Chur, Tel. 081 288 65 65, www.rhb.ch/unesco

Das Hotel Kurhaus in Bergün ist ein begeh- und bewohnbares Denkmal der Tourismusgeschichte – und ein guter Ausgangspunkt für Exkursionen in die Umgebung

Erst die Beine vertreten, dann die Kunst genießen: Man kann die großartige Kirche St. Peter Mistail bei Alvaschein nur zu Fuß erreichen

Hotels

****** Hotel Schweizerhof,** 7078 Lenzerheide, Tel. 081 385 25 25, www.schweizerhof-lenzerheide.ch. Etwas südlich der Route im bekannten Ferienort Lenzerheide wird ›Alpenchic‹ geboten: gelungenes modernes Design in einem schön renovierten Haus aus dem Jahr 1904. Toller Hotel-Hamam!

Kurhaus Bergün, Puoz 112, 7482 Bergün, Tel. 081 407 22 22, www.kurhausberguen.ch. Architektonisches Schmuckstück mit sagenhafter Atmosphäre im alten Jugendstilsaal, anderen schön erhaltenen Gesellschaftsräumen und der alten Hotelküche für Feste und Kulturevents. Dazu »ehrliche alpenländische Küche«.

Auf Tour

Tiefencastel – Splügen (39 km)

Auf der Fahrt Richtung Thusis sollte man kurz vor **Alvaschein** unbedingt dem braunen Wegweiser zur karolingischen **Kirche St. Peter Mistail** folgen. Vom Parkplatz ist man ungefähr 15 Min. zu Fuß unterwegs, zuerst auf Asphalt, dann auf einem Schotterweg durch Wald. Unmittelbar bei einem idyllisch gelegenen Bauernhof mit Gänsen und Enten steht die anno 806 erbaute Kirche mit den drei Apsiden an der Ostseite und eindrucksvollen Fresken im Inneren – ein magischer Ort.
Durch zahlreiche Tunnels rollt man dann im engen Tal nach **Thusis** (720 m) hinab. Die modernen Wohnblöcke sollten nicht darüber hinwegtäuschen, dass die Stadt schon 1156 erstmals urkundlich erwähnt wurde. Am Eingang der Viamala-Schlucht gelegen, war Thusis ein **wichtiger Etappenort** auf den Handelswegen über den Splügen- und den San-Bernardino-Pass. Zeitweilig befanden sich hier Stallungen für 400 Pferde. Die schmucken Häuser im Neudorf, das 1845 nach einem Dorfbrand errichtet wurde, lassen bereits die Nähe Italiens erahnen.

Wer Zeit hat, sollte auch den tollen Wanderweg durch die Viamala-Schlucht unter die Sohlen nehmen. Er führt über die Hängebrücke Punt da Suransuns

Durch die Viamala ins Hinterrheintal

Der Blick von Thusis nach Süden ist einschüchternd. Man fährt in jedem Fall nicht auf die Autobahn, die den engsten Abschnitt der Viamala seit 1967 durch einen 742 m langen Tunnel umfährt, sondern folgt der Kantonsstraße in den Einschnitt hinein. Schon ab etwa 1500 v. Chr. gab es hier einen **Saumpfad**, im Mittelalter verfiel die alte Route jedoch. Erst ab 1473 wurde sie neu ausgebaut, um den Handelsverkehr wiederzubeleben, der zunehmend über andere Alpenpässe verlaufen war. Durch den Bau zweier Brücken 1738/39 und eine **Neutrassierung** zwischen 1821 und 1823 verlor die Viamala ihren Schrecken, aber nur 60 Jahre später leitete die Eröffnung der Gotthardbahn (1882) das rasche Ende des Alpentransitverkehrs mit Karren und Pferden ein. Heute markiert der moderne, helle Betonbau des 2014 in der **Viamala** eröffneten **Besucherzentrums** (Mai–Sept. tgl. 9–19, April/Okt. 9–18 Uhr) den mit vielen Treppenstufen erschlossenen Abstieg in die Schlucht. Mindestens so eindrucksvoll ist aber auch der Blick hinab von den beiden **alten Steinbrücken** (über die südliche verläuft der Autoverkehr) in den furchterregend engen und glatten Felsspalt.

Schon kurz dahinter in **Zillis** (945 m) ist der Spuk vorbei und nach schauerlicher Natur gibt es schon wieder großartige Kunst zu bestaunen: die aus 153 quadratischen Bildtafeln bestehende Decke der romanischen **Saalkirche St. Martin** (Besichtigung

tgl. 9–17, Mai–Sept. bis 18 Uhr). Die Malereien entstanden in den Jahren um 1109–14, sie wurden seither nie übermalt und sind vollständig erhalten geblieben.

Weiter geht die Fahrt durch das von hohen Flanken gesäumte Hinterrheintal nach **Andeer** (982 m) und an einem aufgestauten Abschnitt des blaugrünen Rheins entlang zur **Rofflaschlucht** (Tel. 081 661 11 97, www.rofflaschlucht.ch, Mai–Okt. tgl. 9–19 Uhr). Der Zugang zur Felsgalerie durch den sehr eindrucksvollen Felseinschnitt beginnt beim Hotel/Restaurant Rofflaschlucht.

Wieder folgen viele enge Kehren, dann erreicht man neben der Autobahn die nächste Talstufe und, am aufgestauten **Sufnersee** vorbei, auf stellenweise sehr schmaler, ganz am Ende sogar gepflasterter Straße den malerischen Ort **Splügen** (1457 m). Dieser bildet zusammen mit den Dörfern Hinterrhein, Nufenen, Medels und Sufers die Talschaft **Rheinwald**. Mehr als 2000 Jahre lang war der Splügenpass die wichtigste Verbindung zwischen Graubünden und Italien, und die Geschichte des Handelsverkehrs hat den Ort maßgeblich geprägt. Ein kleiner Rundgang durch den malerischen Dorfkern beginnt beim Hotel Piz Tambo. Man steigt die steile Gasse hinauf bis zum Ende der Häuser, geht dann rechts zur Kirche und folgt vor dieser einem Pfad rechts hinab zum Bodenweg, der zum Bodenplatz im Zentrum führt. Markante Steinplattendächer, noble Palazzi und dunkle Walserhäuser dominieren das Dorfbild.

i Praktische Hinweise

Information

Gästeinformation Viamala,
Äussere Bahnhofstr. 4, 7430 Thusis,
Tel. 081 650 90 30, www.viamala.ch

Hotels

***** Capricorns Hotel Restaurant,** 7433 Wergenstein, Tel. 081 630 71 72, www.capricorns.ch. Historisches Gebäude aus den 1930er-Jahren mit hochmodernem Öko-Konzept im Val Schons, hoch über dem Hinterrheintal zwischen Andeer und Zillis.

Hotel Alte Herberge Weiss Kreuz, Oberdorf, 7435 Splügen,
Tel. 081 630 91 30, www.weiss-kreuz.ch. Die historische Säumerherberge ist vermutlich schon 700 Jahre alt. Behutsam renoviert, bietet sie neben Gästezimmern auch ein Restaurant und einen eindrucksvollen Gewölbekeller.

Auf Tour

Splügen – Bellinzona (74 km)

Fast eben geht es noch gut 10 km weiter durch die Talschaft Rheinwald. Auch die nächsten Dörfer **Medels, Nufenen** und **Hinterrhein** haben ihren ganz eigenen Charakter mit gepflasterten Straßen, historischen Häusern und Dorfläden behalten. Die Landschaft ist faszinierend: zur Rechten gewaltige baumlose Sonnenhänge mit einzelnen Hütten, zur Linken steile Waldflanken – und voraus der hochalpine Talschluss des Hinterrheintals mit dem von Gletschereis bedeckten **Rheinwaldhorn** (3402 m). Auf dem weiten grünen Boden hinter Hinterrhein unterhält die Schweizer Armee einen großen Schießplatz. Vorher biegt die Autobahn nach Süden ab und verschwindet im 6,6 km langen San-Bernardino-Tunnel. Rechts neben dem Tunnelportal setzt die **alte Passstraße** an. Die Kurven sind zu Beginn sehr zahlreich und sehr eng – die Kurbelei macht Spaß. Nach dem ersten Steilstück wird das Gelände flacher und die Straße führt an seltsamen Beton-Installationen vorbei und in Schlangenlinien zwischen riesigen Granitbuckeln entlang.

San-Bernardino-Pass und Mesocco

Weiter oben passiert man eine faszinierende Moorlandschaft mit spiegelnden Wasseraugen und Gletscherschliffen und erreicht den **San-Bernardino-Pass** (2066 m). Hinter dem etwas in die Jahre gekommenen, aber bewirtschafteten Hospiz liegt ein schöner See mit kleinen Inseln. Man kann sich an seinem Ufer gut die Beine vertreten und dabei die Unmengen von *Steinmännern* in allen Größen bewundern.
Man verlässt nun den deutschen Sprachraum, nicht aber den Kanton Graubünden. Noch 40 km weit folgt

Ab hier wird Italienisch gesprochen. Die Grenze zum Kanton Tessin passiert man aber erst 40 km hinter der Passhöhe – kurz vor der Hauptstadt Bellinzona

Das mächtige Castello di Mesocco mit dem Turm der Kirche San Carpoforo verdient auf der Fahrt durch das Misox unbedingt einen Zwischenstopp

man der Straße durch das italienischsprachige **Misox** (Valle Mesolcina) und weitere 14 km bis Bellinzona, der Hauptstadt des Tessins. Der Höhenunterschied auf dieser Strecke beträgt stolze 1820 m. Gleich hinter dem Pass geht es mit vielen engen Kehren hinab zum Ferienort **San Bernardino** (1608 m) mit Abenteuerpark, ausgedehnten Wäldern und einzigartigen Feuchtwiesen.
Hier befindet sich auch das Südportal des Autobahntunnels, doch man bleibt auf der Kantonsstraße und schraubt sich zwischen enorm steilen, urweltlichen Waldflanken weiter ins Tal hinab – das Gefühl von Höhe ist schwindelerregend. Eine Pause von der Kurbelei verschafft ein Zwischenstopp bei der gewaltigen Ruine des **Castello di Mesocco** (752 m). Die Burg geht auf das 12. Jh. zurück und wurde wunderbar restauriert. Blickfang ist die romanische Kirche **San Carpoforo** (11. Jh.) mit ihrem frei stehenden Kirchturm auf dem grünen Burghof. Die Ruinen sind das ganze Jahr zugänglich. Achtung: Der Parkplatz beim Kreisel der Autobahnausfahrt südlich von Mesocco ist klein! Von dort sind es 5 Min. zu Fuß bis zur Burg.
Mit Blick auf abenteuerlich angelegte Autobahnbrücken geht es über die nächste Talstufe hinab und ab Cabbiolo und Lostallo im nun flachen Tal, eingerahmt von himmelhohen Waldflanken, hinter Roveredo über die Kantonsgrenze und kurz dahinter nach **Bellinzona**.

i Praktische Hinweise

Information

San Bernardino Ferien/Ente Turistico Regionale del Moesano, Strada Cantonale, 6565 San Bernardino, Tel. 091 832 12 14, www.visit-moesano.ch

Tessin

Typisch Tessin: Das Dorf Lavertezzo über der Verzasca

Tessin – Sonne, Süden, Seen und ein Gruß aus Italien

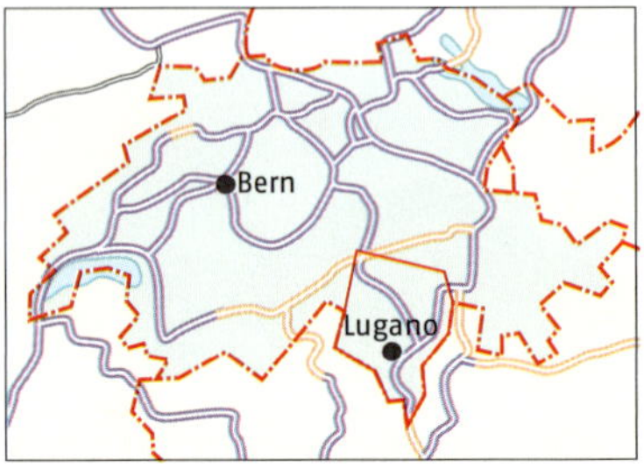

Größere Kontraste auf engstem Raum sind kaum möglich: hier die palmengesäumten Uferpromenaden und Parks in Ascona, Locarno und Lugano – dort eine alpine Wildnis mit steilen Bergflanken. Viel Kultur in den Städten, Natur in Hülle und Fülle über den Ufern des Lago Maggiore und des Lago di Lugano. Der italienischsprachige Südkanton der Schweiz begeistert mit großen Landschaftspanoramen und einer Architektur zwischen Steinzeit, Mittelalter, Belle Époque und Science-Fiction. Und die Tessiner Küche schafft den höchst appetitlichen Spagat zwischen Hochgebirge und Mittelmeer.

12 Drei Burgen von Bellinzona

Zinne für Zinne grandios: Mittelalterliche Festungsarchitektur XXL.

Großarchitektur, die ihren ursprünglichen Zweck verloren hat, wird Land Art. Und wenn sie so gut aussieht wie hier, dann wird sie UNESCO-Welterbe. Jahrhundertelang war **Bellinzona** (229 m), heute mit 18 000 Einwohnern die Hauptstadt des Kantons Tessin, das Tor zwischen Italien und den Ländern (und Märkten) im Norden. Der Grund: ihre strategische Lage am Zugang zu den wichtigen Alpenpässen Gotthard, San Bernardino und Lukmanier. Schon die Römer bauten hier im 1. Jh. ein Kastell. Im Mittelalter, als sich Eidgenossen und Mailänder Herzöge um die Stadt stritten, errichteten Letztere einen gigantischen Verbund von Mauern, Türmen und Zinnen – den Erstere ab 1516 übernahmen.

TOP TIPP Die größte der drei Festungen, **Castelgrande,** steht auf einem Felshügel unmittelbar über der Altstadt, wo Menschen schon in der Neusteinzeit vor rund 7500 Jahren siedelten. Nach der grandiosen Restaurierung von 1984–91 sieht die Anlage aus dem 13. und 15. Jh. so gut aus wie wahrscheinlich nie in ihrer Geschichte. Wahrzeichen von Bellinzona sind der 27 m hohe **Weiße Turm** und der 28 m hohe **Schwarze Turm** über dem dreigeteilten grünen Innenhof. Sie stammen aus der Zeit um 1300. Spektakulär ist die zinnenbesetzte **Ringmauer** sowie die breite, oben begrünte Mauer, die neben Rebstöcken hinab in die Stadt zieht und ursprünglich bis zum Fluss Ticino reichte. Man erreicht die Burg auf steilen Gassen von der Piazza Nosetto und der Piazza Collegiata, oder

Eine Stadt, drei Burgen: Blick vom Castelgrande über Bellinzona zum Castello di Montebello, oben links, und zum Castello di Sasso Corbaro, rechts darüber

per Lift von der Piazza del Sole. Sehr sehenswert ist das **Burgmuseum** (Tel. 091 825 81 45, Juli/Aug. tgl. 10–19, April–Juni und Sept./Okt. 10–18, Nov.–März 11–16 Uhr, Bollwerk im Sommer von 10–19 und im Winter von 10–17 Uhr zugänglich). Es zeigt u. a. einen Film über die Geschichte Bellinzonas und seiner Burgen.

Direkt gegenüber, auf der Ostseite der Altstadt steht das **Castello di Montebello** (Juli/Aug. tgl. 10–19, April–Juni und Sept./Okt. tgl. 10–18 Uhr). Man kann zu Fuß aufsteigen, von der Piazza Colleggiata oder vom Quartier Nocca, oder mit dem Auto hinauffahren. Hier sind Teile der Ringmauer zu sehen, daneben die innere Burganlage aus dem 13./14. Jh., die äußeren Burghöfe samt Türmen aus dem 14./15. Jh. – und in der Ferne der Lago Maggiore.

Vom **Castello di Sasso Corbaro** (Öffnungszeiten wie oben) blickt man auf die 230 m tiefer gelegene Stadt. Die Anlage mit ihrem viereckigen Innenhof, dem dicken Hauptturm und dem schlankeren, zinnenbewehrten Beobachtungsturm ist die kleinste der drei Festungen. Auffahrt über die Via Ospedale.

Bellinzona

Unmittelbar am Fuß der Burgberge breitet sich die italienisch anmutende **Altstadt** aus. Rund um Piazza Nosetto, Via del Teatro und Piazza del Governo bummelt man an schmucken Bürger- und Patrizierhäusern vorbei, man besichtigt die schöne, barock ausgestaltete **Kollegiatskirche Santi Pietro e Stefano** (Salita alla Motta) und genießt die Atmosphäre auf den Gassen und Plätzen, wo unter den malerischen Balkonen und Schildern aus alter Zeit längst schicke Boutiquen, Cafés und Spezialitätengeschäfte eingezo-

gen sind. Apropos Spezialitäten: Jeden Samstagvormittag von 7.30–13 Uhr findet im Zentrum der große Wochenmarkt von Bellinzona statt, eine bunte Leistungsschau der erstklassigen Tessiner Lebensmittelproduktion – und zugleich ein soziales Ereignis.
In einem schönen Park etwas südlich der Altstadt steht die **Villa dei Cedri** (Piazza S. Biagio, Tel. 091 821 85 20, www.villacedri.ch, Di–Fr 14–18, Sa/So/Fei 11–18 Uhr) mit der städtischen Kunstgalerie. Sie zeigt Malerei aus der Zeit des 19./20. Jh. sowie zeitgenössische Kunst und insbesondere Werke regionaler Künstler. Dicht daneben, auf der anderen Seite der Bahngleise, ist in der sehr schönen **Kirche Madonna delle Grazie** (Via Convento 5) deutlich ältere Kunst zu sehen: Der Innenraum besitzt eine Lettnerwand, auf der ein großartiges, um 1500 entstandenes Fresko zu sehen ist: Um die zentrale Darstellung der Kreuzigung herum zeigen 15 weitere Bilder Szenen aus dem Leben Christi.

Praktische Hinweise

Information

Bellinzona Turismo, Palazzo Civico, Piazza Nosetto, 6501 Bellinzona, Tel. 091 825 21 31, www.bellinzonaturismo.ch, www.bellinzonaunesco.ch

Restaurants

Grottino Ticinese, Via Lavizzari 1, 6500 Bellinzona, Tel. 091 826 39 64. Alles, was aus den Tessiner Bergen kommt und gut schmeckt: Salame, Prosciutto und Lardo, weicher und harter Käse. Am schönsten im Freien an Steintischen unter alten Kastanien zu genießen (Mo–Sa 7.30–24 Uhr).

Wer nicht James Bond heißt, darf den berühmten »Goldeneye«-Bungee-Sprung an der Verzasca-Talsperre auch unter seinem eigenen Namen machen

Ganz großes Kino: Wenn im August das Internationale Filmfestival beginnt, wird die Piazza Grande in Locarno zum Freiluft-Kinosaal

Locanda Orico, Via Orico 13, 6500 Bellinzona, Tel. 091 825 15 18, www.locandaorico.ch. Das kulinarische Aushängeschild der Stadt, dekoriert mit einem Michelin-Stern. Italienische trifft französische Klassik (Di–Sa 11.45–14 und 18.45–24 Uhr).

Auf Tour

Bellinzona – Locarno (20 km)

Während der Fahrt auf der Route 13 am Nordrand des breiten Ticino-Tals rollt man am Fuß der bewaldeten Bergflanken durch ein immer dichter werdendes Band von Wohn- und Gewerbebauten. Bei Gordola bietet sich ein Abstecher zur imposanten **Verzasca-Talsperre** am Lago di Vogorno (470 m) an. Die 220 m hohe konkave Betonsperre ist die Location des berühmten ›**Goldeneye**‹-Bungee-Sprungs aus dem gleichnamigen James-Bond-Film von 1995. Wer selbst springen will, wendet sich an die Trekking Team AG (Casa Rosina, Tel. 079 600 70 07, www.trekking.ch) in Tegna.

Locarno

Knapp 16 000 Einwohner genießen das Klima am Nordufer des Lago Maggiore: 2300 Sonnenstunden im Jahr! Im 10 000 m² großen **Kamelienpark** (Via Respini, Tel. 084 809 10 91, www.camellia.ch) zwischen der Maggia-Mündung und dem **Lido** wachsen 900 verschiedene Kamelienarten. Das große und hochmoderne **Lido** (Via Respini 11, Tel. 091 759 90 00, www.lidolocarno.ch, tgl. 8.30–21 Uhr) bietet dagegen mit seinen Innen- und Außenbecken, Thermalbädern, Wasserrutschen und Fitnessangeboten eine attraktive Mischung aus Spaß und Wellness.

An Palmen und Zitronenbäumen vorbei flaniert man ins pulsierende Herz der Stadt: auf die **Piazza Grande.** Wer im August kommt, kann miterleben, wie der Platz beim alljährlichen *Internationalen Filmfestival von Locarno* zum größten Freiluftkino der Welt wird. Ansonsten wird die Piazza jeden Donnerstag zum Markt. Am Südrand der Altstadt mit ihren engen Gassen erhebt sich das aus dem 12. Jh. stammende **Castello Visconteo** (Via B. Rusca 5, Tel. 091 756 31 70, Di–So 10–12 und 14–17 Uhr) mit seiner bedeutenden archäologischen Sammlung und dem Stadtmuseum. Die größte Sehenswürdigkeit Locarnos liegt jedoch 150 m über der Stadt auf einem kühnen Felssporn in der Gemeinde **Orselina:** die großartige **Wallfahrtskirche Madonna del Sasso** (Via Santuario 2, Tel. 091 743 62 65, www.madonnadelsasso.org, tgl. 7–18 Uhr) samt ihrem sehr sehenswerten und aussichtsreichen Klosterkomplex (heute mit kleinem Museum). Die Anlage auf dem *Sacro Monte* entstand vom späten 15. Jh. bis zum 17. Jh. Nach Orselina kommt man entweder zu Fuß in 30 Min. auf dem alten Kreuzweg oder, sehr nett, mit der historischen **Standseilbahn** (Station in der Viale Francesco Balli 2, tgl. 8–19.30 Uhr). Das Auto lässt man lieber unten stehen – die Zahl der Parkplätze in Orselina ist sehr begrenzt. Über dem Kloster ragt die riesige Stütze der **Cardada-Seilbahn** (Via Santuario, Orselina, Tel. 091 735 30 30, www.cardada.ch, Juni–Aug. tgl. 8.15–20.15, März–Mai und Sept.–März tgl. 9.15–18.15, Sa/So/Fei auch 19.15 Uhr, 30-Min.-Takt) empor. Wer einsteigt, schwebt in der Gondel über dschungelartigen Laubwald steil hinauf zur Bergstation auf 1332 m Höhe und erreicht in wenigen

Purer Luxus und eine grandiose Aussicht über den Lago Maggiore von der Sonnenterrasse des Hotels Villa Orselina oberhalb von Locarno

Eine grüne Wildnis mit ursprünglichen Bergdörfern: So erlebt man das Tessin bei einer Fahrt mit der fantastischen Centovalli-Bahn

Minuten einen spektakulären Aussichtssteg mit tollem Blick über die Stadt und den Lago Maggiore. Wer noch höher hinauf will, nimmt den Sessellift vom nahen Ort **Cardada** (1329 m) hinauf zur **Cimetta** (1647 m). Etwas zeitaufwendig, aber umso lohnender ist der Ausflug mit der **Centovalli-Bahn** (Tel. 091 756 04 00, www.centovalli.ch) von Locarno Richtung Domodossola in Italien, eine der spektakulärsten Eisenbahnstrecken in den ganzen Alpen. Auf schmaler Spur (1000 mm) erlebt man eine **grüne Bergwildnis** mit Kastanienwäldern, Schluchten und Wasserfällen, mit ursprünglichen Bergdörfern – und technischen Meisterleistungen in Gestalt von 83 Viadukten, 34 Tunnels und sehr vielen engen Kehren. Die ganze Strecke beansprucht knapp 2 Std. Fahrzeit (einfach), man kann aber auch Teilstrecken fahren.

TOP TIPP

Praktische Hinweise

Information

Lago Maggiore Tourist Office, Largo Zorzi 1, 6600 Locarno, Tel. 084 809 10 91, www.ascona-locarno.com

Hotels

***** **Villa Orselina,** Via Santuario 10, 6644 Orselina-Locarno, Tel. 091 735 73 73, www.villaorselina.ch. Bestlage über der Stadt und dem See, dicht neben der grandiosen Wallfahrtskirche Madonna del Sasso – aber mit allem weltlichen Luxus und sinnlichen Wohlfühlpaketen.

****s **Esplanade Hotel Resort & Spa,** Via delle Vigne 149, 6648 Minusio, Tel. 091 735 85 85, www.esplanade.ch. Prächtiger Palast in ebenso prächtiger Lage im Grünen, etwas abseits vom Rummel der Stadt. Wunderschöne Gesellschaftsräume, moderne Zimmer und Suiten, schöner Seeblick.

Restaurants

Locanda Locarnese, Via Bossi 1, 6600 Locarno, Tel. 091 756 87 56, www.locandalocarnese.ch. Etwas versteckt im Gassenlabyrinth der Altstadt isst man in sehr gediegener Atmosphäre am offenen Kamin – und in großartiger Qualität. Auch die Weinauswahl lässt keine Wünsche offen. Nicht billig, aber absolut preiswert (Mo–Sa 11.30–14.30 und 18.30–23 Uhr).

Ristorante Enoteca Bottega del Vino, Via Luini 13, 6600 Locarno, Tel. 091 751 82 79, www.anceda.ch. Gute Adresse am Südrand der Altstadt und abseits des größten Gewühls. Wer die Kombination von Fleisch und Wein schätzt, kommt in dem recht großen Lokal auf seine Kosten (Mo–Fr 10–24, Sa 18–24 Uhr).

Hinter der bunten Häuserzeile in Ascona ragt der Turm der Kirche Santi Pietro e Paolo auf

13 Seepromenade Ascona

Kaffee trinken, Dampfer schauen: höchste Lebensqualität am tiefsten Punkt der Schweiz.

Ist sie nun die schönste Seepromenade der Schweiz? Die nördlichste Bucht des Mittelmeeres? In jedem Fall ist sie etwas Besonderes. Die Seepromenade von Ascona liegt am Südwestrand der großen Halbinsel des **Maggia-Deltas,** deren Nordostrand die Seepromenade von Locarno einnimmt. In Ascona ist das Bild jedoch harmonischer: im Hintergrund die hohen Berge, darunter der hohe Glockenturm der **Kirche Santi Pietro e Paolo** aus dem 16. Jh. und schließlich die Reihe der bunten Fassaden mit den Restaurants und Cafés, die man an einem solchen Ort erwartet. Der Blick geht hinaus auf den See, auf die Palmen und auf die Dampfer, die an- und ablegen. Dass die Promenade für Autos gesperrt ist, kommt ihrer Atmosphäre zugute. **Ascona** mit seinen 5400 Einwohnern ist der am tiefsten gelegene Ort der Schweiz (196 m) und war schon lange vor der ersten Auflage des legendären Opel Ascona (1970) in den Ländern nördlich der Alpen ›Kult‹. Dichter und Denker, Maler, Anarchisten, Ausdruckstänzer und Nacktbader setzten sich schon vor der Jahrhundertwende 1900 auf dem **Monte Verità** (Strada Collina 84, Tel. 091 785 40 40, www.monteverita.org) oberhalb von Ascona fest. Heute ist der ›Berg der Wahrheit‹ ein sehr lebendiges Seminarzentrum der Universitäten von Luzern und Zürich. Das Museum wird gerade renoviert, die reizvolle historische Parkanlage ist aber zugänglich. Man kann von dort oben über die *Scalinata della*

Sitzen, schauen, leben – so einfach und so schön ist das Rezept für einen gelungen Urlaubstag an der Uferpromenade in Ascona

Ruga hinabsteigen in die Altstadt mit ihren verzweigten Gassen und Straßencafés. Ein interessanter ›Kulturspaziergang‹ führt u. a. auch zum **Museo Castello San Materno** (Do–Sa 10–12 und 15–18, So/Fei 14–16 Uhr) in der Via Losone 10 und zum im Palazzo Pancaldi residierenden Museo Comunale d'Arte Moderna (Via Borgo 34, Tel. 091 759 81 40, www.museoascona.ch, Di–Sa 10–12 und 15–18, So/Fei 10.30–12.30 Uhr).

Ronco Sopra und Brissago

6 km östlich, steile 160 m über dem Ufer des Lago Maggiore, liegt auf einer Felsterrasse das Dorf **Ronco sopra Ascona** mit seinem pittoresken Ortskern. Zum Seeufer führt ein Treppenweg mit mehr als 800 Stufen. Sehr zu empfehlen ist in jedem Fall ein Ausflug nach **Brissago**, entweder mit dem Auto oder, am schönsten, mit dem **Schiff** (Tel. 084 809 10 91, www.navigazionelaghi.it) ab Ascona. Hier kann man die von jahrhundertealten Zypressen umgebene **Renaissancekirche San Pietro e Paolo** besichtigen oder auf dem **Kreuzweg** zur Kirche Sacro Monte aufsteigen, man kann durch die idyllischen Gassen schlendern, vorbei an Zitronen- und Orangenbäumen – und schließlich hinab zum **Centro Dannemann Brissago** (Via R. Leoncavallo 55, Tel. 091 786 81 32, www.centrodannemann.com). Die berühmte Zigarrenmanufaktur am Seeufer bietet ein vielfältiges Programm: von der Genuss-Führung in 2,5 Std. (April–Okt Do/Fr 16 Uhr) bis zum Halbtagesprogramm mit Zigarren-Rollen, Probe-Qualmen, brasilianischen Cocktails und Häppchen. Auch Nichtraucher genießen die prächtigen Säle, die Palmengärten und die Einkehr im romantischen Grotto am alten Hafen.

Und wer schon hier ist, setzt auch noch auf die **Brissago-Inseln** (Isole di Brissago, Tel. 091 791 43 61, www.isolebrissago.ch) über. Die russische Baronin Antoinette Saint-Léger legte hier von 1885–1928 einen traumhaften botanischen Garten an. 1700 Pflanzenarten aus subtropischen Gefilden aller Kontiente, geografisch schön geordnet, sind zu bewundern – von Anfang April bis Mitte Oktober. Schiffspassagen von Locarno, Ascona, Ronco und Brissago.

Praktische Hinweise

Information

Ente Turistico Lago Maggiore, Viale Papio 5, 6612 Ascona, Tel. 084 809 10 91, www.ascona-locarno.com

Hotels

***** Fondazione Monte Verità,** Strada Collina 84, 6612 Ascona, Tel. 091 785 40 40, www.monteverita.org. Wohnen, wo Hermann Hesse wohnte. Einfache Unterkunft im Haupthaus oder in einzelnen Villen auf dem Parkgelände. Hat die Atmosphäre einer sehr gehobenen Jugendherberge mit internationalem, meist jungem und sichtlich kreativem Publikum.

TOP TIPP *******s Hotel Eden Roc,** Via Albarelle 16, 6612 Ascona, Tel. 091 785 71 71, www.edenroc.ch. Der pure Luxus direkt am Seeufer, bereits mehrfach als bestes Ferienhotel der Schweiz ausgezeichnet. Ruhige Lage mit eigenem Badestrand, ein 2000-m²-Spa und vier Restaurants zwischen Gourmet und Grill.

Restaurants

Antica Posta, Via Borgo, Contrada Maggiore 4, 6612 Ascona, Tel. 091 791 04 26, www.anticaposta.ch. Sehr freundlich, gemütlich und ausgesprochen gut. Auch hier speist man im Innenhof unter Blättern, und zwar Ravioli mit frischen Steinpilzen, Risotto, Lamm u.v.m. (Mi/So geschl.).

Ristorante della Carrà, Carrà dei Nasi, 6612 Ascona, Tel. 091 791 44 52, www.ristorantedellacarra.ch. Hausgemachte Pasta, Fisch und Fleisch vom Grill – auf einer tollen Terrasse unter weinüberrankter Pergola oder innen unter der offenen Holzdecke. In die Weingläser kommt natürlich Tessiner Merlot (Di–Sa 12–14 und 18–22 Uhr).

Wer schon am Wasser ist, sollte auch an Bord gehen: Zwischen Locarno, Ascona und Brissago mit seinen Inseln ist das Schiff das Verkehrsmittel der Wahl

Auf Tour

Ascona – Lugano (43 km)

Dies ist ein über weite Abschnitte eher wenig attraktives Teilstück. Zurück in östlicher Richtung, an Locarno vorbei und quer über die Ebene des Ticino führt die Route durch große Gewerbegebiete nach **Cadenazzo.** Dort geht es auf der gut ausgebauten Via Monte Ceneri in einigen Kehren die Flanke hinauf, unter der Autobahn A2 hindurch und auf einige futuristische Kuppeln zu. Es handelt sich um das in **Rivera** (470 m) angesiedelte **Splash e Spa Tamaro** (Via Campagnole 1, Tel. 091 936 22 22, www.splashespa.ch, tgl. 10–22, Sa/So/Fei ab 9 Uhr), das Spaß (Wasserrutschen) und Wellness (Saunas, Hamam, div. Treatments) in einer hochmodernen Anlage verbindet. Direkt daneben befindet sich die Talstation der Seilbahn zum ›Spaßberg‹ des Tessins im Dreieck Lugano-Bellinzona-Locarno, dem **Monte Tamaro** (Tel. 091 946 23 03, www.montetamaro.ch, April–Okt. tgl. 8.30–17 Uhr). Neben der Bergstation auf der Alpe Foppa (1530 m) steht die von Star-Architekt Mario Botta entworfene, 1992–96 errichtete **Kirche Santa Maria degli Angeli,** eine beinahe festungsartige Anlage mit eindrucksvollem Innenraum und luftiglanger Panoramarampe. Rundherum widmet man sich dagegen sehr weltlichen Vergnügungen: auf dem großen Kinderspielplatz, beim Sommerrodeln oder an der Seilrutsche. Hier beginnen auch aussichtsreiche Wege wie der Aufstieg zum Gipfel des **Monte Tamaro** (1867 m) und eine Downhill-Strecke für Mountainbiker. An der Mittelstation der Gondelbahn wurden ein Hochseilgarten und ein Bike Park eingerichtet.

Von Rivera fährt man durch das zersiedelte Tal mit viel Gewerbe weiter südwärts, nimmt bei Torricella den Abzweig nach links (Val Colla Tesserete) und gelangt durch nun schönere Landschaft über Vaglio und Tesserete hinab nach Lugano.

14 Monte Brè Lugano

Der lässt tief blicken: ein kleiner Berg mit ganz großer Aussicht.

Je höher desto besser? 925 m – höher muss ein richtig guter Aussichtsberg nicht sein, auch im Land des Monte Rosa (4634 m), den man vom Luganer Hausberg natürlich sieht. Das Panorama vom **Monte Brè** besticht aber nicht nur durch ferne Gletscherkulissen, sondern vor allem auch durch die Harmonie der Nah- und Tiefblicke, das Zusammenspiel von grünem Wald, blauem See – und dem Häusermeer von **Lugano** (278 m), der größten Stadt des Tessin

mit knapp 63 000 Einwohnern. Hinauf kommt man mit dem Auto auf der kurvenreichen, zuletzt auch sehr engen Straße über das **Bergdorf Brè** (800 m), schöner (und schneller) jedoch in 10 Min. mit der historischen **Standseilbahn** ❶ (Tel. 091 971 31 71, www.montebre.ch, Juni–Ende Okt. Auffahrt 9.10–18.45 Uhr alle 10–30 Min., Juli/Aug. bis 22.45, Nov.–Mai 9.20–16.45, April/Mai und Fei tgl. bis 17.45 Uhr). Sie wurde in den Jahren 1908 (untere Sektion) bzw. 1912 (obere Sektion) errichtet. Die Talstation befindet sich im Ortsteil Cassarate, in der Via Pico, die Zwischenstation in Suvigliana. Fantastisch ist die Einkehr auf der Terrasse des etwas tiefer gelegenen **Restaurants Vetta** (Tel. 091 971 20 45, www.vetta.ch, bis Ende Mai nur tagsüber, im Sommer auch abends geöffnet) – ganz besonders am Abend. Zusätzlich befindet sich gleich beim Ausgang der Bergstation die Osteria della Funicolare.

Vom Parkplatz am Rand von Brè sollte man unbedingt einen Rundgang auf dem ›**Kunstweg**‹ durch das wunderschöne Bergdorf machen, in dem die Werke mehrerer Künstler zu sehen sind. Am Parkplatz beginnt auch ein Treppenweg, der zuerst sehr sonnig, dann wunderschön unter Laubbäumen über den Gipfel hinweg zur Seilbahn und zum Restaurant Vetta führt.

Lugano hat übrigens noch einen zweiten aussichtsreichen Hausberg: den ›Zuckerhut‹ **San Salvatore** ❷. Die 600 Höhenmeter zum Gipfel bewältigt man mit der 1890 eröffneten Standseilbahn (Tel. 091 985 28 28, www.montesansalvatore.ch, ab 9 Uhr alle 30 Min.) vom Vorort Paradiso aus. Wer will, kann von hier aus die beliebte 3-Std.-Wanderung über **Carona** (mit dem Azaleen-Garten Parco

Den Monte Brè erklimmt man am besten mit der alten Standseilbahn

Zwei Tessiner Bilderbuchdörfer: Von Bré nach Gandria

Der Ausflug zum **Monte Brè** wird mithilfe öffentlicher Verkehrsmittel und der eigenen Füße zu einer schönen Rundtour. Man fährt von Lugano/Cassarate mit der Standseilbahn auf den Monte Brè und wandert über den Gipfel (925 m) hinab zum **Dorf Brè** (800 m). Am Ortseingang beginnt der gut gekennzeichnete Abstieg über die waldige Bergflanke hinab nach **Gandria** (340 m, ca. 1,5 Std.). In malerischer Lage am steilen Ufer des Luganersees gelegen, gibt das Dorf ein klassisches Postkartenmotiv ab. Zurück nach Cassarate kommt man mit Bus, Taxi, Linienschiff oder zu Fuß, am Ufer entlang – wobei man bis Castagnola den tollen ›**Sentiero dell' olivo**‹ nimmt, auf dem man viel Wissenswertes über den Olivenanbau erfährt (1 Std. 15 Min.).

San Grato) bis nach Morcote unternehmen – und mit dem Schiff wieder nach Lugano zurückfahren.

Lugano

Business und Banken, Blumen und Baden: Lugano vereint die Gegensätze und wird damit nicht nur zu einer der lebendigsten Städte der Schweiz, sondern auch zur ›italienischsten‹. Nahe dem Bahnhof steht oberhalb der autofreien Altstadt die **Kathedrale San Lorenzo** 3 mit ihrer prächtigen Renaissancefassade (1517) und vielen barocken Kunstschätzen im Innern. Äußerlich weniger beeindruckend, begeistert die **Kirche Santa Maria degli Angioli** 4 (1499–1515) am Südende der Via Nassa mit ihrem Freskenschmuck. Man könnte von dort immer am Seeufer entlangflanieren und dabei weitere Sehenswürdigkeiten ›mitnehmen‹, beginnend beim **Museo d'Arte** 5 (Riva Caccia 5) wo bis Februar 2015 Wechselausstellungen moderner und zeitgenössischer Kunst zu sehen waren. Weiter oben gelangt man zu den Prachtbauten und Straßencafés auf der **Piazza della Riforma** 6 und zum **Museo Cantonale d'Arte** 7 (Via Canova 10, Tel. 091 815 79 71, www.museo-cantonale-arte.ch, Di 14–17, Mi–So 10–17 Uhr), das u.a. Gemälde von Klee, Jawlensky, Renoir und Degas ausstellt – zukünftig aber an anderer Stelle: Voraussichtlich ab September 2015 wird das neue Kunst- und Kulturzentrum **Lugano LAC** 8 (Lugano Arte e Cultura, Piazza Bernardino Luini, Tel. 058 866 68 11, www.luganolac.ch) auf dem Grundstück des ehemaligen Hotel Palace nahe dem Seeufer die Sammlungen des kantonalen Kunstmuseums und des Museums für moderne Kunst vereinen. Auch einen hochmodernen Theater- und Konzertsaal wird es im LAC geben. Unmittelbar darunter erstreckt sich entlang der Seepromenade (Riva Antonio Caccia) der **Giardino Belvedere** 9, ein wunderbarer Garten mit Kamelien und Magnolien, mit vielen subtropischen Pflanzen und modernen Kunstwerken. Das grüne Herz Luganos schlägt jedoch am stärksten im 63 000 m^2 großen **Parco Civico Ciani,** in dem man unter mächtigen alten Bäumen entlangspaziert. Gleich daneben, auf der anderen Seite des Flusses Cassarate, der hier

Auch grandios – das Panorama vom San Salvatore über Lugano. Der Monte Brè ist ganz rechts über den letzten Häusern zu erkennen

in den Luganersee (Lago di Lugano) mündet, kann man sich im **Lido di Lugano** ⑩ (Via Lido, Tel. 058 866 68 80, Juni–Aug. tgl. 9–19.30, Di/Do bis 20.30, Mai/Sept. tgl. 9–19 Uhr) mit seinem feinen Sandstrand erholsam nass machen.

Praktische Hinweise

Information

Ente Turistico del Luganese, Palazzo Civico, 6901 Lugano, Tel. 058 866 66 00, www.luganoturismo.ch

Hotels

******* Villa Principe Leopoldo,** Via Montalbano 5, 6900 Lugano, Tel. 091 985 88 55, www.leopoldohotel.com. Prächtige Luxusherberge mit einer historischen Villa und einer modernen Residence – und sagenhaftem Blick über die Stadt und den See. Dazu feine Spa-Angebote und ein schickes Restaurant mit schöner Terrasse.

******s Kurhaus Cademario Hotel & Spa,** Via Kurhaus, 6936 Cademario, Tel. 091 610 51 11, www.kurhauscademario.com. Eindrucksvolle alte Immobilie oberhalb von Lugano mit grandioser Aussicht auf den See. 1914 erbaut, 2013 komplett erneuert wiedereröffnet. Starke Argumente sind der weitläufige Park und der 2200 m^2 große Spa-Bereich.

****s **Villa Sassa Hotel, Residence & Spa**, Via Tesserete 10, 6900 Lugano, Tel. 091 911 41 11, www.villasassa.ch. Sehr großer Hotelkomplex mitten in der Stadt und doch verblüffend ruhig. Moderne Komfortzimmer und ein ausgezeichnetes Restaurant, das die Trennung zwischen drinnen und draußen aufhebt (sehr schön am Abend!). Das riesige Fitness-, Wellness- und Spa-Angebot zieht viele junge, schöne Menschen an.

**** **Hotel Cacciatori,** 6936 Cademario, Tel. 091 605 22 36, www.hotelcacciatori.ch. Alpine Alternative zum Stadthotel im 12 km entfernten Lugano. Sehr ruhige Lage am Waldrand im Bergdorf Cademario. Wellness indoor und outdoor.

**** **Hotel Lugano Dante,** Piazza Cioccaro 5, Tel. 091 910 57 00, www.hotel-luganodante.com. Gepflegtes Altstadt-Hotel in bester, zentraler Lage an der Fußgängerzone.

***s **Hotel International au Lac,** Via Nassa 68, 6900 Lugano, Tel. 091 922 75 41, www.hotel-international.ch. Denkmalgeschütztes Hotel aus dem Jahr 1906 nahe der Seepromenade mit individuell eingerichteten Zimmern und Suiten. Wunderbares Ambiente in der ›Blues Bar‹ mit Panoramabalkon.

Restaurants

TOP TIPP **Grotto Morchino,** Via Carona 1, 6912 Pazzallo, Tel. 091 994 60 44, www.morchino.ch. Traditionelle authentische Tessiner und norditalienische Küche. Schon Hermann Hesse ließ es sich 1919 hier schmecken: »... im steilen Bergwald auf schmaler Terrasse standen Steinbänke und Tische im

Beim Bummel durch die Altstadt von Lugano kommt man unweigerlich in Kontakt mit allem, was auf der Alpen-Südseite gut schmeckt

Hoch und heilig: Morcote – im Bild die Kirche Santa Maria del Sasso – ist schon allein die Reise ins Tessin wert

Baumdunkel, aus dem Felsenkeller brachte der Wirt den kühlen Wein.« Geistige Nahrung ist gut, satt macht aber die *Murchinada*, ein üppiges Menü – der Grotto-Klassiker für den großen Hunger (Di–So 12–13.30 und 19–21.30 Uhr).

Trattoria-Pizzeria Galleria, Via Gerolamo Vegezzi 4, 6900 Lugano, Tel. 091 922 24 15, www.trattoriagalleria.ch. Best pizza in town? Sie schmeckt jedenfalls sehr gut – ebenso wie die Tessiner Merlots auf der Weinkarte (Mo–Sa 10.30–14.30 und 17.30–24 Uhr).

Auf Tour

Lugano – Morcote – Melide (20 km)

Aus Lugano geht es nach Westen hinaus, auf der Via al Leghetto/Via Piodella am Lago di Muzzano vorbei, unter der Autobahn hindurch und bis kurz vor den **Flughafen.** Man nimmt den Abzweig nach Süden auf die Via Mondino und gelangt ans Ufer des Sees, dem man nun immer folgt. Die Umrundung der ungefähr 10 km langen, nach Süden gerichteten Halbinsel zwischen den beiden Armen des Luganersees ist ein Traum. Immer dicht am Wasser rollt man durch die Orte **Carabietta** und **Casoro,** passiert Palmengärten, schicke Villen und Bootshäfen und erreicht am Südende das ehemalige Fischerdorf **Morcote,** das im Rennen um die schönste Uferpromenade der Schweiz ganz vorn dabei ist. Früher der größte Hafen am Luganersee, ist es heute mit seinen Arkaden und Herrenhäusern (16.–18. Jh.) auf dem schmalen, steilen Uferstreifen eine der besten Postkarten- und Kalenderblatt-Locations im Tessin. Die *Scalinada Giacomo Rossi* führt über hunderte steile

TOP TIPP

Niedlich. So eine Reise durch die Schweiz schafft man leicht zu Fuß – aber nur in Melide, wo man das kleine Land noch mal miniaturisiert hat

Treppenstufen hinauf zur schwindelerregend gelegenen **Kirche Santa Maria del Sasso** aus dem 13. Jh. Ebenfalls spektakulär ist der beinahe vertikale Dschungel des **Parco Scherrer** (Tel. 091 996 21 25, www.luganoturismo.ch, Mitte März–Ende Okt. tgl. 10–17, Juli/Aug. bis 18 Uhr). Zwischen seinen Palmen, Zedern und Zypressen und vielen weiteren subtropischen Gewächsen sind mal asiatisch, mal mediterran gestaltete Kunstwerke und Architekturen zu sehen.

Am Ostufer der Halbinsel entlang geht es danach auf der wunderbaren Uferstraße zum nahen **Melide,** einem wichtigen Verkehrsknotenpunkt am See.

Reise-Video Fischerdorf in den Alpen: Morcote. QR-Code scannen [s. S. 5] oder dem Link folgen: tinyurl.com/morcote-tessin

15 Swissminiatur

Small Tour of Grand Switzerland – nicht nur, wenn's schnell gehen muss.

Besonders nett sind die Spatzen, die auf den unzähligen Türmen und Dachgiebeln sitzen und sich fotografieren lassen, als wären sie gigantische, gefiederte Flugsaurier – was

daran liegt, dass es sich um echte Spatzen handelt. Die Häuser, Kirchen und Burgen im Miniaturpark (Mitte März–Ende Okt. tgl. 9–18 Uhr) in Melide sind dagegen im **Maßstab 1:25** verkleinert. Die ganze Schweiz im Kleinformat, mit **130 detaillierten Modellen** berühmter Baudenkmäler auf einem 14 000 m^2 großen Gelände unter freiem Himmel: Vom Rathausplatz in Stein am Rhein zur Kathedrale nach Lausanne kommt man in kürzester Zeit zu Fuß. Doch nicht nur die einschlägigen Sehenswürdigkeiten sind zu sehen, sondern auch zahlreiche Bahnhöfe, Autobahnen und Flughäfen. Die kleine Schweiz noch kleiner zu machen, war die Idee des Lebensmittelhändlers und Gemeindesekretärs **Pierre Vuigner** aus dem Wallis. Ein passendes Gelände fand er nach langer Suche hier am Ufer des Luganersees in Melide. Seit 1959 kann man dort sehen, wozu die Reisezeit vielleicht nicht reicht: die berühmten Wasserschlösser Chillon und Hallwyl, das mächtige Zürcher Grossmünster, das Bundeshaus in Bern und vieles mehr. Für Bewegung zwischen den Modellen sorgen 18 Modellzüge auf ca. **3,5 km Schienen**, Seilbahnen, Zahnradbahnen und Linienschiffe, unter denen sich die Karpfen als nette Leviathane tummeln. Für Kinder gibt es natürlich einen Spielpark, für sie und alle anderen Besucher ein Selbstbedienungsrestaurant mit Tessiner, italienischer und asiatischer Küche.

Praktische Hinweise

Information

Swissminiatur SA, 6815 Melide, Tel. 091 640 10 60, www.swissminiatur.ch

Restaurant

Dellago, Lungolago Motta 9, Melide 6815, Tel. 091 649 70 41, www.hotel-dellago.ch. Sehr individuelles Hotel mit ebenso individuellem Restaurant. Tolle Fischgerichte und Tapas, daneben viel Mediterranes. Die Küche unterwirft sich lustvoll dem Diktat der Jahreszeiten und des lokalen Angebots (tgl. 12–14 und 18.30–23 Uhr).

Auf Tour

Melide – Mendrisio (20 km)

Die Fahrt durch das **Mendrisiotto** in den äußersten Südzipfel der Schweiz bis zur Grenzstadt **Chiasso** führt durch eine sanfte Hügellandschaft mit schönen Naturparks und Weinbaugebieten, die jedoch in erster Linie als Transitraum auf dem Weg nach Italien, Richtung Mailand, wahrgenommen wird. Eine fabelhafte Aussicht hat man vom **Monte Generoso** (1704 m); die Zahnradbahn (www.montegeneroso.ch) vom Südende des Luganersees bei Riva San Vitale fährt aber erst wieder ab 2016, wenn das neue Hotel-Restaurant auf dem Gipfel eröffnet wird.

Einiges an Kultur bietet die Stadt **Mendrisio,** wo ein 3,4 km langer Themenweg mit neun Stationen durch die reizvolle Altstadt führt. Kulturelles Highlight ist das Servitenkloster an der Piazza S. Giovanni, das bis ins 13. Jh. zurückgeht. Heute ist hier das städtische **Kunstmuseum** (Tel. 058 688 33 50, www.mendrisio.ch/museo, Di–Fr 10–12 und 14–17, Sa/So 10–18 Uhr) untergebracht. Weitaus öfter besucht wird freilich das große Factory Outlet **Fox-Town** (Via Angelo Maspoli 18, Tel. 091 630 08 03, www.foxtown.ch, tgl. 11–19 Uhr).

16 Monte San Giorgio

Auch ohne Dinos eine Schau: Ausflug zum Saurierberg der Schweiz.

Man sieht diesem äußerlich unspektakulären Waldberg über dem Luganersee, genau gegenüber von Morcote, nicht an, was in ihm steckt – und was ihm 2003 sogar den Eintrag auf die UNESCO-Liste des Welterbes eingebracht hat. Der **Monte San Giorgio** (1097 m) ist der Schweizer Saurierberg. Seine Einzigartigkeit liegt nicht in den, wenngleich wunderschönen, **Kastanien- und Buchenwäldern,** sondern in den Gesteinsschichten, die darunter liegen. Geologen und Paläontologen fanden in ihnen schon mehr als **20 000 Versteinerungen** von Ozeanbewohnern aus der Triaszeit vor 245–235 Mio. Jahren, als sich hier ein 100 m tiefes Meeresbecken befand. Und sie entdeckten die Fossilien nicht nur in einer, sondern gleich in fünf verschiedenen Schichten: gut zwei Dutzend Reptilienarten, 50

Lange vor dem Bund der Eidgenossen hatte das Leben andere Formen. Im Fossilienmuseum in Meride sieht man sie

Vom Monte Generoso blickt man hinüber zum Monte San Giorgio (links der Bildmitte), der seine inneren Werte unter einem dichten Waldpelz versteckt

Fischarten und mehr als 100 Arten von Wirbellosen.

Ausgangspunkt für den Besuch ist das hübsche Dorf **Meride** (578 m), 8 km von Mendrisio. Hier steht mitten im Zentrum das modern eingerichtete **Fossilienmuseum** (Via Bernardo Peyer 9, Tel. 091 640 00 80, www.montesangiorgio.org, Di–So 9–17 Uhr). Es zeigt auf vier Stockwerken eine Auswahl der Funde und ist unbedingt sehenswert, wenngleich sich viele Originale in Zürich befinden und auch die 2,5 m lange Versteinerung des Landsauriers *Ticinosuchus* ›nur‹ eine Rekonstruktion ist. Wer 4 Std. Zeit hat, kann auf dem schönen **Lehrpfad** von Meride aus einmal rund um den Monte San Giorgio wandern. ›**Königstour**‹ ist natürlich die (technisch einfache) Besteigung des Gipfels über den interessanten historischen Saumweg von Meride aus: Von der **Kirche Monte San Giorgio** (12./13. Jh.) führt der gepflasterte Weg zunächst zur ehemals romanischen **Kirche San Silvestro** mit Barockfresken von 1690, danach über Alboree, Cassina und Forello zum aussichtsreichen Gipfel. Der Aufstieg führt über rund 520 Höhenmeter und beansprucht 2 Std. Gehzeit.

i Praktische Hinweise

Information

Ente Turistico del Mendrisiotto e Basso Ceresio, Via Luigi Lavizzari 2, 6850 Mendrisio, Tel. 091 641 30 50, www.mendrisiottoturismo.ch

Fondazione del Monte San Giorgio, Via B. Peyer 9, 6866 Meride, Tel. 091 640 00 80, www.montesangiorgio.org

Restaurants

Antico Grotto Fossati, Cantine, 6866 Meride, Tel. 091 646 56 06. Herrliche Aussicht auf den alten Dorfkern und typische Tessiner Küche: Polenta, Brasato, Arrosto und Coniglio sowie Käse und Wein – alles zu fairen Preisen (Di–So 11–14 und 18.30–23 Uhr).

Locanda La Crisalide, Via Peyer 7, 6866 Meride, Tel. 091 646 10 54, www.lacrisalide.ch. Kleine, sympathische Adresse direkt neben dem Fossilienmuseum. Einfache kalte und warme Imbisse am Tag (Do–Mo 8.30–17 Uhr), 3-Gang-Menüs auf Vorbestellung am Abend (Do–So).

Auf Tour

Mendrisio – Gotthardpass (121 km)

Diese lange Etappe führt durch die **Valle Leventina** Richtung Gotthard. Den ersten Abschnitt zurück nach Bellinzona und weiter bis Biasca legt man am besten auf der Autobahn A2 zurück. Die Strecke durch das **Rivieratal** verläuft meist mitten im breiten, ebenen Talboden. Immer wieder stechen auf der gut 20-minütigen Fahrt am Fuß der steilen, dicht bewaldeten Hänge eindrucksvolle Granitsteinbrüche ins Auge der Reisenden. In **Biasca** (303 m) gabelt sich das Tal: Rechts führt die Valle di Blenio zum Lukmanierpass, links die Valle Leventina zum Gotthardpass. Biasca selbst ist geprägt von den 2000 m hohen und äußerst steilen Bergflanken, die unmittelbar über den Dächern der Stadt aufsteigen und aus denen sich mächtige Wasserfälle ins Tal ergießen. Sehenswert sind die romanische **Kirche Santi Pietro e Paolo** (12. Jh.), und der **Kreuzweg** (400 Höhenmeter; 1,5 Std.) mit seinen 14 Bildstöcken, der direkt im Ort startet.

Auf dem Weg Richtung Gotthard erfolgt der nächste Zwischenstopp schon kurz hinter Biasca beim **Besucherzentrum der Alptransit-Baustelle** (Infocentro Gottardo Sud SA, Pollegio, Tel. 091 873 05 50, www.alptransit.ch, Di–Sa 9–18 Uhr). Vor dem langen, kantigen Betongebäude ist eine riesige Bohrkrone aufgestellt, die zum Tunnelvortrieb verwendet wurde. Innen erfährt man viel Wis-

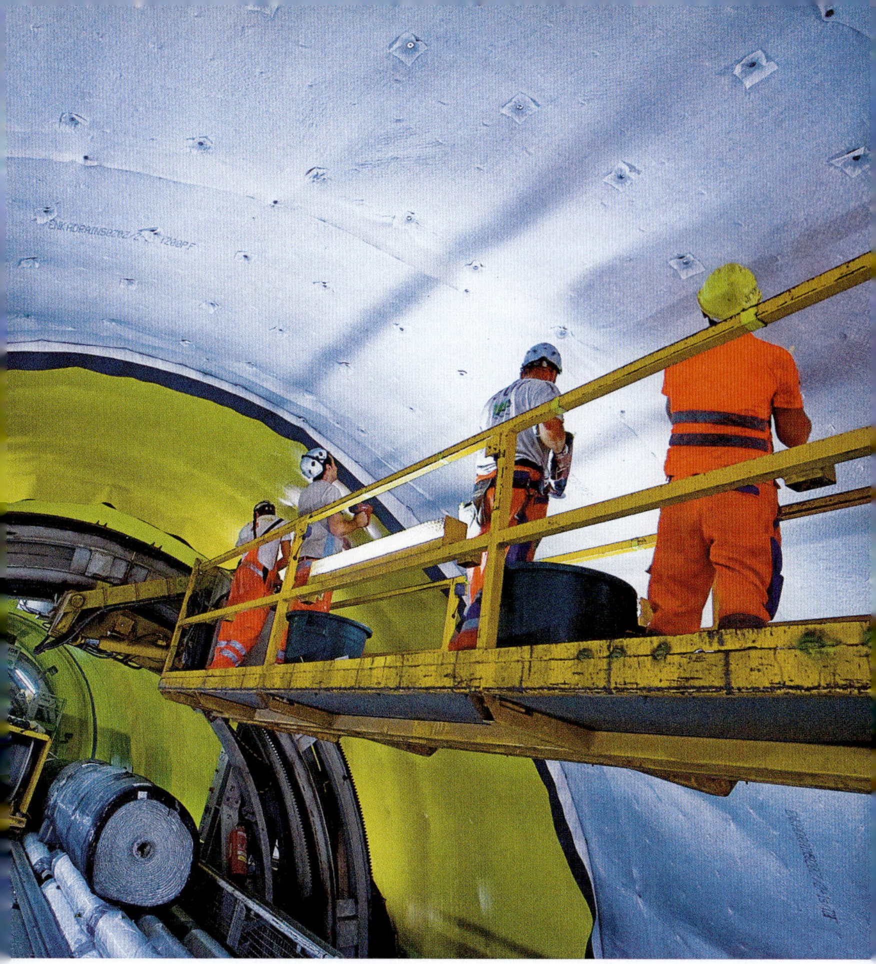

Alpentransit im 21. Jh.: Der Durchstich ist geschafft, jetzt werden die Tunnelröhren unter dem Gotthardmassiv ausgebaut

senswertes über den Bau des 57 km langen **Gotthard-Basistunnels** und den alpinen Transitverkehr. Im Dezember 2016 sollen die ersten Züge durch die zwei parallel verlaufenden einspurigen Röhren fahren.

Am Fuß der ersten großen Talstufe im Valle Leventina liegt das besonders ursprüngliche Dorf **Giornico** (391 m). Vom Parkplatz im Ort führt der Weg auf zwei fotogenen Bogen-Steinbrücken über eine Insel im Ticino und auf dem Westufer des Flusses zu **drei uralten Kirchen**. Neben den Ruinen einer Burg steht auf einem kleinen Hügel **Santa Maria del Castello.** Vom grob gepflasterten Weg zu dem (verschlossenen Gotteshaus) blickt man direkt auf die Autobahn – ein befremdlicher Kontrast. Die hinterste Kirche **San Michele** verfügt über einen frei stehenden Glockenturm. Hauptattraktion ist **San Nicola,** um 1210 aus Granit errichtet. Geheimnisvolle Figuren von Tieren und Menschen flankieren den Eingang ins Kirchenschiff, dessen größter Schatz die gut erhaltenen mittelalterlichen Fresken in der Chorapsis sind.

TOP TIPP

Über zwei enge Geländestufen – mit beeindruckenden Ausblicken auf die abenteuerlichen Brückenkonstruktionen der Autobahn – erreicht man zuerst den mittleren Talboden mit dem großen Ort **Faido** (711 m) und bald darauf bei **Rodi-Fiesso** (950 m) den oberen. Kurz vor Rodi ist der ehemalige Saumpfad durch die **Piottino-Schlucht** mit ihren 100 m hohen Felswänden zum Wanderweg und die ehemalige Zollstation **Dazio grande** (Tel. 091 874 60 66, www.daziogrande.ch) zum Museum mit Gaststätte ausgebaut worden.
Ohne größere Steigungen geht es nun durch das schöne Tal mit Blick auf gewaltige Granitwände und zahlreiche Wasserfälle nach **Airolo** (1141 m) am Fuß des Gotthardpasses, der wichtigsten Nord-Süd-Verbindung in den Alpen. Hier liegen die Südportale des 1882 eröffneten Bahn- und des fast genau 100 Jahre später (1980) eröffneten Straßentunnels. Auch wenn hier alles auf Transit gebürstet scheint, ist Airolo ein beliebter Tourismusort – der v. a. im nach Westen (zum Nufenenpass führenden) **Val Bedretto** großartige Landschaftsbilder bietet.

Alpentransit im 19. Jh.: Am Gotthard werden Nostalgiefahrten mit alten Postkutschen angeboten

17 Alte Gotthard-Passstraße Tremola

Kehren, Kurven, Kopfsteinpflaster: Wo Straßenbau zum Kunstwerk wird.

Wer hier nur auf der Autobahn durch den Tunnel fährt, verpasst eine der großartigsten Bergstraßen in den Alpen. Die kopfsteingepflasterte *alte Tremolastraße* von Airolo zur Passhöhe auf dem **Gotthard** (2106 m) ist pure Land Art. Steinpfosten bilden die Begrenzung, rote Steine markieren die Straßenmitte. Ein ungewohntes Geläuf für Breitreifen – und natürlich im Winter gesperrt. Aber zuerst heißt es aufpassen, damit man im Straßenwirrwarr nicht den Überblick verliert und auf der *neuen Tremolastraße* landet, die 1977 eröffnet wurde. Kurz hinter Airolo biegt man von der Asphaltstraße Richtung Gotthardpass auf die alte, gepflasterte Gotthardstraße ab. Spektakulär wird es hinter der **Kaserne Motto Bartola** (1527 m). Hier beginnt die eigentliche Tremola durch das gleichnamige Bergtal. **24 enge, gemauerte Kehren** sind die fotogenen Schmuckstücke des längsten Baudenkmals auf Schweizer Boden.
Schon die Römer hatten den Gotthard überquert, zu Fuß oder mit Saumtieren. Im Mittelalter kamen Pilger auf dem Weg nach Rom oder ins Heilige Land über den Pass, wo 1230 die dem hl. Godehard (Gotthard) geweihte Kapelle und das

Land Art im Val Tremola oberhalb von Airolo: Die alte Straße zur Passhöhe auf dem Gotthard erinnert an Zeiten, als Reisen noch Abenteuer waren

Hospiz errichtet wurden. Der erste Bericht über eine Kutschfahrt datiert ins Jahr 1775. Zwischen 1827 und 1830 entstand dann die alte Gotthard-Passstraße, die endlich auch von schweren Lastfuhrwerken befahren werden konnte. Ein reger Personenverkehr mit fünfspännigen, zehnsitzigen Postkutschen wurde eingerichtet. 1875 überquerten mehr als 72 000 Menschen den Pass. Die Eröffnung des Eisenbahntunnels im Jahr 1882 beendete diese Ära. Die letzte Pferdepostkutsche fuhr 1921 und nur ein Jahr später verkehrte das erste Postauto. Das erste Automobil auf dem Gotthard soll übrigens ein Peugeot (Quadricycle) gewesen sein – anno 1895.

Im alten Zollposten von 1834 ist das **Nationale Gotthardmuseum** (Tel. 091 869 15 25, www.passosangottardo.ch, Juni–Okt. 9–18 Uhr) untergebracht. Es illustriert die spannende Geschichte des Passes und seine Bedeutung für den europäischen Transitverkehr. Wer sich auf der Passhöhe genauer umschaut, entdeckt, niedrig in die Landschaft geduckt, Befestigungsanlagen des Schweizer ›Reduit‹ aus dem 20. Jh. (s. S. 102). Eine davon, das ehemalige Artilleriewerk Sasso da Pigna, ist seit 2012 zu besichtigen. Die moderne ›Themenwelt‹ im Berg (warm anziehen!) nennt sich **Sasso San Gottardo** (Tel. 091 869 15 57, www.sasso-sangottardo.ch, Anf. Juni–Anf. Juli Sa/So, Juli/Aug. Mi–Mo, Sept.–Mitte Okt. Do–Mo; jeweils 10.30–15 Uhr). Sie zeigt nicht nur Stockbetten und Kanonen, sondern visualisiert auch Fragestellungen zu Mobilität, Wasser, Energie, Wetter, Klima und Sicherheit.

TOP TIPP

Praktische Hinweise

Information

Centro Turistico San Gottardo, 6780 Airolo, Tel. 091 873 30 40, www.airolo.ch

Wer eine Schlacht verliert, sollte die richtigen Schlüsse daraus ziehen: Seit der Niederlage bei Marignano (hier ein Gemälde von 1836) ist die Schweiz neutral

Die Neutralität

Vor einem halben Jahrtausend, am 13. und 14. September **1515**, schlagen die Heere der Eidgenossen und Frankreichs mit Venedig bei **Marignano** in der Lombardei aufeinander ein. Die Schweizer verlieren und halten sich zukünftig aus allen Kriegen heraus. Aber erst 300 Jahre später wird die Schweizer Neutralität auf dem **Wiener Kongress 1814/1815** offiziell anerkannt. Sind die Schweizer besonders friedliebend? Sie sind eher – pragmatisch. Dass sie bei bewaffneten Konflikten anderer Staaten nicht mehr mitmachten, hielt sie nicht davon ab, fleißig Söldner zu entsenden. Und es dient nicht zuletzt auch dem Schutz nach innen: um zu verhindern, dass das **Multikulti-Projekt Eidgenossenschaft** auseinanderfällt.

Für den Schutz nach außen hat die Schweiz das **Milizsystem** mit der allgemeinen Wehrpflicht geschaffen, Motto: Die Schweiz *hat keine Armee,* sie *ist eine Armee.* Zur Zeit der größten Bedrohung während des Zweiten Weltkriegs entstand das ›**Reduit**‹: ein System von stark befestigten Verteidigungsanlagen in den Alpen. Topografisches Symbol der bewaffneten Neutralität ist das **Gotthardmassiv**. Nach 1939 wurde es als Rückzugsraum der Armee ausgebaut, die das Land von dort gegen einen erwarteten Einmarsch deutscher und italienischer Truppen schützen sollte. Heute wird das u. a. im ehemaligen Artilleriewerk Sasso da Pigna dokumentiert, das seit 2012 als Museum **Sasso San Gottardo** (s. S. 107) der Öffentlichkeit zugänglich ist. Nach 1945 hat die Schweiz ihre Vorstellung von Neutralität den neuen Zeiten angepasst. Von 1999 an unterstützten unbewaffnete Schweizer Soldaten die UNO-Friedenstruppen im Kosovo, drei Jahre später trugen sie dort auch wieder Waffen.

Hotel

**** Chalet Stella Alpina Hotel & Wellness,** 6781 Ronco Bedretto, Tel. 091 869 17 14, www.stellaalpina.ch. 10 km westlich von Airolo im Bedrettotal bietet die einfache, schön renovierte Herberge noch die Atmosphäre der Gründerzeit am Ende des 19. Jh., als Bett, gutes Essen und herzliche Bewirtung genug waren. Großartige Landschaft.

Restaurant

Ristorante Forni, Via Stazione 19, 6780 Airolo, Tel. 091 869 12 70, www.forni.ch. Neben dem Bahnhof speist man in diesem Hotelrestaurant gut und günstig. Hausgemachte Pasta, saisonale Wildgerichte, Kastanienkuchen. Bemerkenswert gute Weinkarte (Mi geschl.).

Auf Tour

Gotthardpass – Andermatt (14 km)

Von der Passhöhe führt die alte Straße noch ein Stück weit nach Norden hinab. An der Grenze zum Kanton Uri mündet sie in die neue Straße ein. Über grüne Böden mit Bächen und kleinen Wasserfällen geht es vorbei an Schafen und Kühen, und zuletzt in einer weiten Kehre hinab nach **Hospental** mit seinem markanten Turm aus dem 13. Jh. Rechts, nordöstlich, sind es nur gut 3 km nach **Andermatt** (1447 m) am Fuß des Oberalppasses. Im Winter einer der heißen *Freeride Spots* der Ski- und Snowboard-Szene, wird der 1203 erstmal beurkundete Ort im Sommer oft von Autotouristen beim Pässe-Hopping besucht: Furka, Grimsel, Susten, Gotthard, Nufenen ... Mit **Andermatt Swiss Alps** entsteht hier ein Ferienresort mit sechs Hotels, 490 Apartments und rund 25 Villen, mit Sport- und Gewerbeflächen, Kongresslocations und einem 18-Loch-Golfplatz.

Praktische Hinweise

Information

Ferienregion Andermatt, Gotthardstr. 2, 6490 Andermatt, Tel. 041 888 71 00, www.andermatt.ch

Hotel

TOP TIPP *******s The Chedi Andermatt,** Gotthardstr. 4, 6490 Andermatt, Tel. 041 888 74 88, www.ghm hotels/de/andermatt. Von außen ein Ensemble großer Chalets, von innen ein asiatisch inspirierter Designer-Traum mit edlem Holz, Stein und Stahl. Da stimmt das kleinste Detail. Asiatische Kost von offenen Kochinseln, japanische Spitzenküche in einem eigenen Restaurant. Eigene Kaminfeuer und iPads zur Bedienung der Zimmerelektronik, vom 52-m^2-Zimmer bis zur 330 m^2 großen Furka-Suite mit drei Schlafzimmern. Herzliche Atmosphäre, äußerst schicker Wellness-Bereich.

Restaurant

Ristorante La Curva, Gotthardstr. 43, 6490 Andermatt, Tel. 041 887 15 74, www.lacurva.ch. Holzofen-Pizza, Pasta, Barbecue – und von allem reichlich. Hinterher in die gute Cocktailbar (tgl. 18–24 Uhr).

Auf Tour

Andermatt – Fiesch (61 km)

Start zur landschaftlich eindrucksvollsten Bergetappe der Grand Tour of Switzerland – der TOP TIPP **Route über den Furkapass** ins Obergoms! Über den baumlosen,

Während die Furka-Dampfbahn gleich im Tunnel verschwindet, fahren Autos über den Furkapass hinweg – bei diesem Wetter sicher die bessere Alternative

auf beiden Seiten von freien Berghängen eingefassten Boden des Urserentals geht es neben den Gleisen des berühmten ›*Glacier Express*‹, der Zermatt mit St. Moritz verbindet, zunächst nach **Realp** (1538 m). Gleich hinter dem sehr alpinen Golfplatz (www.golf-gotthard.ch) leitet die schmale Straße in mehreren Kehren über den Steilaufschwung zum alten Hotel Galenstock (1995 m). Dann geht es durch den Weiler Tiefenbach (2106 m) und hoch über dem Tal in einer lang gezogenen Querung zum **Furkapass** (2429 m), der Grenze zwischen den Kantonen Uri und Wallis. Der Blick hinunter nach Gletsch und zu den Kehren der Grimselstraße ist fantastisch. Am Horizont sieht man das **Matterhorn!** Den 1982 eröffneten, gut 15 km langen **Furka-Basistunnel** (›Autoverlad Furka‹, Bahnhof Realp, Tel. 027 927 76 76, ab Realp tgl. 6.05–19.05/21.05/22.05 Uhr, alle 30–60 Min., www.matterhorngotthardbahn.ch) zwischen Realp und Oberwald nimmt man wirklich nur bei üblem Wetter – oder im Winter.

Nun geht es hinab ins **Obergoms;** der Name **Goms** bezeichnet den obersten Teil des Wallis vom Rhone-Ursprung bis ca. 10 km vor Brig. Erster Zwischenstopp bei der Abfahrt: das in die Jahre gekommene **Hotel Belvedere** (2271 m). Zu Fuß erreicht man vom Parkplatz in der Kehre in weni-

gen Minuten die nahe Zunge des Rhonegletschers mit der künstlichen **Gletschergrotte** (Juni–Okt. 8–18, Hochsommer bis 19.30 Uhr). Schwer vorstellbar: Noch vor 150 Jahren floss der Gletscher über die Felsabbrüche bis in den Talboden von Gletsch hinab. Einige Kehren weiter trifft man wieder auf die Gleise des ›*Glacier Express*‹. **Gletsch** (1759 m) ist eigentlich kein Dorf, sondern ›nur‹ ein Hotel – aber was für eins: Das **Grand Hotel Glacier du Rhône** ist ein Stück Tourismusgeschichte. Aus dem 1830 eröffneten Gasthaus entstand neben der Pferdewechselstation des Kutschenverkehrs bis etwa 1870 ein prächtiger Belle-Époque-Palast, in dem man heute mit historischem Komfort nächtigen kann. Toll zum Beine-Vertreten ist der 30-minütige Rundgang auf dem **Naturlehrpfad** über die vom Gletschereis freigegebene Ebene vor dem Hotel.

Hinter Gletsch führt die Straße neben den Bahngleisen durch einen sehr engen Einschnitt und dann in Kehren auf den breiten Talboden bei **Oberwald** (1368 m), wo die typischen Walserhäuser mit ihren dunklen Holzfassaden ins Auge fallen. Auf der tollen Fahrt durch das weite, grüne Tal reiht sich ein schönes Dorf ans andere. Vor allem **Ulrichen** (1346 m), wo von Osten die Straße zum Nufenenpass einmündet, zeigt ein fantastisches Ortsbild, auch wenn einige Holzhäuser renovierungsbedürftig sind oder leer bzw. zum Verkauf stehen. Über Münster und Gluringen geht es am Ende etwas steiler hinab in den großen Ort **Fiesch** (1049 m).

i Praktische Hinweise

Information

Obergoms Tourismus AG, Furkastr. 53, 3985 Münster, Tel. 027 974 68 68, www.obergoms.ch

Hotels

**** **Hotel Hubertus,** 3988 Obergesteln, Tel. 027 973 28 28, www.hotel-hubertus.ch. Ein großes Landhaus für Aktive jeglicher Couleur. Der Golfplatz liegt direkt am Haus. Zwei Restaurants bieten regionale, saisonale Küche.

*** **Hotel Restaurant Landhaus,** 3985 Münster, Tel. 027 973 22 73, www.landhaus-obergoms.ch. Für ein ›Landhaus‹ eher groß, für ein Hotel gerade noch klein. Gemütlich, in schöner Lage. Im Restaurant Wildspezialitäten und eine große Auswahl an Walliser Weinen.

Wallis

Blick vom Stellisee
oberhalb von Zermatt
auf das Matterhorn

Wallis – eisige Hörner, kämpfende Kühe, steiler Wein

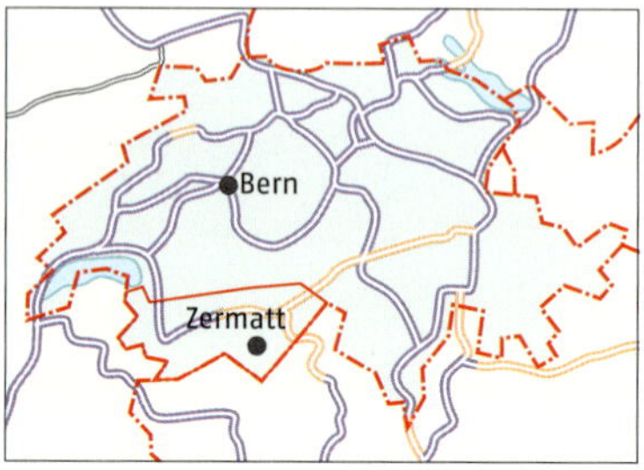

Der Berg ruft – und alle Welt kommt nach Zermatt, um ihn zu sehen. Das Matterhorn (4478 m) ist zwar nicht der höchste Berg der Schweiz, aber der berühmteste. Dafür ist der 23 km lange Aletschgletscher im Oberwallis der längste Gletscher in den Alpen. Zwischen Furkapass und Genfersee befinden sich im drittgrößten Schweizer Kanton aber nicht nur Riesen aus Fels und Eis, sondern auch sonnige Weinberge und schöne Bergdörfer wie Grimentz. Und entlang der Rhone pflegen Städte wie Brig, Sion und Martigny mit ihren Baudenkmälern und Kulturschätzen das uralte historische Erbe.

18 Schweizer Alpen Jungfrau-Aletsch

23 km! Keiner toppt die Schweiz beim großen Gletschermessen.

Auch er schmilzt kräftig, doch immer noch ist der **Aletschgletscher** der längste Gletscher in den Alpen, und er wird es wohl auch bis zuletzt bleiben. Knapp 23 km misst er heute, 1980 war es noch 1 km mehr. Außerdem ist die Eisoberfläche stark eingesackt, die freigeschmolzenen Moränenhänge verraten es. Doch noch immer ist der Blick auf den Eisstrom von einem der vielen **leicht erreichbaren Aussichtspunkte** einzigartig. Doch was die UNESCO im Jahr 2001 zum Weltnaturerbe erklärte, ist nicht nur der Gletscher, sondern der ganze zentrale Bereich der Berner Alpen zwischen der **Jungfrau** (4158 m) im Norden und der spektakulären Pyramide des **Bietschhorns** (3934 m) über den sonnigen, trockenen Südhängen des Wallis: eine Urlandschaft mit Drei- und Viertausendern, mit Felsen und Schuttfeldern und immer noch sehr viel Eis. Die drei Walliser Orte in der **Ferienregion ›Aletsch Arena‹** – Fiesch, Betten-Bettmeralp und Riederalp – sind durch viele Bergbahnen und Wanderwege bestens miteinander verknüpft und bieten den bequemsten Zugang zum großen Gletscherkino.

Das große Dorf **Fiesch** (1049 m) hat sich rund um den alten Dorfteil zu einer großen Feriendestination mit den unterschiedlichsten Sport- und Freizeiteinrichtungen entwickelt.

TOP TIPP Beliebtestes Ausflugsziel ist das **Eggishorn** (2927 m), das man mit der Luftseilbahn (Tel. 027 971 27 00, www.eggishorn.ch, Anfang Juni–Mitte Okt. ab 8.10 Uhr alle 30 Min., letzte Auffahrt ab Fiescher-

Das Panorama des längsten Alpengletschers verfolgt Wanderer noch lange nach ihrer Rückkehr zur Riederalp

alp 16.25/16.55 Uhr) vom nördlichen Ortsrand aus über die Fiescheralp erreicht. Vom Gipfel überblickt man den Aletschgletscher in seiner gesamten Länge. Unten im Tal lohnt noch der Abstecher nach **Ernen** (Welcome Center, Tel. 027 971 15 62, www.ernen.ch). Es gilt als eines der schönsten Walliser Dörfer, liegt etwas abseits der großen Touristenströme, ist jedoch als ›Musikdorf‹ ein weithin bekannter Kunst- und Kulturmagnet.

Von **Betten** (826 m) fährt die Seilbahn hinauf zum autofreien Ferienort **Bettmeralp**, der sich mit seinen vielen Chalets auf einer sonnigen Hangterrasse in knapp 2000 m Höhe ausbreitet – Panoramablick auf die großen Viertausender der Walliser Alpen samt Matterhorn inklusive. 15 Min. dauert der Spaziergang durch den Ort zur Talstation der Gondelbahn (Tel. 027 928 41 41, www.bettmeralpbahnen.ch, tgl. 8.15–16.45 Uhr, Mai/Nov. geschl.) zum **Bettmerhorn,** wo neben der Bergstation (2647 m) eine multimediale Ausstellung besichtigt werden kann (während des Seilbahnbetriebs tgl. 9.15–16 Uhr). Ungleich eindrucksvoller ist allerdings die Natur selbst – zu sehen von einem fantastischen Aussichtspunkt hinter der Bergstation.

Riederalp liegt westlich von Bettmeralp auf ca. 1900 m Höhe in einem regelrechten Landschaftspark mit dem höchstgelegenen 9-Loch-Golfplatz Europas. Hinauf kommt man ganztägig ohne große Wartezeiten mit zwei von **Mörel** (759 m) aus startenden Seilbahnen (Aletsch Riederalp Bahnen, Tel. 027 928 41 41, www.aletscharena.ch). In der historischen **Villa Cassel** ist das Pro-Natura-Zentrum Aletsch (Tel. 027 928 62 20, www.pronatura-aletsch.ch, Mitte Juni–Mitte Okt. tgl. 9–18 Uhr) untergebracht. Davor wachsen im Alpengarten rund 300 Pflanzenarten aus der Aletsch-Region. Highlight ist die Wanderung über die Riederfurka (2065 m) zum **Aletschwald,** wo man bis zu 900 Jahre alte Lärchen und Arven bewundern kann – die ältesten Bäume der Schweiz. Wer Zeit hat, nimmt am besten den Weg hinüber nach Belalp unter die Sohlen: Er führt über eine 124 m lange Hängebrücke, die die 50 m tiefe Massaschlucht vor dem Gletschertor des Aletschgletschers überspannt. Die Tour beansprucht aber rund 4,5 Std.

TOP TIPP

Praktische Hinweise

Information

UNESCO-Welterbe Schweizer Alpen Jungfrau-Aletsch, Kehrstr. 12, Klingele Haus, 3904 Naters, Tel. 027 924 52 76, www.mySwissalps.ch

Aletsch Arena/Eggishorn Tourismus, Furkastr. 44, 3984 Fiesch, Tel. 027 970 60 70, www.fiesch.ch

Aletsch Arena/Bettmeralp Tourismus, 3992 Bettmeralp, Tel. 027 928 60 60, www.bettmeralp.ch

Aletsch Arena/Riederalp Tourismus, 3987 Riederalp, Tel. 027 928 60 50, www.riederalp.ch

Hotels

****s **Hotel Royal, 3987 Riederalp,** Tel. 084 444 44 88, www.artfurrer.ch. Viel Holz in der Hütte: Hier wird großer Wert auf natürliche Baumaterialien aus der Umgebung gelegt. Und gefrühstückt wird im Panoramarestaurant – mit Blick aufs Matterhorn.

**** **Wellnesshotel Salina Maris,** Breiten 1, 3983 Breiten ob Mörel, Tel. 027 928 42 42, www.salina.maris.ch.

Hübsche Architektur in überwältigender Natur: In der Villa Cassel auf der Riederalp residiert das Pro-Natura-Zentrum Aletsch

Altes Holz und frische Blumen – ein zeitloses Rezept für die Gestaltung der schönen Walliser Bauernhäuser wie hier in Fiesch

Hotel des Soleheilbades Breiten/Mörel unterhalb der Riederalp mit komfortablen Zimmern, Sauna, Dampfbad und jeder Menge Gesundheitsanwendungen. Im 33° warmem Salzwasser des Solebads dürfen sich übrigens auch Nicht-Hotelgäste entspannen (Tel. 027 928 42 00, Mo–Fr 8–12 und 15–21, Sa 8–12 und 15–19, So 15–19 Uhr).

*** **Hotel Restaurant des alpes,** Furkastr. 33, 3984 Fiesch, Tel. 027 971 15 06, www.alpenerlebnis.ch. Skifahren im Winter, Wandern im Sommer. Modernes Haus für Sportbegeisterte, nahe der Seilbahn auf das Eggishorn. Interessant: Im Restaurant waltet ein Biersommelier.

Restaurants

Berghaus Toni, Riederhornweg 9, 3987 Riederalp, Tel. 027 927 16 56, www.berghaus-toni.com. Regionalität großgeschrieben: Auf den Tisch kommt nur, was Lieferanten und Produzenten in einem Umkreis von 15 km heranschaffen. Toller Bergblick und ein gutes Preis-Leistungs-Verhältnis (tgl. 12–14.30 und 18–21.30 Uhr).

Bettmerhorn Mountain Restaurant, 3992 Bettmeralp, Tel. 027 928 41 91, www.aletscharena.ch. Beim Essen fernsehen? Hier ist das Pflicht: Aus dem Rundrestaurant sieht man auf viele Viertausender, darunter natürlich auch aufs Matterhorn. Auf den Teller geguckt – auch nicht schlecht! Typisch ist die *Cholera,* ein Gemüsekuchen mit Lauch, Kartoffeln, Käse und Äpfeln (Juni–Sept. tgl. 8.30–16.30 Uhr).

Walliser Kanne, Bahnhofstr. 9, 3984 Fiesch, Tel. 027 971 31 31, www.vskanne.ch. Echte Walliser Spezialitäten und solche, die wohlschmeckend abgewandelt werden. Interessante (Saison-)Biere und typische Weine (Mo/Di, Do/Fr 15–22, Sa/So 11–22 Uhr).

➔ Auf Tour

Fiesch – Brig – Visp (26 km)

Nach der schönen Kulturlandschaft des Goms mit ihren Wiesen und Hecken wirkt die Einfahrt nach **Brig** (678 m) zunächst ernüchternd.

Brig und Visp

Doch hinter dem großen Güterterminal der Bahn vor Brig liegt eine hübsche Altstadt mit schönen Patrizierhäusern und v.a. mit der eindrucksvollen Skyline des barocken **Stockalperschlosses** (Alte Simplonstr. 28, Tel. 027 921 60 30, www.brig-glis.ch/stockalperschloss.php, Führungen Mai–Okt. Di–So 9.30, 10.30, 13.30, 14.30, 15.30, Juni–Sept. auch 16.30 Uhr). Bauherr des 1651–71 errichteten Schlosses war Kaspar von Stockalper, der ›Fugger der Alpen‹, der im 17. Jh. mit so ziemlich allem handelte, was ihm in die Finger kam, darunter Salz, Seide und Söldner. Er ließ den Saumweg über den Simplonpass ausbauen, der die Geschichte von Brig über Jahrhunderte prägte. Über dem vierstöckigen Hauptgebäude mit dem schönen Arkadenhof ragen drei mächtige, mit vergoldeten Zwiebelhauben geschmückte Vierecktürme auf – Kaspar, Melchior und Balthasar benannt. Heute sind hier das Briger Rathaus sowie die sehenswerte Ausstellung **›Passage Simplon‹** untergebracht. Handel getrieben wird in der 11 500-Einwohner-Stadt natürlich heute noch, in der lebendigen Bahnhofstrasse und jeden Samstagmorgen beim **Bauernmarkt** im Zentrum. 6 km westlich von Brig, in **Brigerbad,** eröffnete im Januar 2015 das rundum erneuerte **Thermalbad Brigerbad** (Thermalbad 1, Tel. 027 948 48 48, www.thermalbad-wallis.ch, tgl. 9–21/

Schon die Römer plantschten im gesunden Walliser Wasser – natürlich noch nicht in den schicken neuen Becken des runderneuerten Thermalbads Brigerbad

Weinernte auf 1150 m Höhe? So etwas gibt es in Europa nur in den Rebbergen von Visperterminen über dem Rhonetal

22 Uhr). Am Fuß des Lötschbergs, zwischen der Rhone und der Bahntrasse, kann man sich indoor und outdoor in den größten Thermalwasserbecken der Schweiz vergnügen. Weiter im Angebot: eine Grotte mit Spa-Bereich, ein Flussbad, das Olympiabad mit vier 50-m-Schwimmbahnen sowie die längste Thermal-Wasserrutschbahn (182 m) Europas.

Viel Gewerbe und viel Verkehr prägen das Tal zwischen Brig und dem benachbarten **Visp** (651 m), das zusammen mit 24 Bergdörfern in der Umgebung die Ferienregion ›Rund um Visp‹ bildet. Als das Industriezentrum im Oberwallis ist Visp mit seinen 7400 Einwohnern nicht nur malerisch: Das Chemiewerk der Lonza-Gruppe nördlich der Bahnstrecke ist so groß wie die eigentliche Stadt. Den hübschen Ortskern erlebt man am schönsten freitags ab 16 Uhr: Dann steigt auf dem Kaufplatz der **›Visper Pürumärt‹**, auf dem die Bauern aus der Region ihre Spezialitäten anbieten. Kultureller Mittelpunkt ist das Drei-Sparten-Theater **La Poste** (La Poste Platz 4, Tel. 027 948 33 11, www.lapostevisp.ch) mit seiner avantgardistischen Fassade aus Quarzitplatten. Ein kurvenreicher Abstecher führt hinauf zum höchstgelegenen Weinberg Europas auf 1150 m im Bergdorf **Visperterminen**. Der Heida-Weißwein, der hier aus einer Traminertraube gekeltert wird, ist eine ganz besondere Spezialität.

Praktische Hinweise

Information

Brig Simplon Tourismus, Bahnhofstr. 2, 3900 Brig, Tel. 027 921 60 30, www.brig-simplon.ch

Tourist Info Visp, Balfrinstr. 3, 3930 Visp, Tel. 027 946 18 18, www.vispinfo.ch

Hotels

****** Hotel Ambassador,** Saflischstr. 3, 3900 Brig, Tel. 027 922 99 00, www.ambassador-brig.ch. Ein schönes altes Haus mit modern eingerichteten Zimmern und der mit geschnitztem Holz vertäfelten Jägerstube. Zu essen gibt es neben Walliser Spezialitäten französische Klassiker.

***** Hotel-Restaurant Bürchnerhof,** Ronalpstrasse, 3935 Bürchen, Tel. 027 934 24 34, www.buerchnerhof.ch. Gute Sicht auf das Wallis – beinahe 900 m über dem Tal der Rhone westlich von Visp. Sehr gute Küche mit Schwerpunkt auf saisonalen und regionalen Spezialitäten und insbesondere auf Fisch.

Restaurant

Schlosskeller, Alte Simplonstr. 26, 3900 Brig, Tel. 027 923 33 52, www.schlosskeller-brig.ch. Auf dem Areal des Stockalperschlosses, mit historischen Bildern und frischen Gerichten (z. B. Fisch). Besonders auch mittags zu empfehlen (Di–Fr 9–24, Sa 11–24 Uhr, Mo auf Anfrage).

19 Matterhorn

Nur gucken, nicht anfassen: Rendezvous mit dem Berg der Berge.

2015 wird in Zermatt am Fuß des vielleicht schönsten, sicher aber berühmtesten Berges der Alpen gefeiert. Vor 150 Jahren, genau: am 14. Juli 1865, standen die ersten Menschen auf dem Gipfel des **Matterhorns** (4478 m): der englische Bergsteiger Edward Whymper zusammen mit drei Landsleuten sowie zwei einheimische Bergführer und einer aus dem französischen Chamonix. Zurück ins Tal kamen freilich nur Whymper und die beiden Zermatter Bergführer Peter Taugwalder, Vater und Sohn. Die anderen vier stürzten über die schauerliche Nordwand ab, als das Seil zwischen den beiden Gruppen riss. Wer das ganze Drama sehen will, kann sich **Luis Trenkers Filmklassiker ›Der Berg ruft‹** anschauen, der 1937/38 ›on location‹ in Zermatt gedreht wurde. Oder er besucht das **Matterhorn Museum – Zermatlantis** (Kirchplatz, Tel. 027 967 41 00, www.zermatt.ch/museum, Mitte April–Juni tgl. 14–18, Juli–Sept.

Das »Bergdorf« Zermatt hat sich gemacht. Vom Hotel The Omnia blickt man auf historische Herbergen und sehr viele neue Chalets

tgl. 11–18, Okt. tgl. 15–18 Uhr). Hier sind nicht nur Ausrüstungsgegenstände der Erstbesteigung (und das gerissene Seil!) zu sehen, sondern auch historische Dokumente und Interieurs, die das Leben zur damaligen Zeit veranschaulichen. Ausschnitte aus Trenkers Kultfilm werden natürlich auch gezeigt.

Doch erst einmal muss man hinkommen: Von Visp führt die Straße 31 km weit durch das Vispertal, beiderseits von himmelhohen und ungemein steilen Bergflanken begleitet, über Stalden (hier Abzweig ins Saastal nach Saas Fee), St. Niklaus und Randa zum **Matterhorn Terminal Täsch** 5 km vor Zermatt. Hier muss man das Auto im Parkhaus (2100 Plätze) oder auf einem von mehr als 1000 privaten Parkplätzen im Freien abstellen. Weiter nach Zermatt geht es nur mit der Bahn (Tel. 027 967 12 14, www.matterhornterminal.ch, Abfahrt ab 5.55 Uhr alle 20 Min., Fahrtzeit 12 Min.) oder per Taxi-Service.

Zermatt (1620 m) ist zwar schon seit 1931 autofrei und kokettiert immer noch mit dem Begriff ›Dorf‹, hat sich aber längst zu einer pulsierenden

Tourismusstadt mit 5700 Einwohner- und fast 30 000 Gästebetten entwickelt. Eine lebhafte, internationale Atmosphäre prägt den Alltag zwischen 500 Jahre alten Holzhäusern, historischen Hotelpalästen, modernen Luxuslodges und ausufernden Chaletsiedlungen, in Geschäften, Restaurants, Cafés, Bars und auf den Straßen. Hauptsaison ist unbestritten der Winter: Zermatt hat eines der größten Skigebiete der Alpen – mit nicht weniger als **360 km Pisten** auf schweizerischem und angrenzendem italienischen Boden.

Zu jeder Jahreszeit erschließt die TOP TIPP 1898 eröffnete Zahnradbahn zum **Gornergrat** (3089 m, Tel. 084 864 24 42, www.gornergratbahn.ch, tgl. 7–18.24 Uhr, Sommer- und Winterhochsaison länger) das wahrscheinlich spektakulärste Gletscherpanorama der Schweiz. Noch höher – bis auf 3883 m, dem höchsten per Seilbahn erreichbaren Ort Europas – kommt man dafür mit der Seilbahn **Matterhorn Glacier Paradise** (Tel. 027 966 01 01, www.matterhornparadise.ch, Auffahrt tgl. ab 8.30, Juli/Aug. ab 6.30 Uhr). Mit Bergführern kann man von dort oben aufs nahe **Breithorn** (4164 m) stapfen. Die Matterhornbesteigung am Seil eines Bergführers selbst verlangt wirklich eine ausgezeichnete Kondition, Kletterkönnen, beste Akklimatisierung – und alles in allem ein stolzes Budget von mindestens 1600 CHF (Infos: Alpin Center Zermatt, Bahnhofstr. 58, Tel. 027 966 24 60, www.alpincenter-zermatt.ch).

Praktische Hinweise

Information

Zermatt Tourismus, Bahnhofplatz 5, 3920 Zermatt, Tel. 027 966 81 00, www.zermatt.ch

Vor dem Matterhorn entgleisen nur die Gesichtszüge: Die Fahrt zum Gornergrat garantiert eines der begeisterndsten Reiseerlebnisse in der Schweiz

Hotels

***** **Cervo Mountain Boutique Resort,** Riedweg 156, 3920 Zermatt, Tel. 027 968 12 12, www.cervo.ch. Es ist ein ganzes Resort, ein eigenes Dorf am Waldrand mit sechs Chalets samt Privat-Spa und Restaurant. Modern und sehr individuell eingerichtete Zimmer und Suiten, sehr exquisite Küche.

TOP TIPP ***** **The Omnia,** Auf dem Fels, 3920 Zermatt, Tel. 027 966 71 71, www.the-omnia.ch. Eindrucksvoller Neubau in beeindruckender Lage am oberen Ortsrand von Zermatt mit nur 18 Zimmern und 12 Suiten. Hier ist alles auf Design gebürstet. Wohnen, Essen, Wellness vom Feinsten.

**** **La Ginabelle,** Vispastr. 52, 3920 Zermatt, Tel. 027 966 50 00, www.la.ginabelle.ch. Familienfreundliches Haus am Eingang von Zermatt. Besonders stolz ist man hier auf die Beauty- und Vitalwelt mit chlorfreiem Wasser im Innen- und Außenbad, Kräuterbad, finnischer Sauna, Soledampfbad sowie diversen Beautybehandlungen.

**** **Parkhotel Beau Site,** Brunnmattgasse 9, 3920 Zermatt, Tel. 027 966 68 68, www.parkhotel-beausite.ch. Beste Sicht auf den Berg der Berge, sogar vom Pool der Wellnesslandschaft, und jede Menge Komfort in klassisch-modern eingerichteten Zimmern und der ›Matterhorn Beau Site Turm Suite‹ mit Salon unter der Dachkuppel.

Restaurants

Bubble Bar & Restaurant, Kirchstr. 38, 3920 Zermatt, Tel. 078 798 75 58, zermattbubble.com. Fast schon eine Legende sind die Burger, auch ein guter Veggieburger ist dabei, zudem gibt es Salate und indische Kormas. Junges, originelles Ambiente (tgl. 16–22 Uhr).

Viertausender-Parade (ohne Matterhorn) über dem Grünsee

Der 5-Seen-Weg

Zermatt ist eine Fußgängerzone, also geht man zu Fuß. Der 5-Seen-Weg ist unter allen Wanderungen über Zermatt sicher eine der schönsten und beliebtesten. Von der Bergstation **Blauherd** (2571 m) geht es hinab zum **Stellisee** und weiter zum **Grindjisee**; in beiden spiegelt sich das Matterhorn. Als nächster ist der **Grünsee** an der Reihe, von dem man zum **Mosjesee** hinabsteigt. Ein leichter Gegenanstieg führt zum **Leisee** und zur nahen Bergstation des Sunnega Express, mit dem es zurück nach Zermatt geht. Für die 9,3 km lange Strecke muss man 2,5 Std. Gehzeit einplanen. Schwimmsachen nicht vergessen: In Grünsee und Leisee kann man baden!

Chez Vrony, Findeln, 3920 Zermatt, Tel. 027 967 25 52, www.chezvrony.ch. Vielleicht die schönste Skihütte der Schweiz, auf 2100 m. Kult, nicht nur wegen des fantastischen Matterhorn-Blicks. Die Küche ist ausgezeichnet. Anreise nach Findeln: mit der Metro nach Sunnega und zu Fuß bergab (Mitte Juni–Mitte Okt. tgl. 9.15–18 Uhr).

Spycher, Steinmattweg 7, 3920 Zermatt, Tel. 027 967 20 41, www.aristella-zermatt.ch/de/restaurant-spycher. Im Restaurant des Aristella Swissflair Hotels werden Fleischliebhaber glücklich: Lammfleisch, Châteaubriand, Tournedos ... (während der Saison tgl. ab 17 Uhr).

Auf Tour

Visp – Sierre/Siders (30 km)

Von Visp fährt man auf der Kantonsstraße nach Westen. Schon nach 7 km lohnt sich der kurze Abstecher über die Brücke ins ›Rilkedorf‹ **Raron** (637 m), wo der Dichter Rainer Maria Rilke (1875–1926) an einem malerischen Ort begraben liegt: an der 1514 geweihten **Burgkirche** über dem Ort. In dieser Gegend hatte der Lyriker seine letzten Lebensjahre verbracht. Eine Etage tiefer liegt die moderne **Michaelskirche**, mit ihren 500 Sitzplätzen die größte Kirche Europas, die sich gänzlich im Inneren eines Felsen befindet. Etwas außerhalb des Ortes finden in der Goler-Arena (Kantonsstr./Goler, Tel. 027 934 31 00, www.raron-niedergesteln.ch) drei- bis viermal im Jahr die berühmten **Kuhkämpfe** statt. Die dafür gezüchteten schwarzen Eringerkühe leben dabei ihr natürliches Aggressionspotenzial aus.

Auf der Fahrt über Turtmann nach Leuk eröffnen sich faszinierende Blicke auf die kargen Südhänge zur Rechten: Unmittelbar über den modernen Wohn- und Gewerbearealen auf dem Talboden beginnt eine archaische, grün-graue Landschaft, durchsetzt mit Felsplatten, Büschen und Sträuchern, besiedelt mit alten Dörfern – ein starker Kontrast.

Salgesch und Sierre

Bei **Susten** fährt man im großen Kreisverkehr nach rechts über die Rhone, an **Leuk** vorbei nach **Varen** (760 m). Diese Nebenstrecke verläuft bis zu 200 m über dem Talboden, sie bietet eine ausgezeichnete Sicht über den **Pfynwald,** den größten Föhrenwald Europas, und die in ihrem breiten Kiesbett mäandernde Rhone. Dann tauchen die ersten Rebstöcke neben der Straße auf und bald darauf das Weindorf **Salgesch** (581 m), das zusammen mit dem nahen **Sierre/Siders** (533 m) und anderen umliegenden Gemeinden eine der wichtigsten **Weinbauregionen** der Schweiz bildet. Der weiße Fendant aus der Chasselas-Traube und der rote Dôle aus der Rebsorte Pinot noir sind die bekanntesten Tropfen. Doch es gibt noch viele andere, wie man auf dem **Rebenweg** lernt. Dieser verbindet die zwei Standorte des **Walliser Reb- und Weinmuseums** (Tel. 027 456 35 25 oder 027 456 45 25, www.walliserweinmuseum.ch, Di–So 14–17 Uhr): das Zumofen-Haus im Dorfzentrum von Salgesch und das Château de Villa in Sierre (s. S. 120, ›Restaurant‹). Der erste Abschnitt, von Salgesch aus, ist der schönere. Die Strecke ist 6 km lang (Gehzeit 2 Std.) und sehr sonnig – nicht bei Hitze gehen. Zurück nach Salgesch kommt man mit der Bahn ab Sierre (eine Station, häufige Kurse).

So sieht das Essen der Economy Class in vielen Schweizer Restaurants aus: Rösti sind preiswert, sie schmecken sehr gut, und sie machen satt

Der Röstigraben

Der Mythos hat zwar einen Namen, er nimmt aber viele Formen an. Im Wallis hat er die Gestalt eines kleinen Tälchens mit hübschen Erdpyramiden auf der einen und dichtem Buschwerk auf der anderen Seite. Mittendrin fließt der Bach **Raspille**. Zu Fuß ist man auf dem ›Rebweg‹ zwischen dem Weindorf **Salgesch** und der Stadt **Sierre** in wenigen Minuten auf der anderen Seite. In Salgesch spricht man, nun, so etwas wie Deutsch. (Tatsächlich ist **Walliserdeutsch** auch vielen Deutschschweizern kaum verständlich.) Wer drüben im bekannten Château Villa in Sierre seinen Wein bestellen möchte, kann dies auf Deutsch versuchen. Oder auf Englisch. Beides ist vergeblich, denn man spricht hier: »Français!«

Was ist passiert? Man hat den Röstigraben durchquert. Viele Schweiz-Touristen kennen **Rösti** allein schon deshalb, weil sie in Restaurants oft die preiswertesten Gerichte sind. Rösti bestehen aus geriebenen Kartoffeln – gekochten oder rohen, das ist eine Sache der Weltanschauung –, die in Butter oder Fett zu flachen Fladen ausgebacken werden. Auch frankofone Westschweizer essen sie, dennoch gilt das Gericht als deutsch – »Rööschti« eben. 65,6 % der Schweizer sprechen deutsch, 22,8 % – im Westen des Landes in den vier Kantonen Genf, Waadt, Neuenburg und Jura – sprechen französisch. Der Röstigraben zieht sich als mehr oder weniger erkennbare Linie durch die drei zweisprachigen Kantone Bern, Freiburg und Wallis. Dass er das unterschiedliche Stimmverhalten bei Volksabstimmungen markiert, trifft aber heute kaum noch zu.

Tatsächlich verläuft dieser **politische Graben** wie in anderen Ländern auch eher zwischen urbanen und ländlichen Gebieten.

Sierre (dt. Siders) ist die erste ›französische‹ Stadt im Wallis. Von Rebbergen umgeben, liegt sie jenseits der Sprachgrenze auf »hundert Hügeln«, wie die Römer schrieben (tatsächlich sind es sechs Hügel). Viele kleine Schlösser und Burgen verteilen sich auf dem Stadtgebiet, das langsam aus mehreren Weilern zusammengewachsen ist und um dessen Zentrum mit der malerischen **Rue du Bourg** und dem stattlichen Rathaus herum viel schöne Architektur zu entdecken ist.

Praktische Hinweise

Information

Office du Tourisme de Sierre, Salgesch et Environs, Place de la Gare 10, 3960 Sierre, Tel. 027 455 85 35, www.sierretourisme.ch

Hotel

Hotel Arkanum, 3970 Salgesch, Tel. 027 451 21 00, www.hotelarkanum.ch. Sympathisches Hotel in der Mitte von Salgesch. Wer das ›Fasszimmer‹ bucht, schläft tatsächlich in einem Weinfass. Bodenständige Walliser Küche und schöne Weine im Restaurant.

Restaurant

Château de Villa, Rue de Ste-Catherine 4, 3960 Sierre, Tel. 027 455 18 96, www.chateaudevilla.ch. Weithin bekannt, auch über die Kantonsgrenzen hinaus, als erste Anlaufstelle für alle Weinliebhaber: Über 640 ausgewählte Grand Crus von mehr als 102 Weinbauern stehen in der Vinothek des Château de Villa zum Probieren und Kaufen bereit. Klassiker ist die Degustation von Raclette-Käsen aus fünf verschiedenen Regionen (Restaurant tgl. 10.30–23 Uhr; Vinothek Mo–Fr 10.30–13 und 16.30–20.30, Sa/So 10.30–20.30 Uhr).

20 Bergdorf Grimentz

Die schönste Verbindung von schwarzem Holz und roten Geranien.

Im Süden von Sierre öffnet sich das **Val d'Anniviers**. Es ist eines der ganz großen, ganz spektakulären Seitentäler im Wallis. Sehr (!) viele Kurven sind zu bewältigen, ehe man das Bergdorf **Grimentz** (1564 m) erreicht, gut 1000 m über Sierre und ein gutes Stück oberhalb des Tals, das über Jahrhunderte hinweg von der Berglandwirtschaft geprägt worden ist.

Geranien, Gletscherwein, Grimentz– hoch über dem Val d'Anniviers bietet das schöne Bergdorf einen wahren Augen- und Gaumenschmaus

Hoch über den alten Bauernhäusern stehen auf steilen Hängen die Heuspeicher und Mühlen.

Knapp 500 Einwohner leben in Grimentz, einem Bilderbuchensemble von alten, sonnenverbrannten Holzhäusern und Getreidespeichern. Vor den Fenstern setzen unzählige rote Geranien ebenso fotogene wie duftende Kontraste: Wer auf dem **Geranienweg** durch den Ort bummelt, kann 30 verschiedene Sorten entdecken. Im Zentrum steht das 1550 erbaute **Burgerhaus,** das in seinem Keller einen wahren Schatz birgt: alte Lärchenfässer, gefüllt mit kräftigem **Gletscherwein** – eine Erfindung der hiesigen Bauern. Sie leerten die Fässer nie ganz, sondern gaben jedes Jahr den neuen Wein zum alten dazu. Das ergab ganz eigene ›Cuvées‹, z.B. wenn ein 1934er in das Fass von 1888 gefüllt wurde. Nonplusultra ist der Tropfen, der im Fass ›Tonneau de l'Evêque‹ in der **Cave de la Bourgeoisie de Grimentz** gelagert und nur zu ganz besonderen Anlässen kredenzt wird: Er stammt aus dem Jahr 1886. Erstaunlicherweise gibt es Gletscherwein nicht zu kaufen, son-

dern nur zu probieren – und zwar gratis: von Mitte Juni bis Mitte Oktober jeden Montag um 17 Uhr, Treffpunkt vor dem Tourismusbüro.
Von Grimentz aus kann man weitere 8 km hinauffahren zur 148 m hohen Staumauer der **Barrage de Moiry.** Sie wurde 1958 erbaut. Noch eindrucksvoller ist jedoch die 9 km weite Fahrt in den Talschluss nach **Zinal** (1675 m) mit seiner großen Gletscherkulisse: Die atemberaubende ›Große Krone‹ der Viertausender Weisshorn, Zinalrothorn, Obergabelhorn und Dent Blanche toppt sogar die Skyline von Zermatt – bietet allerdings kein Matterhorn.

Praktische Hinweise

Information

Grimentz/St-Jean Tourisme,
3961 Grimentz, Tel. 027 476 17 00,
www.grimentz.ch

Auf Tour

Sierre – Martigny – St-Maurice (60 km)

In Sierre könnte man auf die Autobahn fahren, schöner ist es, die kurze Strecke nach Sion auf der Kantonsstraße zurückzulegen. Sie verläuft unmittelbar am Fuß der sonnigen Bergflanken, die wegen des trockenen Klimas im Wallis über Jahrhunderte hinweg durch ein ausgeklügeltes System von *Bewässerungskanälen* – ›Suonen‹ genannt (fr. Bisses) – fruchtbar gemacht wurden. Zwei Zwischenstopps bieten sich an: der erste in **Granges** im **Happyland Freizeitpark** (Rue du Foulon, Tel. 027 458 34 25, www.happylandnew.ch, tgl. 11–17, Hochsaison bis 18 Uhr), dem größten Vergnügungspark der Schweiz; der zweite – noch ein Superlativ – beim größten natürlichen unterirdischen See Europas, dem **Lac**

Die einzigartige Skyline der Burgberge von Tourbillon, links, und Valère verleiht Sion seinen Charme – und Stadtbesichtigungen eine sportliche Note

Der farbige historische Bilderbogen in der Basilika von Valère über Sion wird musikalisch untermalt durch die Klänge der mittelalterlichen Orgel

Souterrain de St-Léonard (Tel. 027 203 22 66, www.lac-souterrain.com, Mitte März–1. Nov. tgl. 9–17, Juni–Sept. bis 17.30 Uhr). 6000 m² misst die Wasseroberfläche unter Tage, die man bei einer Bootsfahrt (30 Min.) durch die eindrucksvolle Grotte bestaunen kann.

TOP TIPP Sion, Zentrum des Wallis

Schon die Zufahrt auf **Sion** (524 m), die Hauptstadt des Wallis mit ihren 30 000 Einwohnern, ist spektakulär. Unmittelbar rechts über der Straße steigen Weinbergterrassen von schwindelerregender Steilheit in die Höhe, vorne sieht man auf die großartige Kulisse des **Burgberges** mit seinen beiden Gipfeln. Auf dem rechten, nördlichen Gipfel (658 m) steht die Ruine **Tourbillon** (Mai–Sept. tgl. 10–18, Mitte März–April und Okt.–Mitte Nov. tgl. 11–17 Uhr), die frühere Sommerresidenz des Fürstbischofs aus dem 13. Jh. Hinter den Mauern der im 11.–13. Jh. erbauten Festung auf dem linken Gipfel (611 m) ragt die Basilika von **Valère** (Juni–Sept. tgl. 10–18, Okt.–Mai Di–So 10–17 Uhr) empor. Ihre Orgel stammt aus dem Jahr 1430 und ist eine der ältesten spielbaren Orgeln der Welt. Links am Burgberg vorbei, der an seinen steilen Flanken Rebstöcke trägt, kommt man in die Stadt, deren Ursprünge 7000 Jahre zurückreichen und die noch mehr Sehenswertes bietet, darunter das **Renaissance-Rathaus** mit römischen Inschriften im Treppenvorhaus und der astronomischen Uhr auf dem Turm sowie die gotische **Kathedrale Notre-Dame-du-Glarier** (15. Jh., romanischer Turm aus dem 12. Jh.). Sion pflegt seinen Ruf als Kunst- und Kulturstadt. Neben den vielen Galerien und Museen ver-

Eine Teilzeit-Patenschaft für den kleinsten Weinberg der Welt in Saillon gehört für viele internationale Celebrities zum guten Ton

dient das **Kunstmuseum** (Place de la Majorie 15, Tel. 027 606 46 90, www.museen-wallis.ch, Di–So 11–17, Juni–Sept. 11–18 Uhr) im Gemäuer der Majorie/Vidomnat aus dem 13. Jh. die größte Aufmerksamkeit.

Praktische Hinweise

Information

Office du Tourisme de Sion, Place de la Planta 2, 1950 Sion, Tel. 027 327 77 27, www.siontourisme.ch

Restaurant

La Sitterie, Rue du Rawil 41, 1950 Sion, Tel. 027 203 22 12, www.lasitterie.ch. »Cuisine de montagne et de terroir« heißt das kulinarische Konzept in diesem Kleinod (nur 20 Plätze – unbedingt reservieren!). Sehr feine Küche zwischen Alpen und Mittelmeer (Di–Sa 11–15 und 18–24 Uhr).

Reise-Video Die Burgen über der Altstadt von Sion
QR-Code scannen [s. S. 5] oder dem Link folgen: tinyurl.com/altstadt-sion

Zum Rhone-Knie nach Martigny

Die Ausfahrt aus Sion ist aufregend: Sie illustriert den **Zeitsprung** zwischen der alten und der neuen Geschichte des Wallis in plakativer Form. Rechts sieht man auf einen steilen Weinberg, links auf den internationalen Flughafen. In Conthey fährt man durch ein großes Gewerbegebiet – über dem sich herrliche Weinberge den Hang hinaufziehen. Bei Vétroz wird die Szenerie wieder lieblicher, hinter **Ardon** (490 m) sogar begeisternd: Die Straße (›Route du vin‹) führt hier mitten zwischen den Rebstöcken hinauf nach **Chamoson** (622 m). Die Lage dieses schönen Weinorts in einem idyllischen Talwinkel, überragt von bizarren, 3000 m hohen Felsspitzen ist fantastisch. Die Weiterfahrt hinab zum Nachbarort **Leytron** (501 m) bietet weitere großartige Landschaftspanoramen und schließlich das nächste Bilderbuchmotiv: den TOP TIPP Burg- bzw. Dorfberg von **Saillon** (555 m) mit dem runden, 750 Jahre alten Turm auf dem höchsten Punkt und einem mittelalterlichen Garten darunter. **Vier Stadttore** gewähren Einlass ins Dorf, wo im ›Caveau‹ lokale Weine probiert werden können. Saillon rühmt sich des **kleinsten Weinbergs der Schweiz**: Auf 1,615 m^2 Fläche ist der Vigne à Farinet mit drei Rebstöcken bepflanzt. Er gehört dem Dalai Lama und besitzt prominente Paten wie Claudia Cardinale und Roger Moore oder Zinédine Zidane. Gar nicht mittelalterlich, sondern sehr modern – und schwer beliebt – sind die vier Thermalbäder der **Bains de Saillon** (Route du Centre Thermal 16, Tel. 027 602 11 11, www.bainsdesaillon.ch, tgl. 8–21 Uhr).

Weiter Richtung Martigny führt die Straße sehr schön und schnurgerade am Fuß der Weinberge und durch Obstfelder in den großen Weinort **Fully,** wo man in einer der vielen Önotheken u.a. eine Petite Arvine probieren kann – trocken ausgebaut oder mit edler Süße: eine der größten Walliser Weinspezialitäten.

Kurz hinter Fully folgt man der Wegweisung nach links über die Rhone und die Autobahn hinweg nach **Martigny** (474 m), das in einem eindrucksvollen Talkessel am Rhoneknie liegt: dort, wo der Fluss seinen markanten Knick nach Norden, zum Genfersee hin, macht. Am Kreuzungspunkt dreier wichtiger Passrouten – nach Osten zum Simplon, nach Süden zum Großen Sankt Bernhard und nach Westen zum Col de la Forclaz – hatte die Stadt in ihrer mehr als **2000-jährigen Geschichte** große strategische Bedeutung. Heute leben hier 17 200 Einwohner mit dem architektonischen Erbe der Römerzeit, v.a. dem **Amphitheater** am südlichen Stadtrand in der Rue du Levant. Dicht daneben liegt der Bunker der **Fondation Pierre Gianadda** (Rue du Forum 59, Tel. 027 722 39 78, www.gianadda.ch, tgl. 10–18 Uhr). Sehr schön ist der historische Stadtteil La Bâtiaz im Norden mit seiner Burg (s. Wandertipp auf S. 126). Wer von **La Bâtiaz** auf der Kantonsstraße Richtung Salvan knapp 4 km weit

Unbedingt einen Abstecher wert: der Burg- bzw. Dorfberg von Saillon zwischen Sion und Martigny

Ab in den Weinberg – oberhalb von La Bâtiaz bei Martigny

Der Terrassenweinberg bei Martigny

Von der Holzbrücke bei **La Bâtiaz** am Nordrand von Martigny leitet die Markierung durch den Ort und auf Höhe des alten Schulhauses links auf einer kurvigen Straße hinauf zum **Schloss**. Nun geht es nach Westen hinein in die **Weinbergterrassen**. Der historische Pfad überquert die Straße zum Forclaz und leitet in den Hangweg Richtung La Combe-de-la-Forclaz. Nach etwa 150 m geht es auf dem alten Weinbergpfad hinunter zum schönen Weiler **Plan-Ceresier** (Weinmuseum). Vom Ortsausgang hinab zur Straßenkreuzung Martigny-Croix, rechts am Dorf vorbei, über die Straße und zum Ufer der **Dranse**. Am Fuß des Weinbergs gelangt man an zwei Holzbrücken vorbei sehr schön zwischen Fluss und Felsen zum Ausgangspunkt zurück. Insgesamt 6 km, knapp 2 Std.

hinauffährt erreicht den **Pont de Gueuroz,** die höchste Straßenbrücke der Schweiz. Sie überspannt die schauerliche **Trient-Schlucht** in einer Höhe von 187 m. Der vordere Teil der Schlucht ist auf einem spannenden Steg zugänglich; Parken an der Kantonsstraße am Schluchteingang.

Auf dem Weg von Martigny nach Norden sieht man hinter Vernayaz links neben der Straße die 114 m hohe **Cascade de Pissevache.** Leider wird der ursprünglich sehr eindrucksvolle Wasserfall hauptsächlich zur Energiegewinnung genutzt. Wer aber Glück hat, erlebt hier ein donnerndes Spektakel. Das Rhonetal ist in diesem Bereich enger, alpiner, die Weinberge haben steilen Waldflanken Platz gemacht. Parallel zur Autobahn gelangt man nach **Evionnaz,** wo man sich im **Labyrinthe Aventure** (Route des Iles Vieilles 30, Tel. 027 767 30 90, www.labyrinthe.ch, tgl. 10–18 Uhr) die Beine vertreten kann. Wer den Weg durch die 3 km langen, von rund 18 000 Thujen gesäumten Gänge findet, kommt bei einem Spielplatz mit Riesenrutschbahnen, Trampolin und weiteren Bespaßungen heraus.

i Praktische Hinweise

Information

Office de tourisme, Av. de la Gare 6, 1920 Martigny, Tel. 027 720 49 49, www.martigny.com

Restaurant

TOP TIPP **Café le National,** Rue du Bourg 25, 1920 Martigny, Tel. 027 722 53 90, www.cafenational.ch. Was sich Café nennt, ist tatsächlich ein Lebensmittelgeschäft mit einem bezahlbaren Gourmet-Restaurant (ein Michelin-Stern). Tolle Weinkarte (tgl. 10–24 Uhr).

21 Abtei Saint-Maurice

Nicht alles, was glänzt, ist Gold – im ältesten Kloster des Abendlands aber meistens schon.

1500 Jahre: So lang besteht das Kloster der Augustiner-Chorherren in **Saint-Maurice** (422 m) schon – ohne Unterbrechung. Die Römer nannten den Ort **Agaunum,** er war ein strategisch bedeutender Militärposten am Zugang zum Oberwallis. Bei seiner Verteidigung starb der römische Hauptmann **Mauritius** gegen Ende des 3. Jh. Er wurde zuerst zum Märtyrer und dann zum Heiligen erklärt. Ein anderer Heiliger, Sigismund, gründete das Kloster schließlich am 22. September 515. Es wurde zur bedeutendsten Abtei im Königreich Burgund, die Reliquien des hl. Mauritius wurden 961 jedoch in den Dom nach Magdeburg gebracht. Von der ersten Basilika aus dem frühen 6. Jh. konnten immerhin noch die Fundamente erfasst werden. Die Bau- und Restaurationsgeschichte der heutigen **Abteikirche** (Kirche, Schatzkammer und Ausgrabungen: Di–Fr 10–17.30, Sa/So 13.30–17.30 Uhr) begann 1148, sie endete – nach einigen Felsstürzen und Bränden – erst 1948. Seit 2014 führt ein neu eingerichteter Rundgang durch die ganze Anlage. Er verbindet die Basilika mit den archäologischen Stätten, die durch eine lichtdurchlässige Überdachung geschützt werden. Danach geht es in die Katakomben und schließlich ins Kloster mit

TOP TIPP

der berühmten **Schatzkammer,** in der einer der reichsten Kirchenschätze Europas zu bewundern ist. Besondere Schmuckstücke sind der Theoderich-Schrein (7. Jh.), ein prächtig verzierter Wasserkrug, dessen Vorbesitzer Karl der Große gewesen sein soll, ein Kopfreliquiar des hl. Candidus (um 1165)

Ein schöner, aber nicht ungefährlicher Platz: Mehrfach in ihrer Geschichte zerstörten Felsstürze die Abteikirche in Saint-Maurice.

Im 15. Jh. wurden die salzhaltigen Quellen entdeckt, im 17. Jh. wurden die ersten Stollen gegraben, im 21. Jh. ist die Salzmine in Bex immer noch in Betrieb

sowie die Schreine der hll. Mauritius und Sigismund. Nicht ganz so wertvoll, aber schön anzuhören ist das Glockenspiel der Abtei: Mit 49 unterschiedlich großen Glocken ist es das größte in der Schweiz.

In **Saint-Maurice** selbst bummelt man danach über die hübsche **Grand Rue**. Bei der Fahrt aus dem Ort hinaus kann man neben der mittelalterlichen Brücke noch das alte, heute für Ausstellungen genutzte **Schloss** (Tel. 024 485 24 58, www.expochateau.ch) sowie die drei **Festungen** Cindey, Scex und Dailly (www.forteresse-st-maurice.ch) aus dem 20. Jh. besichtigen. Lohnend ist auch der Besuch der **Feengrotte** (Tel. 024 485 40 40, www.grotteauxfees.ch, Mitte März–Mitte Nov. tgl. 10–17, Juli–Aug. 10–18 Uhr) oberhalb des Schlosses (10 Min. zu Fuß). Ca. 500 m beleuchtete Gänge führen zum Höhepunkt: einem unterirdischen See mit Wasserfall.

Praktische Hinweise

Information

Abbaye de Saint-Maurice, Av. d'Agaune 19, 1890 Saint-Maurice, Tel. 024 485 15 34, www.abbaye-stmaurice.ch

Saint-Maurice Tourisme, Av. des Terreaux 1, 1890 Saint-Maurice, Tel. 024 485 40 40, www.saint-maurice.ch

Auf Tour

St-Maurice – Schloss Chillon/Montreux (29 km)

Am Schloss vorbei verlässt man Saint-Maurice nach Norden, wo sich das Rhonetal öffnet. Hinter Massongex geht es rechts in spitzem Winkel über die Rhone und über die Autobahn nach **Bex** (427 m) im Kanton Vaud (dt. Waadt). Hinter dem kleinen, unten mit Weinstöcken besetzten Berg im Norden des Ortes liegen die **Salzminen** (Route des Mines de Sel, Tel. 024 463 03 30, www.mines.ch, z.T. Mo geschl., Anmeldung zur Führung empfohlen). Seit dem 15. Jh. wird dort Salz abgebaut – wie das geschieht, kann man im Museum und ›on location‹, in einem kleinen Teil der mehr als 50 km langen Gänge, erleben. Mit dem Stollenbähnchen geht es bis zum 400 m tief im Berg gelegenen Restaurant.

Durch die Rhoneebene rollt man weiter nach Norden. Äcker und Obstbaumkulturen bestimmen das Bild, an den östlich gelegenen Berghängen auch Wein. Auf der linken, westlichen Seite der Rhone ist das Industriegebiet rund um **Monthey** nicht zu übersehen. Zwischen Ollon und dem urtümlichen Bergrücken von Saint-Triphon führt die Straße nach **Aigle** (405 m), wo das **Waadtländer Weinmuseum** (Place du Château 1, Tel. 024 466 21 30, www.museeduvin.ch, April–Juni und Sept./Okt. Di–So 10–18, Juli/Aug. tgl. 10–18 Uhr) im netten Château d'Aigle zeigt, wie sich der Weinbau in seiner fast 2000-jährigen Geschichte entwickelt hat.

Weinberge begleiten auch die Weiterfahrt zum **Genfersee**, den man bei Villeneuve erreicht, kurz vor dem Schloss Chillon.

Hotels

*** **Art.Boutique.Hotel Beau-Séjour,** Rue du village 114, 1874 Champéry, Tel. 024 479 58 58, www.beausejour.ch. Nettes Chalet-Hotel im bekannten Wintersportort im Val d'Illiez, 20 km von Saint-Maurice.

Whitepod, Les Cerniers, 1871 Les Giettes, Tel. 024 471 38 38, www.whitepod.com. Warum nicht mal in ›Iglus‹ schlafen – zumal wenn sie so komfortabel sind wie diese. 800 m hoch über Saint-Maurice bieten sie eine tolle Aussicht über das Rhonetal. Die Pods sind Kuppelzelte mit 40 m^2 Grundfläche auf hölzernen Plattformen, sie haben Quellwasseranschluss und Holzofenheizungen.

Genfersee-gebiet & Genf

Romantisch: ein Bad im Genfersee
vor Schloss Chillon nahe Montreux

Genferseegebiet & Genf – Wein, Uhren und der Duft der großen weiten Welt

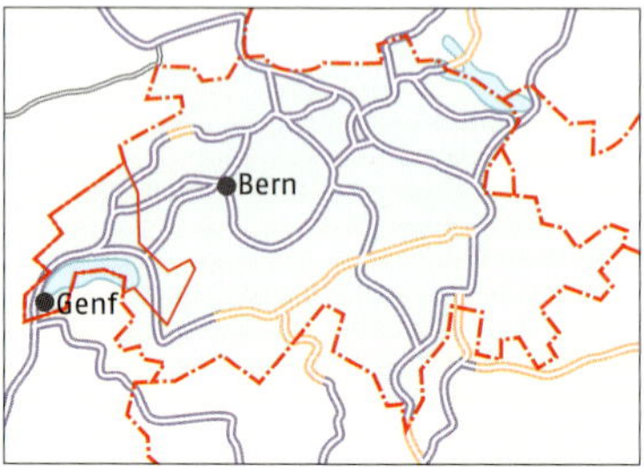

»Zurück zur Natur!«, forderte einst der Philosoph Jean-Jacques Rousseau, berühmtester Sohn der kleinen Weltstadt Genf. Im frankofonen Nordwesten der Schweiz schaut man von den grünen Jura-Höhen über die blauen Wellen des Genfersees bis zum schneeweißen Mont Blanc am Horizont. Und dann widmet man sich sehr gern der Kultur: dem Jazzfestival in Montreux zum Beispiel, den zahllosen Kunstschätzen in Lausanne, dem großartigen Terrassen-Weinbau im Lavaux. Und man entdeckt im stillen grünen Hinterland landschaftliche Juwelen wie das Vallée de Joux.

22 Schloss Chillon Montreux

Schwer romantisch, heftig besucht: die Kalenderschönheit am Ufer des Genfersees.

Zum Glück wurde das Schloss auf einer **kleinen Felsinsel** mitten im Wasser gebaut. Auf dem schmalen, steil ansteigenden Uferstreifen des Genfersees knapp südlich von Montreux ist gerade Platz genug für die zweigleisige Bahnstrecke und die Hauptstraße 9 mit ihren breiten Parkbuchten; die Autobahn verläuft auf Stelzen unmittelbar darüber. Das großartige **Wasserschloss Chillon** (Veytaux, Tel. 021 966 89 10, www.chillon.ch, April–Sept. tgl. 9–19, März/Okt. tgl. 9.30–18, Nov.–Febr. tgl. 10–17 Uhr) ist das **meistbesuchte historische Gebäude der Schweiz** und verfügt über perfekte Verkehrsanschlüsse – eine Schiffsanlegestelle gibt es auch –, die man für die klassische Postkartenansicht ausblenden muss: Da steht das wunderschöne Schloss als Sinnbild der Romantik vor ferner Bergkulisse unmittelbar über den Wellen des Sees. Die frühesten Zeugnisse reichen ins Jahr 1005 zurück. Das heutige, von zwei Ringmauern geschützte Bauensemble besteht aus 25 Gebäuden und drei Höfen und entstand im Wesentlichen vom 11.–15. Jh. Deutlich später, im Jahr 1816, schrieb Lord Byron das Gedicht ›*The Prisoner of Chillon*‹ über François Bonivard, Prior des Klosters Saint-Victor in Genf, der 1530 im Schloss eingekerkert und 1536 befreit worden war. Damit lieferte er die historisch frisierte Vorlage für den **romantischen Kult** des 19. Jh. Und der zieht heute noch: Mehr als 375 000 Besucher nahmen im Rekordjahr 2014 den Weg über die

Belle Époque mit der Stromgitarre: Der legendäre B. B. King rockt das Jazz Festival in Montreux

Holzbrücke auf die 100 m lange und 50 m breite Felsinsel, um mittelalterliche Wandmalereien, Säle, Gewölbe und im Originalzustand erhaltene Schlafzimmer zu sehen. Sehr schön ist die **Schlosskapelle** mit ihren Wandmalereien aus dem 14. Jh., die den Bildersturm der Reformation unbeschadet überstanden haben. **Ritterrüstungen** sind auch zu sehen, mittelalterliche Badezuber, Waffen, Pergamentrollen und Modelle. Das Schloss hat sogar einen eigenen Weinberg und, wer hätte es gedacht, einen Shop.

Montreux

Am Ortseingang von **Montreux** (402 m, 25 500 Einwohner), kurz hinter Chillon, stehen bereits die ersten alten (Hotel-)Bauten der Belle Époque. Die ›Hauptstadt der Waadtländer Riviera‹ liegt auf einer kleinen Halbinsel mit anschließender geschützter Bucht und erstreckt sich vom Ufer des Genfersees über mehr als 100 Höhenmeter hinauf zu den Weinbergen. Am schönsten ist sie entlang der großartigen **Uferpromenade** mit ihren exotischen Blumen, Bäumen und Pflanzenskulpturen, die sich bis zum benachbarten Vevey erstreckt. Von hier sieht man auch die prächtigsten Hotelpaläste, allen voran das berühmte **Fairmont Le Montreux Palace,** eines der berühmtesten Palace-Hotels der Schweiz (s. u. ›Hotels‹). Direkt daneben steht der moderne Gebäudekomplex des **2m2c Montreux Music & Convention Centre** (Av. Claude Nobs 5, Tel. 021 962 20 20, www.2m2c.ch) mit der Miles Davis Hall und dem Auditorium Stravinski. Hier schlägt das Herz des **Montreux Jazz Festival,** das jeweils im Juni/Juli stattfindet. Beim berühmtesten Kulturevent der Stadt und des Kantons treten schon längst nicht mehr nur die internationalen Stars der Jazzszene auf. Spätestens seit Rockstar **Freddie Mercury** mit seiner Band ›Queen‹ beim Festival im Jahr 1978 das Album ›Jazz‹ aufnahm, hat man auch Pop, Rock und Weltmusik im Programm. Die Bronzestatue Mercurys steht übrigens seit 1996 beim Place du Marché an der Uferpromenade. Ein weiterer, ganzjährig zugänglicher Fixpunkt der Stadt ist das **Casino** (Rue du Théâtre 9, Tel. 021 962 83 83, www.casinodemontreux.ch, tgl. ab 10, Spieltische ab 15.30 Uhr). Höhepunkt – im wahren Wortsinn – des Outdoor-Angebots ist dagegen die tolle Fahrt mit der **Zahnradbahn zum Rochers-de-Naye** (Rue de la Gare 22, Tel. 021 989 81 90, www.goldenpass.ch, Auffahrt tgl. 8.47–15.47 Uhr stündl., Mai–Sept. auch 16.47, Mitte Juni–Aug. auch 17.47 Uhr), wo man aus 2042 m Höhe eines der grandiosesten Panoramen der Westschweiz genießen kann.

Vevey

Über Clarens und La Tour-de-Peilz ist Montreux mit dem benachbarten **Vevey** (19 000 Einwohner) verbunden. Hier ist der Charakter weiter, offener – die Stadt hat an der flachen Mündung der Veveyse in den Genfersee einfach viel mehr Platz. Vom riesigen Parkplatz auf der **Grande Place** unweit des Schiffsanlegers bummelt man durch die **Rue du Lac** (Fußgängerzone), die gute Stube der Stadt mit ihren schönen, alten Häusern, Cafés und vielen Antiquitätengeschäften. Mit wenigen Schritten ist man vorne an der **Uferpromenade** mit dem Denkmal für **Charlie Chaplin,** der von 1953 bis zu seinem Tod 1977 oberhalb von Vevey im 1840

Seit 1995 macht »Die Gabel – Heldin der Landschaft vom Genfersee« Appetit auf das Angebot in den Restaurants und Cafés hinter der Uferpromenade in Vevey

Wer im Sommer am Dienstag- oder Samstagvormittag in Vevey ist, sollte auf keinen Fall den Markt auf der Grand Place versäumen

erbauten Herrenhaus ›Manoir de Ban‹ (Route de Fenil 6, Corsier-sur-Vevey, www.manoirdeban.com) lebte, wo 2016 ein ihm gewidmetes Museum eröffnet werden soll.
An der Grande Place 99 ist noch das **Schweizer Kameramuseum** (Tel. 021 925 34 80, www.cameramuseum.ch, Di–So 11–17.30) beheimatet, auf dem Platz selbst findet im Sommer an jedem Dienstag- und Samstagvormittag der weithin bekannte **Markt** statt. Neben Lebensmitteln aus der Region gibt es auch Antiquitäten zu kaufen. Wer an einem Samstag im Juli oder August zwischen 10 und 13 Uhr herkommt, kann sich auf der Place du Marché oder der Place de l'Hôtel de Ville einmalig ein Glas kaufen, das ihm die Winzer der Region an ihren Ständen gern mehrmals füllen. Am nördlichen Ortsausgang steht die berühmte **Villa Le Lac** (Route de Lavaux 21, Corseaux, www.villalelac.ch) von Le Corbusier, eine Ikone der modernen Architektur. Das 1923/24 errichtete Gebäude wird gerade restauriert und kann leider nicht besichtigt werden.

i Praktische Hinweise

Information

Montreux-Vevey Tourisme,
Rue du Théâtre 5, 1820 Montreux, Tel. 084 886 84 84, www.montreux-vevey.com

Hotels

*******s Fairmont Le Montreux Palace,**
Av. Claude Nobs 2, 1820 Montreux, Tel. 021 962 12 12, www.montreux-palace.ch. Ein Traum von einem Grand Hotel, direkt an der Seepromenade gelegen. Belle Époque und neueste Technik in 236 Suiten und Zimmern, in drei Restaurants und Bars. Der *Willow Stream Spa* breitet sich auf 2000 m² Fläche aus.

***** **Grand Hôtel du Lac,** Rue d'Italie 1, 1800 Vevey, Tel. 021 925 06 06, www.ghdl.ch. Bis ins Jahr 1869 geht die Tradition dieses noblen, 2006 komplett renovierten Hotelpalastes zurück. Klassische Eleganz in den Suiten und Zimmern und mit einem Stern gekrönte Gourmet-Cuisine auf den Tellern des Restaurants ›Les Saisons‹.

**** **Golf Hotel René Capt,** Rue du Bon Port 33–35, 1820 Montreux, Tel. 021 966 25 25, www.golf-hotel-montreux.ch. Stilvoll-elegantes und vergleichsweise kleines Hotel am Ufer des Genfersees, 10 Min. zu Fuß vom Stadtzentrum entfernt, dafür mit besonders schönem Blick über den See und auf Schloss Chillon.

Restaurants

Le Mazot, Rue du Conseil 7, Vevey, Tel. 021 921 78 22. Fondue, Fisch und Pferd. Sehr empfehlenswertes kleines Restaurant in der schönen Altstadt von Vevey mit kleiner, ausgesprochen feiner Karte (So–Di und Do/Fr 18–24, Mo/Di und Do/Fr auch 11–14 Uhr).

TOP TIPP **Restaurant Le Palais Oriental,** Quai Ernest Ansermet 6, 1820 Montreux, Tel. 021 963 12 71, www.palaisoriental.ch. Ein Rausch von filigranen Mustern und Mosaiken, bunten Fenstern und Intarsien. Dazu passt die hervorragende libanesisch-marokkanische Küche. Spezialität des Hauses ist der iranische Kaviar (tgl. 11.30–22, Mo bis 23 Uhr).

Restaurant Le Pont de Brent, Route de Blonay 4, 1817 Brent, Tel. 021 964 52 30, www.lepontdebrent.ch. Haute Cuisine zwischen Montreux und Vevey – mit zwei Michelin-Sternen und 18 Gault-Millau-Punkten eine Institution der schweizerischen Spitzengastronomie (Di–Sa 12–14 und 19–21.30 Uhr).

Nicht nur schön anzusehen, sondern auch außerordentlich praktisch: Auf den Weinbergterrassen von Lavaux gedeiht der edle Chasselas

23 Lavaux Weinberg-Terrassen

Vorne die Rebstöcke, dahinter der See und am Horizont die Berge: ein Postkartenmotiv, nicht nur für Weintrinker.

Gleich hinter Vevey geht es los: Weinberge auf weiten, gemauerten Terrassen über dem See, dazwischen hübsche Orte, kleine Chateaus und große Weingüter – und am Horizont über dem Wasser die große Alpenkulisse. Die Weinbergterrassen von Lavaux sind ein Traum von einer Kulturlandschaft, was auch die UNESCO erkannte, als sie das Gebiet zwischen Vevey und Lausanne im Jahr 2007 zum Welterbe ernannte. **800 ha Rebfläche** machen Lavaux zum größten zusammenhängenden Weinbaugebiet der Schweiz. Terrasse für Terrasse bietet es obendrein beste Aussichten. Die insgesamt rund **400 km Mauerwerk** über dem See sind nicht nur schön anzusehen, sondern auch sehr praktisch: Sie sorgen dafür, dass den Rebstöcke auf den ungefähr **10 000 Terrassen** gleich drei Energiequellen zur Verfügung stehen: das direkte Sonnenlicht, die vom Wasserspiegel reflektierte Strahlung und die in den Steinmauern gespeicherte Wärme.
Die typische Rebsorte im Lavaux ist der **Chasselas,** eine sehr alte Traube, die hier vermutlich auch ihren Ursprung hat; im Wallis heißt sie Fendant, in Deutschland Gutedel. Von der grandiosen Qualität dieser Weine kann man sich an vielen Orten überzeugen. Weil sich Weintrinken und Autofahren nicht vertragen, empfiehlt es sich, im Bahnhof Vevey in den blau-gelben ›**Train des vignes**‹ (S. 31) ein- und 12 Min. später in **Chexbres-Village** auszusteigen. Von

Weinwanderungen in Lavaux enden nicht selten unter der Erde

Zu Fuß durchs Welterbe: Rundtour durch die Terrasses de Lavaux

Diese Wanderung dauert ca. 1,5–2 Std. und bietet hautnahe Eindrücke der einzigartigen **Terrassenlandschaft**. Vom Bahnhof in **Chexbres** (547 m) kurz südöstlich Richtung Rivaz hinab, dann rechts ab in die Weinberge. Durch einen Bachgraben gelangt man zu einem breiten Weg und auf diesem in spitzem Winkel nach links (Südosten) zur Weitwanderroute ›Via Francigena‹ zwischen Montreux und Lausanne. Auf dieser Richtung Westen in den schönen Weinort **Epesses** (464 m). Durch ihn hindurch steigt man in einer weiten Kehre hinauf nach **La Croix**. Vor der Autobahn, die hier in einem Tunnel verschwindet, geht es aussichtsreich Richtung Südosten über Le Signal zurück zum Ausgangspunkt.

dort führen viele markierte Wege durch die Reben. Wer mit der Eisenbahn zurückfährt, kann sie in den Weinkellern vor Ort auch noch besser genießen.
Mit dem Auto fährt man auf der Grand Tour of Switzerland mitten durch das Gebiet: vor **St-Saphorin** (384 m) rechts hinauf in die Weinberge nach **Chexbres** (559 m), dort links ab und auf der Route de la Corniche hoch über der Uferstraße (Hauptstraße 9) durch die Weindörfer **Epesses, Riex** und **Grandvaux**. Hinter **Aran** geht es links hinunter zur Uferstraße bei **Lutry** (sehr schöne Altstadt!) kurz vor Lausanne. 12 km misst dieser herrliche Streckenabschnitt.

Praktische Hinweise

Information

Montreux-Vevey Tourisme, Rue du Théâtre 5, 1820 Montreux, Tel. 084 886 84 84, www.montreuxriviera.com

Restaurant

Lavaux Vinorama, Route du Lac 2, 1071 Rivaz, Tel. 021 946 31 31, www.lavaux-vinorama.com. Es schmeckt gut und man lernt etwas über Terrassen und Weine. In origineller Bunker-Architektur direkt an der Hauptstraße 9 sind mehr als 260 verschiedene Lavaux-Weine zu haben (Juni–Okt. Mo–Sa 10.30–20.30, So 10.30–19, Nov./Dez. und Febr.–Mai Mi–Sa 10.30–20.30, So 10.30–19 Uhr).

Reise-Video Das Winzerdorf Grandvaux
QR-Code scannen [s. S. 5] oder dem Link folgen:
tinyurl.com/grandvaux

24 Olympisches Museum Lausanne

Schneller, höher, weiter – Dokumentation einer schönen Idee.

Lausanne (Bahnhof 447 m) ist mit seinen 133 000 Einwohnern nicht nur die Hauptstadt des Kantons Vaud/Waadt, sondern auch die **›Olympische Hauptstadt‹**. Seit 1914 ist sie der Sitz des Internationalen Olympischen Komitees, das der aus Paris stammende Historiker, Sportpädagoge und -funktionär Pierre de Couber-

Der Traum vom Treppchen führt nach Lausanne: Multimedialer Körperkult im Olympischen Museum

tin 20 Jahre zuvor gegründet hatte; 1913 war ihm bereits das Symbol der Olympischen Ringe eingefallen. 1993 öffnete der Neubau des **Olympischen Museums** ❶ (Quai d'Ouchy 1, Tel. 0216216511, www.olympic.org/musee, 1. Mai–14. Okt. tgl. 9–18, 15. Okt.–30. April Di–So 10–18 Uhr) in einer **schönen Parkanlage** am Ufer des Genfersees unweit des Beau-Rivage Palace (s.u. ›Hotels‹), seine Pforten. Als weltweit größtes Informationszentrum zum Thema dokumentiert es die Geschichte des Mega-Events von den ersten Olympischen Sommerspielen der Neuzeit 1896 in Athen bis heute in einer interaktiven Ausstellung – mit Filmen, Dokumenten und sportlichen Devotionalien prominenter Olympioniken. Briefmarkensammler freuen sich über die **philatelistische Sammlung,** Sportwissenschaftler und andere Interessierte über die Bibliothek und die Videothek mit Filmmaterial zur olympischen Geschichte sowie mehrere Auditorien. Ende 2013 wurde das Museum nach umfassender Renovierung und Erweiterung neu eröffnet.

Lausanne

Um Lausanne kennenzulernen, braucht man Zeit – und etwas Kondition. Die Stadt liegt auf drei Hügeln und weist beträchtliche Höhenunterschiede auf. Wichtigstes Verkehrsmittel ist die nahe dem Ufer des Genfersees (374 m) in Ouchy beginnende **Metro** (www.t-l.ch), die auf ihrer Fahrt zum Stadtteil Croisettes 336 m Höhe bewältigt – den größten Höhenunterschied einer U-Bahn weltweit. Etwa auf halber Höhe steht TOP TIPP die 1170–1275 errichtete **Kathedrale Notre-Dame** 2 (Place de la Cathédrale, Tel. 021 316 71 60, April–Sept. tgl. 9–19, Okt.–März tgl. 9–17.30 Uhr; Turmbesteigung 8.30–11.15 und 13.30–17.30 Uhr), das bedeutendste frühgotische Bauwerk der Schweiz. Von ihrem Südwestturm reicht der Blick weit über die Dächer auf den See und die Bergkulisse. Danach geht es in die überwiegend autofreie **Altstadt**, wo man nicht nur die grandiose Architektur (Mittelalter, Barock, Belle Époque, Jugendstil ...) bewundern, sondern auch hervorragend shoppen und im Gewirr der Straßen und Gassen auf angenehmste Weise den Überblick verlieren kann. Die Atmosphäre ist nicht ›schweizerisch‹, sondern international, jung, schick, hip und sehr lebendig.

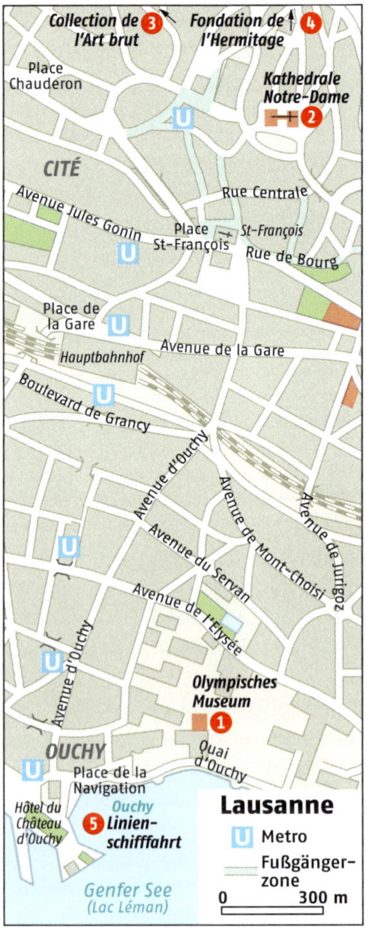

Aus dem riesigen Angebot an Kunst- und Kultureinrichtungen seien nur zwei herausgegriffen: die **Collection de l'Art brut** 3 (Av. des Bergières 11, Tel. 021 315 25 70, www.artbrut.ch, Di–So 11–18 Uhr, Juli/Aug. tgl.) im Schloss Beaulieu mit ihrer einzigartigen Sammlung von ›Außenseiter-Kunst‹ aus psychiatrischen Einrichtungen und Gefängnissen. Außerdem die **Fondation de l'Hermitage** 4 (Route du Signal 2, Tel. 021 320 50 01, www.fondation-hermitage.ch, Di–So 10–18 Uhr, während Ferienzeiten tgl., Do 10–21 Uhr), oberhalb von Lausanne in einem wunderschönen Park mit Blick auf die Kathedrale und den See. Die Fondation zeigt im historischen Landgut Gemälde waadtländischer und ausländischer Künstler.

Lausanne ist darüber hinaus das Hauptquartier der **Linienschifffahrt auf dem Genfersee** 5 (Compagnie Générale de Navigation sur le Lac Léman, Av. de Rhodanie 17, Tel. 084 881 18 48, www.cgn.ch) mit ihren Schaufelraddampfern und Salonmotorschiffen.

Praktische Hinweise

Information

Lausanne Tourisme, Pl. de la Gare 9, 1000 Lausanne 6, Tel. 021 613 73 73, www.lausanne-tourisme.ch

Hotel

Beau-Rivage Palace, Chemin du Beau-Rivage 21, 1000 Lausanne 6, Tel. 021 613 33 33, www.brp.ch. Anno 1861 beginnt die Geschichte des berühmten Luxusliners der Schweizer Hotellerie: ein Palast in ruhiger Lage am Ufer des Genfersees, umgeben von einem großen Park, geschmückt mit dem Zierrat der Belle Époque, angefüllt mit allem, was das Leben schöner macht.

Restaurants

Brasserie Romand, Pl. Saint-François 2, 1003 Lausanne, Tel. 021 312 63 75, www.caferomand.com. Bier im Weinland? Gibt es – sehr gutes sogar. In dieser alten Brauerei im Zentrum schmeckt es ausgezeichnet zu allerlei Spezialitäten aus dem Kanton (Mo–Sa 8–24 Uhr).

La Pinte Besson, Rue de l'Ale 4, 1003 Lausanne, Tel. 021 312 59 69, www.pinte-besson.com. 1780 eröffnet und immer noch eine soziale Institution im rauchgeschwärzten Gewölbe. Zu Waadtländer Weinen wird deftig gegessen: Fondue, Rösti, Croûte au fromage (Mo–Sa 9.30–24 Uhr, So/Fei geschl.).

La Table d'Edgard, Rue d. Grand Chêne 7–9, 1003 Lausanne, Tel. 021 331 31 31, www.lausanne-palace.com. Gourmetrestaurant im prächtigen Lausanne Palace Hotel. Sehr schickes, modernes Interieur mit viel Holz, Leder und edlen Textilien. Der Schwerpunkt liegt auf leichter südfranzösischer Küche – und auf Fisch (Di–Fr 12–14 und 19–22, Sa 19–22 Uhr, So/Fei geschl.).

Gesamtkunstwerk über der Altstadt von Lausanne: Schon von außen ist die Fondation de l'Hermitage mit ihrem Park eine Augenweide

Vier Türme, vier Museen, viele Masten: Direkt am Jachthafen in Morges kann man am Schloss zu einem Spaziergang durch die hübsche Altstadt aufbrechen

➔ Auf Tour

Lausanne – Genf (81 km), Lausanne – Saint-George (37 km)

Von Lausanne geht es nicht auf der Autobahn, sondern auf der Hauptstraße 1 nach Westen, Richtung Genf, am riesigen Gelände der Universität vorbei und durch weite Wohn- und Gewerbegebiete nach **Morges,** dessen Ende des 17. Jh. erbauter Hafen heute als Jachthafen dient. Direkt daneben steht das 1286 erbaute **Schloss** (Château de Morges, Rue du Château 1, Tel. 021 316 09 90, www.musees-vd.ch/fr/chateau-morges, März–Nov. Di–Fr 10–12 und 13.30–17, Sa/So 13.30–17, Juli/Aug. tgl. 10–17 Uhr) mit seinen vier netten, von Spitzhauben gekrönten, runden Türmen. Hier sind heute nicht weniger als **vier militär- bzw. polizeihistorische Museen** untergebracht, darunter das Museum historischer Zinnfiguren mit seinen großen Dioramen. Hübsch ist das **Museum Alexis Forel** (Grand-Rue 54, Tel. 021 801 26 47, www.museeforel.ch, Mi–So 14–18 Uhr) in einem historischen Gebäude mitten in der Stadt. Hier werden Puppen, Spielsachen und Ikonen ausgestellt, dazu Möbel und Inneneinrichtungen aus dem 16.–19. Jh. Das Herz der schönen Altstadt schlägt in der autofreien Grand-Rue. Mittwoch und Samstag sind **Markttage** (gute einheimische

Produkte), die Uferpromenade mit ihrem herrlichen See- und Alpenpanorama ist immer geöffnet. Von Morges fährt man auf Nebenstraßen ins schöne, stille Hinterland, das sanft zu den dunklen, waldigen Jurabergen hin ansteigt.

Im Hinterland des Genfersees

Hier beginnt das **Weinbaugebiet La Côte,** dessen Rebflächen – zusammen 2000 ha – nach Westen hin bis Nyon reichen. Über Chigny, Bussy-Chardonney und Lavigny erreicht man **Aubonne** (508 m) mit seinem gut erhaltenen mittelalterlichen Stadtbild, mit schönen Patrizierhäusern und Resten der ehemaligen Stadtbefestigung. Leicht erhöht über der Altstadt erhebt sich das **Schloss**, ursprünglich im 11. Jh. errichtet und im 17. Jh. weitgehend neu erbaut. Eine besondere Attraktion ist am Nordrand von Aubonne zu entdecken: das **Nationale Arboretum** (Chemin de Plan 92, Tel. 021 808 51 83, www.arboretum.ch, ganzjährig geöffnet bei freiem Eintritt). Beim Spaziergang durch den 200 ha großen Landschaftspark sieht man rund 3000 verschiedene Arten von Bäumen und Sträuchern, dazu Obstgärten, in denen alte Sorten kultiviert werden. Mit Besichtigung der Ausstellung im Besucherzentrum ist man idealerweise 2 Std. unterwegs.

Weiter geht es durch ruhiges Bauernland, zunehmend auch durch Wald über Montherod und Gimel hinauf nach **Saint-George** (936 m). Hier liegt die Zentrale des **Naturparks Waadtländer Jura** (Parc naturel régional Jura vaudois, Route du Marchairuz 2, Tel. 022 366 51 70, www.parcjuravaudois.ch).

Spritztour nach Genf

Unmittelbar über dem Ort mit seinen zahlreichen Ferien- und Wochenendhäusern beginnt der dichte Waldpelz, der sich bis zum Jurakamm hinaufzieht. Die Grand Tour zweigt in St-George nach rechts, Norden, auf die Straße zum Col du Marchairuz ab. Doch vorher leistet sie sich einen Abstecher nach Genf – einfach 44 km. Richtung Süden geht es über offenes, grünes Land mit Streuobstwiesen und einem sagenhaften Blick über den Genfersee und auf die Alpen bergab. **Longirod, Marchissy** und **Burtigny** heißen die Dörfer, man fährt an kleinen Schlösschen und Gärten vorbei – eine wunderbare Strecke. Die Stadt **Gland** mit ihren großen Wohn- und Industriegebieten wird westlich umfahren, dann biegt man nahe dem Ufer des Genfersees wieder in die Hauptstraße 1 ein und erreicht kurz darauf **Nyon.** Wahrzeichen der herausgeputzten 19 000-Einwohner-Stadt ist das hübsche, auf einem kleinen Hügel über römischen Ruinen errichtete **Schloss** aus dem 13. Jh. – mit seinen fünf Türmen weithin sichtbar. In dem alten Gemäuer zeigt das **Museum für Geschichte und Porzellan** (Place du Château, Tel. 022 363 83 51, www.chateaudenyon.ch, April–Okt. Di–So 10–17, Nov.–März Di–So 14–17 Uhr) kostbare Arbeiten der einstigen Porzellanmanufaktur von Nyon. Direkt am Hafen widmet das

Vor den Eidgenossen waren die Römer in Nyon. Am Ufer des Genfersees hinterließen sie ihre Säulen

Musée du Léman (Quai Louis-Bonnard 8, Tel. 022 361 09 49, www.museeduleman.ch, April–Okt. Di–So 10–17, Nov.–März Di–So 14–17 Uhr) dem größten See Westeuropas eine Ausstellung mit Schiffsmodellen und Aquarien. Durch den kleinen **Park** hinter der Uferpromenade, von dem man am Horizont wie eine Fata Morgana die weiße Kuppe des Mont Blanc sieht, geht es hinein in die sehenswerte Altstadt mit ihren Laubengängen am **Marktplatz**.

Schöne Uferabschnitte prägen die Weiterfahrt nach Genf. Man kommt durch malerische Dörfer wie **Coppet** und vorbei an netten Châteaus, am Wasser reihen sich die Marinas. Und schließlich erkennt man voraus den Jet d'eau.

25 Jet d'eau Genf

Schuss ins Blaue: Die kleinste Metropole der Welt und ihre tolle Wasserfontäne.

140 m: Diese Höhe schafft der **Jet d'eau** 1 in Bestform. Die **gewaltige Wasserfontäne** am Ende des Genfersees – dort, wo die Rhone ihn verlässt – ist trotz Altstadt, Kathedrale und Vereinten Nationen das eigentliche Wahrzeichen von Genf. Zu Beginn, anno 1885, war sie nichts anderes als das Überdruckventil für die Druckwasserleitung, die den Juwelieren der Stadt half, ihre Schleifmaschinen zu betreiben. Doch der Tourismus gewann an Bedeutung und die Idee war zu verlockend, also setzte man die Fontäne bereits 1891 ins Seebecken und machte mehr (Wasser-)Druck. In seiner heutigen Form gibt es den Jet d'eau seit 1951: 500 l Wasser, die pro Sekunde mit 200 km/h in den Himmel schießen

Genf
Fußgängerzone
Personenfähre
Denkmal
Leuchtturm
0 250 m
Internationales Rotes Kreuz 4
3 Palast der Vereinten Nationen
Botanischer Garten 5
La Perle du Lac
Parc Mon Repos
Genfer See (Lac Léman)
10 CERN
Gare de Cornavin
Landungsbrücken
Jet d'eau 1
Rade de Genève
Rosengarten La Grange 9
2 Jardin Anglais
Place du Port
Tour de l'Ile
Ile Rousseau
Rhône
Kathedrale St-Pierre 6
Hôtel de Ville
Place du Bourg-de-Four
Museum für Kunst und Geschichte 7
Patek Philippe Museum 8
Arve
Route de Pregny
Chemin de l'Impératrice
Route de Ferney
Avenue de la Paix
Rue de Lausanne
Avenue de France
Avenue Guiseppe Motta
Rue du Vidollet
Rue de Vermont
Rue de Montbrillant
Rue Léonard Baulacre
Rue du Grand Pré
Rue A. Carteret
Rue de la Servette
Rue du Môle
Rue de Monthoux
Rue des Alpes
Quai Wilson
Quai du Mont-Blanc
Rue du Mont-Blanc
Boulevard J. Fazy
Rue de Lyon
Rue Voltaire
Quai des Berques
Pont du Mont Blanc
Promenade du Lac
Quai Général Guisan
Rue du Rhône
Ponts de l'Ile
R. des Moulins
Pont de la Coulouvrenière
Pont de Sous Terre
Rue du Stand
Bv. Georges Favon
Boulevard de Saint-George
Grand Rue
Rue des Maraîchers
Boulevard Carl Vogt
Avenue du Mail
Av. H. Dunant
Rue d. Candolle
Bv. d. Philosopes
Boulevard Jaques Dalcroze
Boulevard Helvétique
Bv. des Tranchées

und sich geduldig fotografieren lassen. Einen besonders schönen Blick auf das spritzige Spektakel hat man vom südwestlich gelegenen **Jardin Anglais.** 2

Genf (375 m) ist mit seinen 192 000 Einwohnern die zweitgrößte Stadt der Schweiz und pflegt seinen Ruf als die ›kleinste Metropole der Welt‹. Dazu tragen vor allem die vielen internationalen Organisationen bei, die hier ihren (europäischen) Sitz haben, allen voran die UNO. Wer das Gittertor zum **Palast der Vereinten Nationen** 3 (Av. de la Paix 14, Tel. 022 917 48 96, www.unog.ch, Mo–Fr 8–17 Uhr) passiert, befindet sich auf internationalem Territorium. Auch das **Internationale Rote Kreuz** 4 steuert von Genf aus seine Arbeit – und präsentiert sie in seinem **Museum** (Av. de la Paix 17, Tel. 022 748 95 11, www.redcrossmuseum.ch, April–Okt. Di–So 10–18, Nov.–März Di–So 10–17 Uhr). Beide Institutionen haben, wie auch die Welthandelsorganisation WTO, ihren Sitz im Bereich weitläufiger Parkanlagen nördlich der Rhone und unweit des Bahnhofs. Hier liegt auch der **Botanische Garten** 5 sowie die beiden Parkanlagen Mon Repos und La Perle du Lac mit ihren grandiosen Seepanoramen. Die berühmte **Altstadt**, eine der größten Europas, liegt auf der dreieckigen Landzunge zwischen der Rhone und der von Süden einmündenden Arve. Über den engen Gassen erhebt sich die gotische **Kathedrale St-Pierre** 6 (Place du Bourg-de-Four 24, Tel. 022 311 75 75, www.saintpierre-geneve.ch, Juni–Sept. Mo–Sa 9.30–18.30, So 12–18.30, Okt.–Mai Mo–Sa 10–17.30, So 12–16.30 Uhr), die in der ersten Hälfte des 13. Jh. vollendet wurde und deren Nordturm eine fantastische Aussicht über Stadt und See bietet. Unmittelbar darunter empfiehlt sich nach einem Kaffee auf der schönen Place du Bourg-de-Four mit ihrem blumengeschmückten Brunnen der kurze Gang hinüber ins riesige **Museum für Kunst und Geschichte** 7 (Rue Charles-Galland 2, Tel. 022 418 26 00, institutions.ville-geneve.ch/fr/mah/, Di–So 11–18 Uhr), eines der bedeutendsten in der Schweiz. Wer Zeit hat, kann auch der weltbekannten Genfer Uhrenindus-trie einen Besuch abstatten – im **Patek Philippe Museum** 8 (Rue des Vieux-Grenadiers 7, Tel. 022 807 09 10, www.patekmuseum.com, Di–Fr 14–18, Sa 10–18 Uhr). Und wer sich vor lauter Museen nicht entscheiden kann, vergnügt sich beim Flanieren und Shoppen in den teilweise autofreien Gassen und

Was aus einem einfachen Überdruckventil werden kann, demonstriert der Jet d'eau im Genfersee

So eine Schweizer Luxusuhr ist eine erstklassige Wertanlage, die anders als eine Apple Watch kein Update braucht und, wenn nötig, repariert werden kann

Die Uhr

»Die Schweiz ist am Ende. Die Schweiz kann einpacken.« Das soll Apples Chef-Designer gesagt haben, als im September 2014 die Apple Watch vorgestellt wurde. Nun ist eine Apple Watch nach 18 Stunden am Ende und muss aufgeladen werden. Nach drei Jahren kann man sie sozusagen einpacken – der Akku hat fertig. Drei Jahre? Bei Patek Philippe repariert man alle Uhren, die jemals in der Genfer Uhrenmanufaktur hergestellt wurden, darunter also auch Modelle von 1850. Als **Statussymbol**, als Mittel der Distinktion taugt so was besser. Audemars Piguet, Vacheron Constantin, Girard-Perregaux, Rolex, Jaeger-LeCoultre, Hublot, Zenith: Hinter den **großen Marken** verbergen sich oft Geschichten von einfachen Bauern im Hinterland des Genfersees oder in den rauen Tälern des Jura. Sie stellten bereits im 19. Jh. Luxusuhren her, als Nebenbeschäftigung im Winter. Auch heute wird dort produziert, in **Handarbeit** und für eine tickende Ewigkeit. Zum 175. Geburtstag hat Patek Philippe die Grandmaster Chime Ref. 5175 vorgestellt – mit 1366 Uhrwerkskomponenten, 20 Komplikationen (mechanischen Zusatzfunktionen) und Handaufzug. Auflage: sieben Exemplare. Preis: ungefähr 2,5 Mio. CHF. Dagegen sind 10.350,99 € ein **Schnäppchen**. Für diese Summe ersteigerte ein unbekannter Bieter am 18. Oktober 2014 eine Citea Automatique der Marke Piaget, das Gehäuse aus 750er Gold, der Boden verschraubt, das Zifferblatt weiß, das Kroko-Lederarmband mit Goldverschluss. Der Vorbesitzer war Thomas Middelhoff, in besseren Zeiten Vorstandschef von Bertelsmann und Arcandor, nun wegen Untreue und Steuerhinterziehung zu drei Jahren Haft verurteilt. Das überlebt sogar eine Apple Watch.

So sieht das also aus: Im Besucherzentrum des CERN wird gezeigt, was die Welt im Innersten zusammenhält

Straßen mit ihren vielen Boutiquen, Galerien und Antiquitätengeschäften oder beim Spazieren durch einen der vielen Parks. Besonders schön: der **Rosengarten La Grange** 9 östlich des Jet d'eau.
Der Ausflug zum **CERN** 10 (Route de Meyrin 385, Tel. 041 227 67 61 11, www.cern.ch, ›Universe of Particles‹: Mo–Sa 10–17 Uhr, ›Microcosm‹: Mo–Fr 8.30–17.30, Sa 9–17 Uhr) nordwestlich des Stadtzentrums, beamt einen dann in die Zukunft. Unter einem hölzernen Globus (Durchmesser 40 m) schießt die Europäische Organisation für Kernforschung im 26,7 km langen unterirdischen **Ringtunnel** kleinste Elementarteilchen beinahe in Lichtgeschwindigkeit aufeinander, um zu erforschen, was die Welt im Innersten zusammenhält. Besucher erleben Wissenschaft und Hightech und lernen, was sie im Alltag davon haben.

Praktische Hinweise

Information

Geneva Tourism, Rue du Mont-Blanc 18, 1211 Genève 1, Tel. 022 909 70 00, www.geneve-tourisme.ch

Hotels

*******s La Réserve Genève – Hotel and Spa,** 301 Route de Lausanne, 1293 Bellevue, Genève, Tel. 022 959 59 59, www.lareserve-geneve.com. Luxus im nördlich gelegenen Ortsteil Bellevue in einem grünen Park an der Uferstraße. In den Zimmern und Suiten wird ein afrikanischer Lodge-Stil kultiviert, die Restaurants servieren Mediterranes und Asiatisches.

*******s Mandarin Oriental Geneva,** Quai Turrettini 1, 1201 Genève, Tel. 022 909 00 00, www.mandarinoriental.com/geneva. Das elegante Business-Hotel liegt in schöner Lage am Ufer der

Rhone. Es bietet eine klassisch-moderne Einrichtung, ein ausgezeichnetes indisches Restaurant und darüber hinaus erstklassigen Service in allen Lebens- und Urlaubslagen.

**** **Domaine de Châteauvieux,** Chemin de Châteauvieux 16, Peney-Dessus, 1242 Satigny, Tel. 022 753 15 11, www.chateauvieux.ch. Wunderschönes Weingut in ruhiger Lage oberhalb der Rhone im Hinterland westlich von Genf. Fantastische Gourmet-Küche (zwei Sterne), feiner Wein und Verkauf von regionalen Produkten.

Restaurants

Auberge Du Lion d'Or, Place Pierre-Gautier 5, 1223 Cologny, Tel. 022 736 44 32, www.liondor.ch. Feinschmecker-Restaurant 4 km außerhalb von Genf Richtung Cologny mit Blick auf den See – am besten von der herrlichen Terrasse. Im Bistro wird etwas einfacher gekocht (Mo–Fr).

Luigia, Rue Adrien-Lachenal 24a, 1207 Genève, Tel. 022 840 15 15, www.luigia.ch. Der Genfer Edel-Pizzabäcker. Markenzeichen ist der hausgemachte Teig, der zuerst auf natürliche Weise gärt und dann zwei Tage lang ruht. Zweite Adresse in der Chemin de la Tourelle 2 (Mo–Sa 12–14.30 und 18.30–23, So 12–15 und 18–22.30 Uhr).

Restaurant L'Épicentre, Rue Prévost-Martin 25, 1205 Genève, Tel. 022 328 14 70, www.lepicentre.ch. Etwas versteckt liegt dieses unter Kennern hoch gehandelte Bistro in der Altstadt. Lokale Produkte, oft aus Bio-Anbau, kommen auf den Tisch (Mo–Fr 12–14.30 und 19–22 Uhr).

Zeitlos, elegant, luxuriös: Das Mandarin Oriental am Ufer der Rhone gegenüber der Altstadt ist eine der Genfer Topadressen

Auf Tour

Genf – St-George – Vallée de Joux – Vallorbe – Yverdon-les-Bains (116 km)

Von Genf geht es auf der Autobahn zurück nach Gland und auf der bekannten Strecke über Begnins und Burtigny nach **St-George** (44 km). Der nun folgende Streckenabschnitt in den **Waadtländer Jura** ist eines der heimlichen Highlights der Grand Tour of Switzerland.

Über den Col du Marchairuz ins Vallée de Joux

Durch herrlichen Laub- und Mischwald, immer wieder mit freien Ausblicken auf den Genfersee und die Alpen, führt die Straße bergauf. Niedrige Trockensteinmauern säumen den letzten Abschnitt zum TOP TIPP **Col du Marchairuz** (1447 m). Am Hôtel du Marchairuz (Tel. 021 845 25 30, www.hotel-marchairuz.ch, Restaurant Mo geschl.) beginnt ein knapp 2 km langer **Rundweg** mit Infotafeln zum ›Parc Jura vaudois‹.

Jenseits führt die Straße über die von den typischen Trockensteinmauern durchzogenen Weidenflächen mit grandiosen Blicken über die einsame, grüne Landschaft hinab ins Vallée de Joux, das man bei **Le Brassus** (1033 m) erreicht. Seit Jahrhunderten werden in dieser abgelegenen Gegend erstklassige Uhren hergestellt – z.B. in der Manufaktur von **Audemars Piguet** (Route de France 16, Tel. 021 845 14 00, www.audemarspiguet.com, Besichtigung nach Vereinbarung Mo–Fr 8–12 und 13–16.30 Uhr), was im angeschlossenen Museum dokumentiert wird. Kurz hinter der Manufaktur liegt das Hotel Des Horlogers mit seinem aus-

Garantiert verschmust: Auf dem weitläufigen Gelände des Juraparc erblickten zwischen 2004 und 2014 schon 13 Bärchen das Licht der Welt

gezeichneten Restaurant ›Le Chronographe‹ (Tel. 021 845 08 45, www.hotel-horlogers.ch, Mo–Fr mittags und abends, Sa nur abends).
In **Le Sentier**, kurz hinter Le Brassus, kann man sich in der interaktiven Ausstellung des **Espace horloger** (Grand Rue 2, Tel. 021 845 75 45, www.espacehorloger.ch, Mai–Okt. Di–So 10.30–17.30, Nov.–April Di–So 13–17 Uhr) ansehen, wie Komplikationen – mechanische Zusatzfunktionen – in die Uhr kommen. Aktuelle Prachtexemplare sind auch zu bewundern. Eingebettet zwischen lang gezogenen, bewaldeten Bergrücken erstreckt sich hinter Le Sentier der wunderschöne **Lac de Joux** (972 m), bekannt bei Seglern wie Windsurfern und mit sommerlichen Wassertemperaturen bis zu 24 °C auch ein toller Badesee. Wer möchte, kann an Bord der kleinen ›Caprice II‹ eine **Rundfahrt** (Abfahrt in Le Pont, Tel. 021 841 12 03, www.nlj.ch, Juli/Aug. tgl. 15.30, Juni/Sept. Sa/So 15.30 Uhr) auf dem See machen. Mit dem Auto geht es auf der herrlichen Straße am Ostufer (!) entlang. Der Blick über den See und auf die unverbauten Ufer – im Norden mit kleinen Felsabbrüchen – ist ein Traum. Über das kleine **L'Abbaye** mit den Resten einer alten Abtei geht es hinüber nach **Le Pont** (1008 m) mit seiner sympathischen, wenig touristischen Uferpromenade, auf der man den See in seiner ganzen Länge vor sich hat.

Von Vallorbe zum Lac de Neuchâtel

Gleich hinter Le Pont liegt der nächste See, der kleine Lac Brenet. An ihm vorbei führt die Straße zum nahen **Col du Mont d'Orzeires** (1061 m), wo Bären, Wölfe und Bisons durch die Wälder und über die Lichtungen

Holzstege führen durch das Naturschutzgebiet am Seeufer

Ein Bummel durch das Naturschutzgebiet in Champ-Pittet

Das **Schlösschen Champ-Pittet**, 1791 nahe dem Ufer des Neuenburgersees bei Yverdon-les-Bains erbaut, beherbergt seit 1985 ein **Pro Natura Zentrum** (Chemin de la Cariçaie 1, Tel. 024 423 35 70, www.pronatura-champ-pittet.ch) mit interaktiven Ausstellungen. Mehrere Pfade führen durch das Schutzgebiet **Grande Cariçaie**, das größte Seeuferfeuchtgebiet der Schweiz. Auf dem 2 km langen **Uferpfad** spaziert man auf Holzstegen über Pontons, durch Schilf, Sumpfwiesen und ausgedehnte Felder, auf dem **Waldpfad** lernt man den verwunschenen Auwald mit seinen Eschen und Buchen kennen. Sehr schön ist auch der **Gartenpfad** durch den historischen Jardin des Délices, vorbei an Wiesen, Teichen und Obstgärten.

Eingezwängt zwischen waldigen Talflanken bietet Romainmôtier mit seiner mittelalterlichen Abtei eine filmreife Kulisse

streifen – in Gehegen. Gleich hinter der Passhöhe haben sie im weitläufigen **Juraparc** (Route de la Vallée de Joux 3, Vallorbe, Tel. 021 843 17 35, www.juraparc.ch, tgl. 9–18 Uhr, April–Okt. Do–So auch länger) jedenfalls sehr viel Platz. Dann geht es hinab in den engen Talkessel von **Vallorbe** (749 m) unmittelbar an der französischen Grenze. Dichter Wald bedeckt die steilen, von Felsabbrüchen durchzogenen Flanken über der Altstadt, in der die alte Stadtschmiede zu einem sehenswerten **Eisen- und Eisenbahnmuseum** (Grandes Forges 11, Tel. 021 843 25 83, www.museedufer.ch, April–Okt. Di–So 10–18, Mo 14–18, Nov.–März Di–Fr 14–18 Uhr) umgestaltet wurde – ein Denkmal der frühen Industrialisierung des Tals. Aus dem Ort leiten Wegweiser hinauf zu den **Grotten von Vallorbe** (Tel. 021 843 22 74, www.grottesdevallorbe.ch, April–Okt. tgl. 9.30–16.30, Juni–Aug. bis 17.30, März/Nov. Sa/So 13.30–16 Uhr). Die Orbe hat hier die größten Höhlen des Jura aus dem Kalkgestein gespült. Zu sehen sind Wasserläufe und Kaskaden, Tropfsteine und eine Sammlung von mehr als 250 Mineralien.

Die Straße folgt zunächst dem Lauf der Orbe über einer tief eingeschnittenen Schlucht und erreicht Croy, wo

TOP TIPP

die Beschilderung zum nur 1 km entfernten **Romainmôtier**

(674 m) weist – geradewegs ins Mittelalter. Gleichsam hineingequetscht in ein enges grünes Tal stehen dort einige malerische alte Häuser und die **uralte Stiftskirche** (Abbatiale de Romainmôtier, Chemin Derrière-l'Eglise, Tel. 024 453 14 65, www.romainmotier-tourisme.ch) des ehemaligen Klosters: eine Kulisse wie aus dem Film ›Der Name der Rose‹. Das eindrucksvolle Gotteshaus wurde auf den Resten einer noch älteren Abtei aus dem 5. und 7. Jh. um das Jahr 1000 erbaut. Im Innenraum sieht man eine Kanzel aus dem 8. Jh., Fresken aus dem 14. Jh. und Chorgestühl aus dem 15. Jh.

Über Bofflens geht es nun hinab nach **Orbe** (479 m) – in die nächste mittelalterliche Kulisse. Drei längs und eine quer verlaufende Straße prägen die Altstadt, an deren Südende der **Pont du Moulinet** seit 1421 über die Orbe führt. Sehenswert ist auch die **Kirche Notre-Dame** mit Resten alter Fresken (15. Jh.) im Inneren. Der letzte Abschnitt dieser langen Etappe, via Chavornay und Essert-Pittet, endet vor dem Ufer des **Lac de Neuchâtel/ Neuenburgersees.**

Yverdon-les-Bains

Am südlichen Ende des größten, vollständig auf Schweizer Boden gelegenen Sees (218 km^2) genießen die 28 300 Einwohner von **Yverdon-les-Bains** (435 m) und ihre Gäste Wellness satt. Schon die Römer kannten die **schwefelhaltigen Quellen**. Heute bietet das **Thermalzentrum** (Av. des Bains 22, Tel. 024 423 02 32, www.cty.ch, Mo–Sa 8–21.30, So/Fei 8–19.30 Uhr) in seinen runderneuerten Badeanlagen zusätzlich zum 29 °C warmen Thermalwasser alles, was Kurgästen und Gesundheitstouristen gut tut. Älteste Zeugnisse der Stadtgeschichte sind 45 Menhire, gefolgt von keltischen Ruinen und einem römischen Castrum. Doch es ist das **Schloss** (13. Jh., später viele Umgestaltungen), das der Altstadt die Krone aufsetzt. Hinter seinen Mauern, wo der Schweizer Pädagoge Johann Heinrich Pestalozzi 1805–25 mittellose Kinder unterrichtete, dokumentiert das **Museum Yverdon und Region** (Tel. 024 425 93 10, www.musee-yverdon-region.ch) die Geschichte der Stadt; daneben zeigt das **Schweizer Modemuseum** (Tel. 024 426 31 64, www.museemode.ch, beide Museen: Juni–Sept. Di–So 11–17, Okt.–Mai Di–So 13–17 Uhr) seine Sammlung von 3000 Kleidungsstücken und Accessoires. Eine interessante Adresse nicht nur für Fans und Freaks ist das **Science Fiction Museum Maison d'Ailleurs** (Place Pestalozzi 14, Tel. 024 425 64 38, www.ailleurs.ch, Di–Fr 14–18, Sa/So 11–18 Uhr): Wie alt die Zukunft heute aussieht, wenn man sie an den kühnen Visionen der Vergangenheit misst!

Praktische Hinweise

Information

Office du Tourisme et du Thermalisme, Av. de la Gare 2, 1401 Yverdon-les-Bains, Tel. 024 423 61 01, www.yverdonlesbainsregion.ch

Hotels

**** **Grand Hotel Des Bains,** Av. des Bains 22, 1401 Yverdon-les-Bains, Tel. 024 424 64 64, www.grandhotelyverdon.ch. Schickes Hotel-Schlösschen mit neuen Anbauten, Spa und Badelandschaft am Thermalzentrum.

*** **Grand Hôtel des Rasses,** Route des Alpes 25, 1452 Les Rasses/Sainte-Croix, Tel. 024 454 19 61, www.grandhotelrasses.ch. Belle Époque am grünen Jurahang: Die Lage dieses historischen Grandhotels nahe Sainte-Croix ist großartig.

*** **Hôtel du Theatre**, Av. Haldimand 5, 1400 Yverdon-les-Bains, Tel. 024 424 60 00, www.hotelyverdon.ch. Mitten im Zentrum. Übernachtet wird im hübschen historischen Gebäude oder im modernen Anbau.

Restaurants

La Pinte, Rue du College 8, 1400 Yverdon-les-Bains, Tel. 024 445 44 44. Moder-

Nach dem Gesundheitsprogramm im Thermalwasser geht es zur Abfrischung in die schöne Altstadt von Yverdon-les-Bains

Was und wer uns in Zukunft so alles erwartet: Im Science Fiction Museum Maison d'Ailleurs in Yverdon-les-Bains begegnet man Spiderman und anderen

ne Brasserie in der Nähe des Bahnhofs. Die Küche? Französisch-schweizerisch, regional, saisonal und frisch (Mo–Fr 7.30–23.30, Sa 8.30–11.30 Uhr).

Les Oliviers, Place Bel Air 4, 1400 Yverdon-les-Bains, Tel. 024 420 37 47, www.les-oliviers-gelateria.ch. Eisdiele mit tollem Ruf am Rand der Fußgängerzone. Es gibt auch Panini (Mo–Fr 12–18, Sa 12–17, So 14–17 Uhr).

Auf Tour

Yverdon-les-Bains – Couvet (38 km)

Hinter Yverdon-les-Bains geht es bergauf – zunächst recht gemächlich, dann aber richtig steil: Man nimmt die Straße nach Westen, Richtung Sainte-Croix, und gelangt über weites Bauernland zum kleinen Ort **Vuiteboeuf** (599 m), dessen Häuser sich sehr eng und malerisch in einen Graben am Ausgang einer grünen Schlucht schmiegen. Dahinter führen Kehren durch den Wald weit hinauf zu einer großen Wiesenmulde, in der sich der sommers wie winters beliebte Ferien- und Höhenkurort **Sainte-Croix** (1086 m) ausbreitet, und weiter zur Straßengabelung auf dem **Col des Etroits** (1152 m). Hier biegt man rechts ab. Die folgende Abfahrt durch den wilden, schmalen Schlauch des Vallon de Noirvaux ist lang und eindrucksvoll. Bei **Buttes** (770 m) rollt man wieder auf offenes Land, im nahen **Fleurier** (741 m) hat man den breiten Talboden des **Val de Travers** erreicht und nach weiteren 6 km kommt man in **Couvet** (734 m) an.

Jura & Drei-Seen-Land

Creux du Van – Naturspektakel im Jura

Jura & Drei-Seen-Land – Das grüne Wunder im hohen Norden

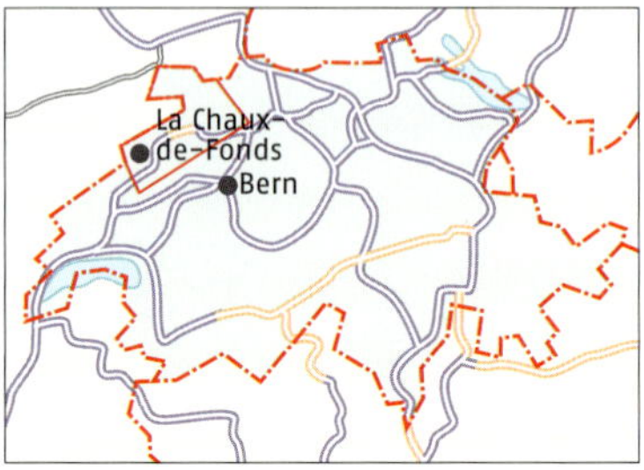

Der Nordwesten der Schweiz, von Genf bis kurz vor Basel, ist auch für viele Schweiz-Fans Neuland. Magische grüne Waldlandschaften im Val de Travers und auf dem Clos du Doubs sind zu entdecken, das spektakuläre Panorama auf dem Felskessel des Creux du Van, die Weite auf dem Hochplateau der Freiberge, die mittelalterliche Kulisse von Saint-Ursanne. Mit Neuchâtel (dt. Neuenburg) und der faszinierenden Uhrmachermetropole La Chaux-de-Fonds bietet die dünn besiedelte Region zudem zwei äußerst sehenswerte Städte, an denen viele Reisende bisher vorbeigefahren sind.

26 Felsarena Creux du Van

TOP TIPP *Raus aus den Alpen – eines der größten Schweizer Naturwunder bietet der Jura.*

Für das ganz große Naturspektakel braucht es weder Viertausender noch kilometerlange Gletscher – auch nicht in der Schweiz. Beim Hôtel de l'Aigle im Zentrum von **Couvet** (740 m) biegt man von der Hauptstraße nach Süden ab und folgt gleich hinter den Gleisen der Beschilderung links hinauf Richtung Soliat/Creux du Van. Die Straße ist schmal, kurvenreich und sehr beliebt bei E-Bikern (Achtung auf Radfahrer, v. a. an Wochenenden!). Sie führt durch eine begeisternde grüne Landschaft mit immer weiterer Aussicht und sie endet nach etwa 12 km am Parkplatz vor dem Berggasthaus **Ferme de Soliat** (1382 m, Tel. 032 863 31 36, www.lesoliat.ch, Mitte April–Mitte Nov. geöffnet). Nach ungefähr 300 m erreicht man zu Fuß den Creux du Van und genießt eine der ganz großen Aussichten der Schweiz. Das weite Wiesenplateau bricht hier mit **160 m hohen senkrechten Felswänden** in einen gigantischen, halbrunden Talkessel ab. Am Rand des Abbruchs führt ein nicht gesicherter Pfad entlang. Wer nicht schwindelfrei ist, kann auch hinter dem parallel verlaufenden Steinmäuerchen entlangwandern. Der höchste Punkt liegt etwas zurückversetzt, er heißt **Le Soliat** (1464 m). Unter dem Gipfelkreuz erklärt eine Tafel das fantastische Panorama: vom Mont Blanc im Süden über die schier endlose Weite der Jura-Höhen zum Dorf **La Brévine** (1043 m) im Norden, das mit -41,8 ° C (gemessen am 12. Januar 1987) den Schweizer Kälterekord hält.

Fotogene Steinmäuerchen ziehen sich über die riesigen Weideflächen bei Le Soliat nahe der Abbruchkante des Creux du Van

Reise-Video Der Abbruch des Creux du Van
QR-Code scannen [s. S. 5] oder dem Link folgen: tinyurl.com/creuxduvan-jura

Val de Travers

Der flache Talboden zwischen den kleinen Ortschaften **Buttes** (770 m) im Westen und **Noiraigue** (729 m) im Osten wird auf beiden Seiten von hohen bewaldeten Flanken eingefasst. Abseits des touristischen Mainstreams bietet man den Besuchern im Val de Travers ein grandioses Revier zum Wandern und (E-)Biken. Erst 1986 endete der 300 Jahre währende Abbau von Asphalt, der ein labyrinthisches Gangsystem unter Tage zurückgelassen hat. Die Besichtigung der **Asphaltminen** (Site de la Presta, Travers, Tel. 032 864 90 64, www.gout-region.ch, 1. April–1. Nov. tgl. 10.30 und 14.30, Juli/Aug. auch 12.30 und 16 Uhr) ist heute eine der Hauptattraktionen im Tal.

Ein sehr ursprüngliches Ortsbild bietet **Môtiers** mit seinem ehemaligen Benediktinerkloster St. Pierre, das dem Philosophen Jean-Jacques Rousseau in den Jahren 1762–65 als Zuflucht diente. Heute hat sich hinter den Klostermauern die größte Schaumwein-Produktion in der Schweiz eingerichtet. Ein Blickfang ist das am Rand von Môtiers gelegene **Vieux Château**. Heimlicher Star des Tals ist aber ohne Frage die ›Grüne Fee‹ (s. S. 161), weshalb ein Besuch im **Maison de l'Absinthe** (Grand Rue 10, Tel. 032 860 10 00, www.maison-absinthe.ch, Ausstellung Di–Sa 10–18, So 10–17 Uhr, Bar und Geschäft tgl.) in Môtiers nicht fehlen darf. Von **Noiraigue** (729 m),

Der fantastische Weg durch die Schlucht der Areuse

Auf dem abenteuerlichen Pfad durch die Gorges de l'Areuse

Ein weiteres Naturschauspiel lockt am Fuß des Creux du Van. Durch die **wildromantische Schlucht** des Flüsschens Areuse führt ein spannender Weg. Man startet im kleinen Ort Noiraigue. Den gelben Wanderwegweisern ›Boudry‹ folgend gelangt man parallel zur Bahnlinie durch das immer enger werdende Tal zum **Champ du Moulin**. Hier geht es auf die andere Flussseite hinüber und hinein in die eigentliche Schlucht mit ihrer **wilden Felskulisse** – bis man am Ende überraschend auf die Weinberge von Boudry heraustritt.
Für die knapp 12 km lange Strecke braucht man 3 Std. Zurück geht es mit der Regionalbahn nach Noiraigue; Abfahrt in Boudry stündl. (10.36, 11.36 Uhr ...).

am Ende des Tals wunderschön unter hohen Felsen gelegen, startet man zur Wanderung durch die **Areuse-Schlucht** (s. links) oder zur spannenden Klettersteigpartie über die **Via ferrata du Tichodrome** (Ausrüstungsverleih im Ort, Tel. 032 889 69 19, info.vdt@ne.ch).

Praktische Hinweise

Information

Kiosque Goût & Région, Place de la Gare, 2103 Noiraigue, Tel. 032 889 68 96, www.neuchateltourisme.ch

Hotel

*** **Hôtel de l'Aigle,** Grand' Rue 27, 2108 Couvet, Tel. 032 864 90 50, www.gout-region.ch. So etwas wie das inoffizielle Zentrum des kleinen, feinen Nischentourismus im Tal. Viele Informationen, herzliche Atmosphäre, sehr gemütliche Gaststube. Auf den Tisch kommen Büffelfleisch aus der Umgebung und Absinth-Parfait.

Auf Tour

Couvet – Neuchâtel (33 km)

Vorbei an Noiraigue und durch einen Tunnel geht es hoch über der **Areuse** (rechts ist ein Abstecher in die Schlucht nach Champ de Moulin möglich) in aussichtsreicher Fahrt bergab. Der Blick ist wunderbar: vorne auf den Lac de Neuchâtel, hinten zurück zum Creux du Van. In **Rochefort** (759 m) biegt man rechts ab, fährt über Bôle hinab zur Autobahn und auf der parallel verlaufenden Hauptstraße 5, vorbei am kleinen Flughafen, über Auvernier nach **Neuchâtel** (434 m).

Anis, Fenchel, Süßholz, Minze, Koriander, vor allem aber Wermut: Daraus macht man im Val de Travers seit dem 19. Jh. Absinth

Die Grüne Fee

Wird etwas verboten, das Spaß macht, dann treibt man es eben im Verborgenen weiter. So wuchs auch der **Kult** um die ›Grüne Fee‹, ein Destillat aus Wermut, Anis, Fenchel und weiteren Kräutern, besser bekannt als: **Absinth**. Es waren nicht nur Künstler wie Édouard Manet oder Vincent van Gogh, die seit der zweiten Hälfte des 19. Jh. darauf schworen, sondern auch einfache Leute wie der Weinbergarbeiter Jean Lanfray, der im August 1905 seine schwangere Frau und seine beiden kleinen Töchter ermordet hatte – nachdem er nicht nur Wein und Branntwein, sondern auch zwei Gläser Absinth getrunken hatte. Die Tat fand international viel Beachtung. In den darauffolgenden Jahren wurde das grüne Zeug in den meisten europäischen Ländern und den USA **gesetzlich verboten**. Das führte im Val de Travers, wo man vom Wermutanbau und der Absinth-Destillation gelebt hatte, zu einiger Not. Und so destillierte man dort **heimlich** weiter. Keine Legende, sondern historisch verbürgt ist die Geschichte der Berthe Zurbuchen, die im Val de Travers 80 Jahre lang illegal Absinth brannte. Als sie in den 1960er-Jahren erwischt wurde, kam es zum Prozess. Der Richter setzte das Strafmaß auf 3000 Franken fest und die Verurteilte fragte ihn, ob er die Summe gleich haben wolle oder erst, wenn er die nächste Flasche bei ihr abhole. Im Jahr **2005 fiel das Verbot**. Längst weiß man auch, dass es nicht die Thujone, Bestandteile des ätherischen Öls des Wermuts, sind, die Absinthtrinker um den Verstand bringen können, sondern schlicht die 45–78, ja **sogar 90 % Alkohol**, die in so einer Flasche stecken. Wegen seiner Stärke wird Absinth mit Wasser verdünnt getrunken – in Frankreich mit, in der Schweiz ohne Zucker.

27 Laténium: Archäologisches Museum und Park

Wohnen auf Pfählen – was Menschen nach der Eiszeit so alles einfiel.

»Wissen vermitteln und zum Träumen anregen«: So heißt das Motto in **Laténium** (Espace Paul Vouga, Hauterive, Tel. 032 889 69 17, www.latenium.ch, Museum Di–So 10–17 Uhr), dem größten Archäologiemuseum der Schweiz, das 2001 am Ostrand von Neuchâtel eröffnet worden ist. Im Jahr 1857, als der Wasserspiegel des Lac de Neuchâtel (Neuenburgersee) noch 2 m höher war, stieß ein Fischer im schlammigen Uferbereich am Nordende des Sees auf die Überreste einer **keltischen Siedlung**. Seither hat man dort tausende Fundstücke inventarisiert: von Waffen und Werkzeugen über Münzen bis hin zu verschiedensten Geschirren. Der Fundort – die **Halbinsel La Tène** – wurde sozusagen zur Marke: Heute nennt man die jüngere Eisenzeit zwischen 450 und 50 v. Chr. ›Latènezeit‹. Damals erstreckte sich die keltische ›Leitkultur‹ von Irland und Frankreich bis nach Ungarn und zum nördlichen Mittelmeerraum. Insgesamt **111 prähistorische Pfahlbaustätten** in sechs Ländern rund um die Alpen nahm die UNESCO 2011 ins Welterbe auf, darunter 56 in der Schweiz. ›GESTERN ... zwischen Mittelmeer und Nordsee‹ heißt die Dauerausstellung in Laténium. Und sie beginnt tatsächlich schon beim Neandertaler. In acht Etappen wandern Besucher durch 50 000 Jahre europäische Geschichte. Hörstationen, Videoscreens und interaktive Terminals zeigen, dass seit der Steinzeit ein paar Jahre ins Land gezogen sind. Im **Museumspark** am Seeufer wurden

Sehr moderne und außerordentlich alte Architektur bilden im archäologischen Museum Laténium ein absolut zeitgemäßes Ausstellungskonzept

Entspannte Einkehr am kleinen Platz La Croix-du-Marche beim Bummel durch die schönen Gassen der Altstadt von Neuchâtel

Ökosysteme der verschiedenen Epochen sowie Pfahlbauten rekonstruiert: Absolut originalgetreu ist dagegen der wunderbare Blick übers Wasser. Die Zufahrt von Neuchâtel ist zwar ausgeschildert, verlangt aber im Straßen-Wirrwarr etwas Konzentration.

TOP TIPP Neuchâtel

Unter den Schweizer Städten darf **Neuchâtel** (dt. Neuenburg, 33600 Einwohner) noch als ein Geheimtipp gelten. Die Lage auf dem schmalen Landstreifen am Nordufer des gleichnamigen Sees, dem Wasser und der Sonne zugewandt, ist grandios. Man kann die Besichtigung beim Wahrzeichen der Stadt beginnen, dem märchenhaften Ensemble von **Schloss und Stiftskirche** (12. Jh.) auf einem kleinen Berg über der Altstadt. Die Kirche (tgl. offen, umfangreiches Konzertprogramm) bietet gotische Baukunst in Reinkultur, von innen wie von außen. Ein Traum ist der blaue Sternenhimmel auf dem Kreuzrippengewölbe. Das Schloss (Tel. 032 88 94 00 31, April–Sept. Di–Fr 10–16 Uhr stdl., Sa–Mo und Fei 14, 15, 16 Uhr) kann im Rahmen von Führungen besichtigt werden. Danach geht es hinab in die malerischen Gassen der **Altstadt**. Bei der Tourismus-Information erhält man eine ausgezeichnete Gratisbroschüre mit allen wichtigen Stationen, die man ohnehin finden wird – das Zentrum ist klein und sein Herz schlägt auf dem entzückenden **Marktplatz** (Place des Halles; Markttage: Di, Do und Sa). Den besten Blick über die Dächer hat man vom klotzigen **Gefängnisturm** (Rue Jehanne-de-Hochberg, April–Okt. tgl. 10–18 Uhr) unterhalb der Kollegiatskirche, dessen Ursprünge ins 10. Jh. zurückreichen. Sehenswert ist auch das **Hôtel DuPeyrou**, etwas östlich der eigentlichen Altstadt: ein barockes Herrenhaus (1765/70) mit einem herrlichen französischen Garten. Besonderes Highlight im Museum für Kunst und Geschichte im **Palais des Beaux-Arts** (Esplanade Léopold-Robert 1, Tel. 032 717 79 20, www.mahn.ch, Di–So 11–18 Uhr) ist die Automatensammlung mit ausgewählten Exemplaren der im 18. Jh. weltberühmten Uhr- und Automatenproduktion. Bei schönem Wetter unbedingt zu empfehlen ist die **Drei-Seen-Rundfahrt** (Navigation Lacs de Neuchâtel et Morat, Port de Neuchâtel, Tel. 032 729 96 00, www.navig.ch).

Praktische Hinweise

Information

Tourisme neuchâtelois, Hôtel des Postes, 2001 Neuchâtel, Tel. 032 889 68 90, www.neuchateltourisme.ch

Hotel

*****s **Beau-Rivage Hotel,** Esplanade du Mont-Blanc 1, 2001 Neuchâtel, Tel. 032 723 15 15, www.beau-rivage-hotel.ch. Luxuriöser, aber nicht zu großer Hotelpalast in herrlicher Lage in einem kleinen Park unmittelbar am Ufer des Neuenburgersees. Traumhafter Blick über den See auf die Alpen – am schönsten natürlich von der riesigen Alfred-Borel-Suite. Modern eingerichtetes Restaurant mit feiner regionaler Küche.

Restaurants

Brasserie Le Jura, Rue de la Treille 7, 2000 Neuchâtel, Tel. 032 725 14 10, www.brasserielejura.ch. Typische Brasserie mit typischer Küche – z.B. Kutteln à la Neuchâteloise, Sauerkraut und Käsefondue. Die Pommes frites sind natürlich hausgemacht (Mo–Sa 12–14 und 19–22 Uhr).

L'Annexe, Faubourg du Lac 31, 2000 Neuchâtel, Tel. 032 724 14 30, www.annexe.ch. Hierher kommt, wer Crêpes in allen Varianten liebt: mit Huhn, Käse, Schinken, Schokolade und anderem mehr. Publikum von Business bis Uni (Mo–Fr 11–14.30 und 17.30–22.30 Uhr).

Restaurant DuPeyrou, Av. Du Peyrou 1, 2000 Neuchâtel, Tel. 032 725 11 83, www.dupeyrou.ch. Das Ambiente im

Ein rechter Winkel ist eher langweilig, viele rechte Winkel sind höchst erstaunlich: La Chaux-de-Fonds ist ein Fest für Städteplaner und Architekten

Hôtel DuPeyrou ist edel und aus dem 18. Jh., der Service und die Speisen halten das Niveau locker, sind aber merklich frischer. Hervorragende Wein-Auswahl. Natürlich nicht billig (Di–Sa).

➔ Auf Tour

Neuchâtel – La Chaux-de-Fonds (23 km)

Man fährt in Neuchâtel nicht auf die Autobahn J20 (die weiter oben in einem Tunnel verschwindet), sondern nimmt daneben die Hauptstraße 20. Sie führt zunächst hinauf zum trutzigen **Château de Valangin** (Tel. 032 857 23 83, www.chateau-de-valangin.ch, März–Okt. Mi–So 11–17 Uhr) mit seinem beachtenswerten Schlossmuseum und weiter ansteigend zum großen Parkplatz auf dem **Col de la Vue des Alpes** (1283 m). Der Name hält, was er verspricht: Man sieht von dem Jura-Pass die Alpen – sehr gut sogar! Über offenes Land rollt man danach hinab in die wohl untypischste und überraschendste Stadt der Schweiz.

28 La Chaux-de-Fonds/ Le Locle Stadtlandschaft & Uhrenindustrie

Die faszinierende Geschichte der Stadt, die wie ein Uhrwerk funktioniert.

La Chaux-de-Fonds (38 700 Einwohner) liegt in einem breiten und sehr grünen Hochtal auf rund 1000 m Höhe. Wo ist das Welterbe? Diese Frage stellen sich viele, die kommen um zu sehen, was die UNESCO im Jahr 2009 mit diesem Prädikat ausgezeichnet hat. Der Blick von oben aus einem Hubschrauber (oder – billiger – am Bildschirm auf Google Earth) gibt eine erste Erklärung: Der größte Teil der Stadt ist in einem engen **Schachbrettmuster** angelegt, wobei die Häuserzeilen in Längsrichtung, von Südwesten nach Nordosten, verlaufen. Tatsächlich wurde La Chaux-de-Fonds als moderne Industriestadt neu errichtet, nachdem ihre Vorgängerin im Jahr 1794 einem verheerenden Brand zum Opfer gefallen war. Am Beginn des 19. Jh. war es vor allem die **Uhrenindustrie**, die das Wirtschaftsleben prägte, im weiteren Verlauf kamen der Maschinen- und Metallbau, die Mikromechanik, Chemie und Elektronik dazu. Erstaunlich: Trotz des strengen Rasters wirken die Straßen nicht eintönig. Die frühe Industrie siedelte sich noch nicht am Stadtrand an, sondern zwischen den Wohnbereichen – und weil man früher mehr Wert auch auf die Architektur von Zweckbauten legte, ist das nicht nur verblüffend, sondern auch attraktiv anzusehen. Den besten Überblick hat man aus der 14. Etage des runden **Tour Espacité** beim Tourismusbüro (Place Espacité), wo eine ausgezeichnete Broschüre erhältlich ist (auch per Download: www.chaux-de-fonds.ch), die **zwei Rundgänge** (2 Std. bzw. 45 Min.) detailliert beschreibt – unbedingt zu empfehlen. Für Architekturliebhaber ist die Stadt – ebenso wie das benachbarte, deutlich kleinere, aber ganz ähnlich angelegte **Le Locle** – ein Fest. Im Gemisch von freundlichen Mehrfamilienhäusern, schicken Villen und schönen (ja!) Fabrikgebäuden stechen insbesondere die vielen großartigen **Jugendstilbauten** heraus. Auch einige Werke des Architekten Le Corbusier, der hier im Jahr 1887 geboren wurde, sind zu sehen, darunter das 1912 errichtete **Maison Blanche** (Chemin de Pouillerel 12, Tel. 032 910 90 30, www.maisonblanche.ch, Fr–So 10–17 Uhr und auf Voranmeldung) und die **Villa Turque** (Rue du Doubs 167) von 1917. Alte, verlassene Wohnhäuser und Industriebrachen sind

Auch in einer Stadt voller Ecken gibt es Häuser mit runden Bögen: das Maison Blanche von Le Corbusier

Die Zeit für einen Besuch im Internationalen Uhrenmuseum in La Chaux-de-Fonds sollte man sich unbedingt nehmen

ebenfalls zu sehen – auch das gehört zu einer lebendigen Industriegeschichte.

Im Parc des Musées ist neben dem **Historischen Museum** (Rue des Musées 31, Tel. 032 967 60 88, www.mhcdf.ch, Di–So 10–17 Uhr) und dem sehr interessanten **Kunstmuseum** (Rue des Musées 33, Tel. 032 967 60 77, www.mbac.ch, Di–So 10–17 Uhr) natürlich insbesondere das TOP TIPP **Internationale Uhrenmuseum** (Musée International de l'Horlogerie, Rue des Musées 29, Tel. 032 967 68 61, www.mih.ch, Di–So 10–17 Uhr) ein Muss. Es ist weltweit das umfangreichste Museum seiner Art. Besucher haben hier auch die Gelegenheit, Uhrmachern bei der Restaurierung alter Exemplare zuzusehen. Ein Geschichtsdenkmal von nationaler Bedeutung ist daneben das **Théâtre L'Heure bleue** (Av. Léopold-Robert 27, Tel. 032 967 60 50, www.tpr.ch) von 1836/37. Es bietet eine traumhafte Architektur und im benachbarten Konzertsaal eine einzigartige Akustik.

i Praktische Hinweise

Information

Tourisme neuchâtelois, Espacité 1, 2302 La Chaux-de-Fonds, Tel. 032 889 68 95, www.neuchateltourisme.ch

Restaurants

La Ferme des Brandt, Petites crosettes 6, 2300 La Chaux-de-Fonds, Tel. 032 968 59 89, www.fermedesbrandt.ch. Alter Bauernhof nordöstlich oberhalb der Stadt auf der grünen Wiese mit schöner Sonnenterrasse. Sehr beliebt wegen seiner regionalen Spezialitäten und dem Brot aus dem eigenen Holzofen (Di, Do–Sa, 11–15 und 18.30–24, So 11–17 Uhr).

Land der Freien: Naturidylle am Étang de la Gruère auf dem Hochplateau der Freiberge unweit von Saignelégier

Restaurant de l'Hôtel-de-Ville, Rue de l'Hôtel-de-Ville 1, 2300 La Chaux-de-Fonds, Tel. 032 968 46 66, www.hotel-de-ville-2300.ch. Spezialitäten aus dem Jura und ein sagenhaftes Weinangebot – zu sehr fairen Preisen (Mo–Sa 9–23.30 Uhr).

Auf Tour

La Chaux-de-Fonds – Saint-Ursanne (55 km)

Nach Nordosten gelangt man aus La Chaux-de-Fonds hinaus auf die leicht gewellte, rund 1000 m hoch gelegene Hochfläche der **Freiberge** (Franches-Montagnes): eine raue, dünn besiedelte Gegend über dem nördlich gelegenen Canyon des **Doubs**. Ausgedehnte Weideflächen, Baumgruppen und kleine Wäldchen prägen das Bild. Dazwischen liegen verstreute Dörfer und Einzelhöfe. Ihren Namen erhielt diese Landschaft schon im Jahr 1384. Um mehr Siedler auf die Hochfläche zu locken, stellte Fürstbischof Imer von Ramstein (im heutigen Kanton Basel) ihnen einen **Freibrief** aus: Wer hier oben den Boden rodete, war von allen Steuern und Zinsen befreit.
Über die breite, gut ausgebaute Straße gelangt man über **Le Noirmont** zum Hauptort der Freiberge, nach **Saignelégier** (982 m). Knapp 6 km südöstlich des Ortes liegt das male-

rische Hochmoor **Étang de la Gruère,** das vielen seltenen und auf der roten Liste stehenden Pflanzen und Tieren Lebensraum bietet. Für Spaziergänger wurde hier ein ungemein lohnender Rundweg (ca. 1 Std.) angelegt; der Zugang erfolgt vom Parkplatz bei der Moulin de la Gruère im Süden des Moores.

Größtes Ereignis in Saignelégier ist seit dem Beginn des 20. Jh. der **Pferdemarkt** an jedem zweiten Augustwochenende. Ursprünglich ins Leben gerufen, um die einheimische Rasse der Freiberger Pferde populärer zu machen, ist aus dem Markt längst ein Pferdefest geworden. Als Symbole der Freiheit auf den Freibergen, sind Pferde von den riesigen Weiden nicht wegzudenken – und längst auch ein touristischer Faktor. Außerdem beherbergt Saignelégier die Verwaltung des 300 km² großen Naturparks **Parc naturel régional du Doubs** (Place du 23 Juin, Tel. 032 420 46 70, www.parcdoubs.ch.

Über den Clos du Doubs

Weiter geht es noch kurz auf der Hauptstraße 18 bis nach **Montfaucon** (993 m). Hier beginnt der beeindruckende, aber erstaunlich wenig bekannte Streckenabschnitt durch die einzigartige Landschaft des Clos du Doubs. Links (nördl.) biegt man ab nach Les Enfers und erreicht kurz darauf den Abbruch der Hochfläche. In engen Kehren führt die Straße hinab ins Dorf **Le Soubey** (476 m), das idyllisch am Ufer des Doubs liegt. Vielfach gewunden, ist dieser über ca. 40 km der Grenzfluss zum gleichnamigen französischen Departement. Sehenswert in Le Soubey ist die **alte Mühle** von 1565. Sie mahlte noch bis 1968 das Getreide der umliegenden Bauernhöfe, betrieb ein Sägewerk und erzeugte Strom. Wer sich hier die Beine vertreten möchte: Am Südufer des Flusses verlaufen nach beiden Seiten schöne Wege.

Aus dem Ort geht es durch die romantische Landschaft hinauf

TOP TIPP

auf den **Clos du Doubs**, den lang gezogenen, bewaldeten Bergrücken über der weiten 180-Grad-Schleife des Doubs bei Saint-Ursanne. Die Strecke dorthin, über **Epauvillers** (696 m), ist eine der aufregendsten Straßen der Grand Tour of Switzerland: sehr schmal, sehr kurvig, mit immer neuen Ausblicken ins Grüne auf eine völlig unzerstörte einsame Landschaft. Bei den wenigen Häusern von **Les Prés** (717 m) führt das Sträßchen auf die Nordseite des Bergrückens hinüber und wieder hinab zum Doubs – zuletzt mit einem überraschenden Blick auf die Dächer von Saint-Ursanne.

Praktische Hinweise

Information

Jura Tourisme, Rue de la Gruère 6, 2350 Saignelégier, Tel. 032 420 47 70, www.juratourisme.ch

Hotel

*** **Hôtel Cristal,** Chemin des Sports 10, 2350 Saignelégier, Tel. 032 951 24 74, www.hotelcristal.ch. Modernes Sport-, Wellness- und Seminarhotel mitten im Grünen am Südrand von Saignelégier. Beauty und Massagen gibt's indoor, jede Menge Platz für Aktivitäten outdoor.

29 Saint-Ursanne

TOP TIPP *Spaziergang durchs Mittelalter an den Ufern des Doubs.*

Das kleine Städtchen **Saint-Ursanne** (438 m) mit seinen knapp 700 Einwohnern sieht so gut aus, dass man ihm nicht nur einen eigenen Bahnhof, sondern auch eine eigene Autobahnausfahrt spendiert hat – was nur möglich war, da die A16 hier zwischen zwei langen Tunnels ganz kurz im Freien verläuft. Dennoch ist Saint-Ursanne angenehm ruhig geblieben. **Drei Tore** führen in die Stadt, am schönsten und fotogensten ist der Zugang von Süden über die 1728 erbaute **Doubs-Brücke** mit der Statue des hl. Nepomuk und durch die **Porte Saint-Jean** (nur zu Fuß, Parkplatz kurz davor an der Straße). Das puppenstubenhafte Ortsbild wird geprägt von Bürgerhäusern aus dem 14.–18. Jh. und natürlich von der **Stiftskirche** aus dem 12./14. Jh. mit ihrem eindrucksvollen Südportal (Ende 12. Jh.) und dem frühgotischen Kreuzgang. Nördlich der Kirche steht das **Kloster,** das 1380 auf den Resten einer älteren Abtei aus dem 11. Jh. errichtet wurde. Die Gründung von Saint-Ursanne geht auf die Legende vom Eremit Ursicinus zurück, der von 612–19 in einer Grotte über der Stadt gelebt haben soll. Zu seiner **Einsiedelei**, an der seit 1621 eine (nachgebaute) Kapelle steht, führt eine steile Treppe mit 190 Stufen; der Zugang erfolgt durch das westliche Stadttor. Eindrucksvoll, wenn auch deutlich jünger, ist außerdem der Eisenbahnviadukt im Osten der Stadt.

Praktische Hinweise

Information

Jura Tourisme, Place Roger Schaffter, 2882 Saint-Ursanne, Tel. 032 420 47 73, www.juratourisme.ch

Restaurant

Hôtel du Boeuf, Rue du 23 Juin 60, 2882 Saint-Ursanne, Tel. 032 461 31 49, www.hotelduboeuf.ch. Einfaches, gemütliches Hotelrestaurant in der Altstadt. Viele Produkte stammen aus der nahen Umgebung (Di–Sa 7.30–23, So 7.30–18 Uhr).

Auf Tour

Saint-Ursanne – Basel (72 km)

Sehr schön führt die Straße nach Osten unter der Autobahn hindurch und hinauf zum **Col des Rangiers** (856 m). Weiter geht es mit wunderbarem **Jura-Panorama** auf der gut ausgebauten Hauptstraße 6 durch unverbaute Landschaft nach Deve-

Als wären die Jahrhunderte nie vergangen: das städtebauliche Gesamtkunstwerk Saint-Ursanne am Ufer des Doubs

lier. Am Ortsausgang und kurz darauf in Delémont (414 m) holen einen Industrie und Gewerbe wieder in die Gegenwart zurück. Doch **Delémont** (dt. Delsberg), mit gut 12 000 Einwohnern der Hauptort des Kantons Jura, besitzt auch zwei Stadttore und zwischen beiden eine hübsche Altstadt. Fünf große **Figurenbrunnen** (16. Jh.) geben auf den Plätzen Orientierung. Prägende Bauten sind das Parlamentsgebäude sowie der fürstbischöfliche Palast, kulturelles Highlight ist das **Jurassische Museum für Kunst und Geschichte** (Rue du 23-Juin 52, Tel. 032 422 80 77, www.mjah.ch, Di–Fr 14–17, Sa/So 11–18 Uhr), das Geschichte, Kultur, Politik und Wirtschaft der Region erklärt.

Bei der Weiterfahrt nach Norden lohnt gleich hinter der Stadt der Aufstieg zur **Wallfahrtskapelle Notre-Dame du Vorbourg**. Unterhalb der Burgruine Vorbourg, auf einem Felsen hoch über der Klus, dem engen Taldurchlass, bietet das älteste Marienheiligtum im Kanton Jura (1049 geweiht) einen tollen Blick auf Delémont. Man kann nun weiter auf der Hauptstraße 18 direkt nach Laufen fahren, landschaftlich schöner ist die weite Schleife nach Westen: Kurz hinter der Kapelle bei **Soyhières** links ab, dann durch ein enges Waldtal (La Combe) nach Movelier und durch einsame Jura-Landschaft nach **Roggenburg** im Kanton Basel-Landschaft. Hier geht es nach Osten via Kleinlützel und **Röschenz** (450 m) nach **Laufen** (355 m), dessen größte Sehenswürdigkeit das Obertor mit dem ›Zeitturm‹ samt seinem großen Zifferblatt und der astronomischen Uhr darstellt. Ansonsten fährt man von Röschenz auf aussichtsreicher Strecke über den **Challpass** (746 m) und die wunderschön auf Wiesengrund, am Fuß waldiger Berge gelegenen Dörfer **Metzerlen** und **Mariastein** auf Basel (259 m) zu.

Nah ans Ufer gebaut:
Grossbasel über dem Rhein

Basel

Basel – Kunst und Kultur, Museen und Masken

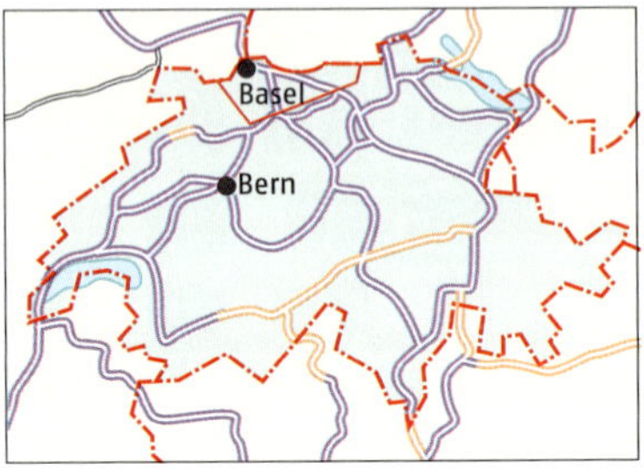

Die »drey scheenschte Dääg« der berühmten Basler Fasnacht sind schnell vorbei. Gut so, denn das riesige Angebot an Kunst und Kultur, mit dem die Stadt ihre Besucher umgarnt, erlebt man am besten ohne Maske. Im Dreiländereck Deutschland-Frankreich-Schweiz wird neben viel Hightech ein toller Mix aus Mittelalter und Moderne geboten – und die Wahl zwischen über 40 Museen. Nicht verpassen sollte man bei der An- oder Rückfahrt den Zwischenstopp in Arlesheim und Dornach, wo mit dem Dom und dem Goetheanum zwei höchst unterschiedliche Architektur-Glanzpunkte zu bestaunen sind.

30 Kulturstadt Basel

Kunst, Kultur und Museen in Hülle und Fülle – die drittgrößte Stadt der Schweiz bietet beste Unterhaltung.

Mit 174000 Einwohnern ist **Basel** (259 m) die drittgrößte Stadt der Schweiz (hinter Zürich und Genf), doch an Internationalität steht sie nicht zurück. Grund dafür sind v.a. die Lage im **Dreiländereck** unmittelbar an den Grenzen zu Deutschland und Frankreich, die bedeutende Pharma- und Chemieindustrie sowie die Verkehrssituation: Zusammen mit dem französischen Mulhouse teilt Basel sich den internationalen Flughafen. Und die Frachthäfen am Rhein, die den Zugang zur Nordsee erschließen, sind die einzigen der Schweiz. Basel hat die **älteste Universität** der Eidgenossenschaft (1460 gegründet), und wo viele Studenten sind, ist die Atmosphäre lebendig. Am besten erkundet man die Stadt zu Fuß. Fast alle bedeutenden Sehenswürdigkeiten findet man auf

TOP TIPP

dem linken, dem südlichen Rheinufer – in **Grossbasel** also, dessen Quartiergrenze dem Verlauf der ehemaligen Stadtmauer von 1200 folgt. Heute shoppt man hier in teuren Boutiquen und konsumiert Kunst. **Kleinbasel**, auf der rechten Seite des Rheins und auch schon im 13. Jh. gegründet, hat eine andere Kultur: multikulturell, weniger schick, preiswerter. Doch zurück nach Grossbasel. Der eigentliche Altstadtbereich erstreckt sich zwischen dem **Spalentor** 1 (14. Jh.) im Westen und der **Wettsteinbrücke** 2 im Osten. ›Sightshopping‹ könnte man den Bummel vorbei an Boutiquen, Antiquariaten und Designerläden im Gassengewirr links und rechts der Freien Strasse und rund

Im roten Sandsteingemäuer des Basler Rathauses – hier der Innenhof – tagen der Grosse Rat (Legislative) und der Regierungsrat (Exekutive) der Stadt

um den **Marktplatz** 3 nennen. Wer dabei in die Gerbergasse kommt, sollte im **Läckerli Huus** (Nr. 57) gleich zwei süße Spezialitäten probieren: Basler Honigkuchen und Baselbieter Rahmtäfeli. Sehr pittoresk wirken die historischen Häuserzeilen am **Spalenberg** 4, in die längst angesagte Labels, Galerien und Feinkostgeschäfte eingezogen sind. Nicht nur Berlin, auch Basel hat ein rotes **Rathaus** 5 (Marktplatz) – hier jedoch stammt es aus den Jahren 1501–21. Rund 300 m weiter südöstlich ragt direkt über dem Rheinufer das eigentliche Wahrzeichen der Stadt auf: die Silhouette der zwei Türme über dem Münster. Die Baugeschichte des **Basler Münsters** 6 (Münsterplatz, Tel. 061 277 45 43, www.baslermuenster.ch, Sommerzeit Mo–Fr 10–17, Sa 10–16, So/Fei 11.30–17 Uhr, Winterzeit Mo–Sa 11–16, So/Fei 11.30–16 Uhr) reicht von der Romanik (1019) bis in die Gotik (1500); beide Türme können bestiegen werden.

Basel hat sich als *die* **Kunst- und Kulturmetropole** der Schweiz profiliert. Mit 40 Adressen bietet die Stadt die höchste Museumsdichte des Landes. Die bedeutendste Kunstsammlung der ganzen Schweiz besitzt das **Kunstmuseum Basel** 7 (St. Alban-Graben 16, Tel. 061 206 62 62, www.kunstmuseumbasel.ch). Es präsentiert Werke aus dem frühen 15. Jh. bis zum 20. Jh.: von Holbein, Cranach und Grünewald bis van Gogh, Gauguin und Cézanne, von europäischem Kubismus und Expressionismus bis zu amerikanischer Pop Art. Leider wird die Sammlung erst wieder ab April 2016 im renovierten Haupthaus und im aufregenden Neubau gezeigt. Bis dahin sind ausgewählte Werkgruppen (›Cézanne bis Richter‹) im **Museum für Gegenwartskunst** 8 (St. Alban-Rheinweg

60, Tel. 061 206 62 62, www.kunstmuseumbasel.ch/mgk, Di–So 10–18 Uhr) zu sehen, das in einer besonders hübschen Ecke des malerischen St.-Alban-Quartiers liegt. Einen weiteren Teil der Sammlungen des Kunstmuseums zeigt 2015 das **Museum der Kulturen Basel** 9 (Münsterplatz 20, Tel. 061 266 56 00, www.mkb.ch, Di–So 10–17, jeden 1. Mi im Monat 10–20 Uhr). Mit seinem riesigen Bestand von mehr als 300 000 Objekten gehört es zu den großen ethnografischen Sammlungen Europas.

Zwei wichtige Museen liegen etwas außerhalb des Stadtzentrums: Kurz vor Lörrach, nahe der deutschen Grenze, hat der italienische Star-Architekt Renzo Piano 1997 einen flachen Riegel auf die grüne Wiese gestellt. Hier präsentiert die **Fondation Beyeler** 10 (Baselstr. 101, Riehen/Basel, Tel. 061 645 97 00, www.fondationbeyeler.ch, tgl. 10–18, Mi bis 20 Uhr) rund 250 Werke der Klassischen Moderne zwischen Paul Cézanne und Andy Warhol, Roy Lichtenstein und Francis Bacon – neben Stammeskunst aus Afrika, Ozeanien und Alaska. Ein weiteres modernes Highlight ist das **Jean-Tinguely-Museum** 11 (Paul Sacher-Anlage 1, Tel. 061 681 93 20, www.tinguely.ch, Di–So 11–18 Uhr) am Rand des Solitudeparks auf dem nördlichen Rheinufer. Die skurrilen Metallmaschinen und Skulpturen des Schweizer Bildhauers fühlen sich hier sichtlich wohl. Ausgesprochen nett ist auch Jean Tinguelys **Fasnachtsbrunnen** 12, südlich des Barfüsserplatzes am Steinenberg 7: ein seichtes Becken, in dem zehn mechanisch-bewegte ›Persönlichkeiten‹ auf reizende Weise Wasser verspritzen.

Apropos Wasser: Basel bietet die einzigartige Gelegenheit einer Hafenrundfahrt im Alpenland Schweiz! Mit der **Basler Personenschifffahrt** 13 (Schifflände, Tel. 061 639 95 00, www.bpg.ch) geht es auf große Fahrt vom Dreiländereck durch die Stadt

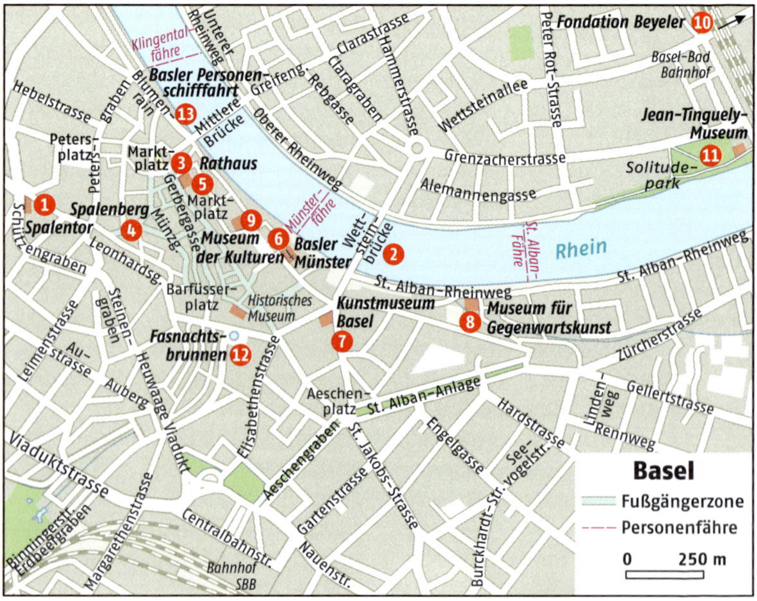

In den lichten Hallen des Jean-Tinguely-Museums am Solitudepark auf der Kleinbasler Seite werden die Besucher selbst zu Exponaten

hindurch bis nach Rheinfelden. Neben den Frachthäfen sieht man hier auch die großen **Schleusenanlagen** Birsfelden und Augst – und die Altstadtkulisse vom Wasser. Und dann sind da noch die **vier Rheinfähren** (www.faehri.ch): ›Wild Maa‹ (St.-Alban-Fähre, auf Höhe des Museums für Gegenwartskunst), ›Leu‹ (Münster-Fähre, beim Basler Münster), ›Vogel Gryff‹ (Klingental-Fähre, zwischen Klingental- und Petersgraben) und ›Ueli‹ (St.-Johann-Fähre, unter der Dreirosenbrücke). Die Fähren überqueren den Fluss ohne Motor, nur durch die Strömung angetrieben, und sind tatsächlich viel genutzte Verkehrsmittel der Basler Bevölkerung.

TOP TIPP

Reise-Video Über der Altstadt Grossbasel

QR-Code scannen [s. S. 5] oder dem Link folgen: tinyurl.com/altstadt-grossbasel

Bei der **Fahrt Richtung Neuchâtel** bietet sich die Route über Arlesheim und Dornach, unmittelbar neben der Autobahn A18, an. Im berühmten **Dom von Arlesheim**, 1681 geweiht, kann man mit etwas Glück den Klängen der letzten noch spielbaren Silbermannorgel der Schweiz lauschen. Der Innenraum des Doms wird bis Herbst 2015 saniert, ist aber tagsüber zugänglich. Zu Fuß geht es dann vom Domplatz über den Mühlebodenweg in die **Ermitage** (Tel. 0617022618, www.ermitage-arlesheim.ch) unterhalb der malerischen Burg Reichenstein (13. Jh.) und der Ruine Birseck (Mai–Sept. Mi/So 14–17 Uhr). Dieser größte **englische Landschaftsgarten** der Schweiz (40 ha) mit seinen angelegten Teichen und Bächlein, mit felsigen Höhlenwegen, mit seinen Mühlen und der Einsiedelei ist immer zugänglich. Nur wenige 100 m südlich, in **Dornach**, ragt unübersehbar das **Goetheanum** (Rüttiweg 45, Tel. 0617064242, www.goetheanum.ch, tgl. 8–22 Uhr) auf, Mittelpunkt der anthroposophischen Bewegung von Rudolf Steiner, der das imposante, fast einschüchternd wirkende Gebäude selbst plante. Von 1925–28 wurde auf grünem Wiesenhang oberhalb von Dornach gebaut: in Sichtbeton und äußerlich ohne rechten Winkel, mit zwei Bühnen und vielen Veranstaltungsräumen für Theateraufführungen, Konzerte und Konferenzen. Rund um das Monument stehen in der parkartigen Umgebung weitere Gebäude in seltsamer Hobbitarchitektur.

Praktische Hinweise

Information

Basel Tourismus, Stadt-Casino am Barfüsserplatz, 4010 Basel, Tel. 061 268 68 68, www.basel.com

Baselland Tourismus, Altmarktstr. 96, 4410 Liestal, Tel. 061 927 64 64, www.baselland-tourismus.ch

Hotels

*******s Grand Hotel Les Trois Rois,** Blumenrain 8, 4001 Basel, Tel. 061 260 50 50, www.lestroisrois.com. Schon 1681 gab es an dieser Stelle die Herberge ›Drei Könige‹. Heute ist es immer noch das erste Haus in Basel, ein Palast mit Historie mitten in der Altstadt, neben der Schifflände am Rhein. Die 101 Zimmer und Suiten sind ebenso luxuriös wie individuell und in edlen Farbtönen ausgestaltet.

TOP TIPP ***** Der Teufelhof Basel,** Leonhardsgraben 49, 4051 Basel, Tel. 061 261 10 10, www.teufelhof.com. Die Basler Institution: eine Mischung aus schlichtem Komfort, Gastronomie und Veranstaltungsort in zwei Stadthäusern aus dem 18. Jh. Top-Lage unmittelbar am Rand des Gassengewirrs zwischen Münster und Uni. Die Wahl der ›Kreativen‹.

***** Hotel Bildungszentrum 21,** Missionsstr. 21, 4055 Basel, Tel. 061 260 21 21, www.bildungszentrum-21.ch. Herrliche Anlage in einem Park unweit des Spalentors. Das ehemalige Missionshaus steht heute unter Denkmalschutz und hat sich auch als Seminarhotel einen Namen gemacht.

Restaurants

Cheval Blanc, Blumenrain 8, 4001 Basel, Tel. 061 260 50 07, www.lestroisrois.com. Zwei Michelin-Sterne, 19 Gault-Millau-Punkte – und so sieht es auch aus. Im Grand Hotel Les Trois Rois führt Chefkoch Peter Knogl die mediterrane Küche zu schwindelerregenden Höhen (Di–Sa 12–14 und 19–22 Uhr). Auch das zweite Hotel-Restaurant, die Brasserie ›Les Trois Rois‹, hat 14 Punkte erkocht: mit schweizerisch-französischen Spezialitäten (tgl. 12–14 und 18–22.30 Uhr).

Consum, Rheingasse 19, 4058 Basel, Tel. 061 690 91 35, www.consumbasel.ch. Die Bar mit Salami- und Käsespezialitäten und über 100 Weinen. Mittags täglich wechselnde Suppen, Salat und gemischte *Plättli*, abends Salami, Käse und gemischte *Plättli* … Sehr gute Weinkarte, Biere von lokalen Mikro-Brauereien und eine schöne Atmosphäre (Mo–Sa 11–23, So 17–23 Uhr).

Restaurant Platanenhof, Klybeckstr. 241, 4057 Basel, Tel. 061 631 00 90, www.platanenhof-basel.ch. Bei schönem Wetter bleibt man gern draußen unter den Bäumen. Drinnen sieht es wie in einer typischen alten Quartierbeize aus. Saisonale Frischeküche und täglich selbst gebackenes Brot (Di–Fr 11–14.30 und 17–24, Sa 18–24 Uhr).

Durch und durch Daig: Christoph Merian (1800–1858) stammte aus einer der reichsten Kaufmannsfamilien der Schweiz und gründete eine gemeinnützige Stiftung

Der Daig

Burckhardt, Merian, Vischer, Schlumberger, Sarasin, Iselin, Faesch ... Wer einen dieser Nachnamen trägt und aus Basel ist, wer darüber hinaus in einem Haus im **vornehmen St.-Alban-Quartier** am südöstlichen Stadtrand wohnt, am besten in einer Villa, deren Briefkasten und Türschild nur mit den Initialen bezeichnet ist, gehört ziemlich sicher dazu: zur eingeborenen **Basler Oberschicht**, dem ›Daig‹, der nicht mit einem Begriff wie den ›Oberen Zehntausend‹ umschrieben werden kann. Auch im demokratischen Musterland Schweiz gibt es tief wurzelnde **Reste von Feudalismus**. Es handelt sich hier um eine Elite wirtschaftlich, sozial und kulturell tonangebender Familien des alten Bürgertums, das es im 19. Jh. vor allem mit Seidenhandel und Finanzgeschäften zu großem Wohlstand gebracht hat. Diesen Reichtum nicht zur Schau zu stellen, sondern in Teilen und vorgeblich anonym dem Gemeinwesen weiterzugeben – etwa durch die **Finanzierung des Kulturlebens** –, ist dabei wesentlich. Man kann nicht Daig *werden*, man *ist* es. Und man grenzt sich sowohl nach unten als auch zur neureichen Seite ab, z.B. mithilfe einer entsprechenden Heiratspolitik. Da Familienunternehmen zu Aktiengesellschaften geworden sind und globalisierte Finanzdienstleister oder Chemieunternehmen längst von einer Kaste internationaler Jobhopper geführt werden, sind die Sprach- und Verhaltenscodes, die den Unterschied ausmachten, mit der Zeit verschwunden oder bedeutungslos geworden. In einem Interview mit der Tageszeitung *bz Basel* erklärte der Basler Politiker Leonhard Burckhardt, Mitglied einer der klassischen Daig-Familien, am 13. Oktober 2013: »Was ist der Daig? Aus meiner Sicht existiert er nicht mehr.«

Verdiente Mitarbeiterinnen der Fribourger Schokolade- und Käseproduktion

Fribourg Region

Fribourg Region – die Schweiz von ihrer Schokoladenseite

Eine ganze Region als ›Zwischenraum‹! Reisende bewegen sich im Kanton Fribourg geografisch zwischen Jura und Alpen, landschaftlich zwischen sanften Wiesenkuppen und schroffen Felsspitzen wie dem Moléson (2002 m), sprachlich zwischen Deutsch und Französisch, kulinarisch zwischen Käse und Schokolade. Auf dem Weg durch den sehr grünen Kanton stoppt man in den bilderbuchschönen Städtchen Murten und Gruyères – und natürlich in der Kantonshauptstadt Fribourg, die mit mittelalterlicher Kulisse und jungem Lifestyle als Geheimtipp für Städtereisende gelten kann.

31 Murten

Traumhafter Blick von der alten Ringmauer über Dächer und Türme auf den Murtensee.

Auf der Fahrt von Neuchâtel nach Murten (33 km) lernt man eines der weniger bekannten Weinbaugebiete der Schweiz kennen. Aus Neuchâtel geht es nach Osten hinaus, vorbei an **Laténium** (s. S. 162) und im Gewirr von Ausfahrten und Kreisverkehren um das Nordende des Lac de Neuchâtel herum in Richtung Cudrefin.

Beim Vogelschutzgebiet **La Sauge** (1588 Cudrefin, Tel. 026 677 03 77, www.birdlife.ch – Zentren, Di–So 9–18 Uhr) biegt man links auf die kleine Straße ab, die über den sanften grünen Bergrücken des **Vully** (s. S. 184) zuerst ins hübsche Dorf **Mur** (484 m) mit seinem Schlösschen und dann hinab zur Uferstraße auf der Nordseite des **Murtensees** (franz. Lac de Morat) führt. Die Straße durch die Weindörfer **Môtier, Praz** und **Nant** bis ans Nordende des hübschen Sees verläuft immer wieder vorbei an idyllischen Villen, Weingütern und Châteaus, sie ist gesäumt von ungemein schönen Weinbergen zur Linken, bietet herrliche Blicke über den See auf die Alpen – und ist touristisch wenig berührt. Um den See herum geht es nach **Murten** (franz. Morat, 453 m) an der deutsch-französischen Sprachgrenze. Das Städtchen ist von neuen Wohn- und Gewerbeflächen umgeben, besitzt

TOP TIPP

in seiner Mitte jedoch einen **mittelalterlichen Stadtkern,** dessen Schönheit und Geschlossenheit auch in der Schweiz nur wenige Gegenstücke hat. Man kann durch das östliche Tor direkt hinein- und durch die Altstadt

Spitzen-mäßige Aussicht über die Dächer des malerischen Städtchens Murten von der hervorragend erhaltenen mittelalterlichen Ringmauer

durchfahren. Deren malerische Laubengassen – es sind tatsächlich nur drei Längs- und eine Quergasse – erlebt man aber nur zu Fuß. Wer im Nordosten an der Bernstrasse parkt, gelangt durch das Berntor auf die Hauptgasse. Vom Südende der Kreuzgasse führt eine Treppe hinauf auf die fast vollständig erhaltene **Ringmauer** von 1238, die in ihrem Südteil begangen werden kann und prächtige Ausblicke über die Dächer der Altstadt und auf den nahen See erschließt. Blickfang an der Westecke der Altstadt ist das **Schloss** aus dem 13. Jh., heute Sitz des Oberamts des freiburgischen Seebezirks. In die alte Stadtmühle westlich des Schlosses ist das **Museum Murten** (Ryf 4, Tel. 026 670 31 00, www.museummurten.ch, April–Okt. Di–Sa 14–17, So 10–17 Uhr) eingezogen. Es dokumentiert die Geschichte des Hauses über gut 500 Jahre – und jene der Stadt und ihrer Region über 6000 Jahre. Gleich daneben kann man sich im Hallen- und Strandbad am Seeufer vergnügen. Oder man macht eine **Schiffsrundfahrten** (Tel. 032 729 96 00, www.navig.ch) auf dem Murtensee und den mit Kanälen verbundenen Neuenburger- und Bielersee.

Praktische Hinweise

Information

Murten Tourismus, Französische Kirchgasse 6, 3280 Murten, Tel. 026 670 51 12, www.murtentourismus.ch

Restaurants

Freiburger Falle, Hauptgasse 43, 3280 Murten, Tel. 026 672 12 22, www.freiburger-falle.ch. Die ›Falle‹ entpuppt sich als uriger, enger Gewölbekeller. Man isst Fleisch vom heißen Stein und Käsefondue. Hinterher Holzofen-Meringues (Mo–Fr 17–23, Sa/So 11–23 Uhr).

Vom Vully kommen hervorragende Chasselas-Weine

Ab durch die Reben: Weinpfade auf dem Fribourger Vully

Über dem Nordufer des Murtensees erstreckt sich eines der weniger bekannten, dafür umso schöneren Weingebiete der Schweiz. Auf dem sanften Höhenrücken des Vully kann man auf lauschigen Wegen die Landschaft genießen – und die Früchte, die sie hervorbringt. Als Rundwege angelegt sind der 4 km lange ›Chemin Pinot Noir‹, der an der Schiffsstation von Vallamand-Dessous startet und der 5 km lange ›Chemin Chasselas‹ bei den Dörfern Constantine, Montmagny, Bellerive und Cotterd. Zusätzlich gibt es den ebenfalls 5 km langen ›Chemin la Riviera‹ zwischen Sugiez und der Anlegestelle in Môtier. Den Prospekt mit den Wegbeschreibungen gibt es analog vor Ort oder digital im Netz (www.fribourgregion.com/de/weinlehrpfad-vully.html).

La Pinte du Vieux Manoir, Rue de Lausanne 16, 3280 Murten-Meyriez, Tel. 026 678 61 80, www.vieuxmanoir.ch. Hier schmeckt die traditionelle Küche leicht und manchmal auch ein bisschen nach Asien. Toller Seeblick von der Terrasse (Mi–So 11.30–14.30 und 17.30–22.30 Uhr).

Auf Tour

Murten – Fribourg (18 km)

Über Courlevon und Courtepin geht es durch das sanfte grüne Hügelland nach Süden. Kurz vor Fribourg sieht man links den schmalen **Schiffenensee**, den es seit 1963 gibt – es handelt sich um die aufgestaute Saane.

32 Zähringerstadt Fribourg

TOP TIPP *Junges Leben zwischen alten Mauern: eine der schönsten und interessantesten Schweizer Städte.*

Mehr als **200 gotische Fassaden** aus dem 15. Jh. hat der Denkmalschutz hier inventarisiert. Gegründet wurde die Stadt aber schon früher, anno 1157 von Herzog Berthold IV. aus dem Fürstengeschlecht der Zähringer. Seine ganz besondere ›Farbigkeit‹ erhält das von verschiedensten Grautönen dominierte **Fribourg** (dt. Freiburg im Üechtland, 629 m), 37 500 Einwohner, durch das faszinierende Nebeneinander von mittelalterlichen Kulissen und einer überaus dynamischen Lebenskultur mit szenigen Cafés und Kneipen, Galerien und Geschäften. Fribourgs Uni ist die sechstgrößte der Schweiz, und so sieht man in dieser uralten Stadt sehr viele junge Menschen. Die Topografie ist kompliziert. Die eigentliche (sehr große!) Altstadt steht zum Hauptteil auf einem schmalen, hohen **Felssporn**, den die Saane in einer Schleife umfließt. Mehrere Brücken überspannen den Fluss: von der erst 2014 eröffneten spektakulären **Poyabrücke** im Norden – mit 196 m Spannweite im mittleren Abschnitt die längste Schrägseilbrücke der Schweiz – über die 1720 erbaute Mittlere Brücke bis zur 40 m langen hölzernen und holzgedeckten **Bernbrücke** aus dem Jahr 1250 (im 17. Jh. verstärkt). Sehr schön ist der Blick von der **Zähringerbrücke** hinab ins Tal zur Einmündung des Gotteron in die Saane. Die beste Übersicht hat man natürlich vom 74 m hohen Turm der großartigen gotischen **Kathedrale** (Rue du Pont-Suspendu, Tel. 026 347 10 40, www.stnicolas.ch, Mo–Sa 7.30–19, So/Fei 8.30–21.30 Uhr, Turmbesteigung April–Okt.), deren lange Baugeschichte im Jahr 1283 beginnt. In ihrem Inneren begeistern die wunderschönen Buntglasfenster. Am eindrucksvollsten präsentiert sich die Stadtkulisse mit ihren hohen, schmalen Hausfassaden und dem Turm der Kathedrale von Süden, etwa von der Brücke **Pont du Milieu** (1720) aus. Am Westrand der Altstadt rattert die alte **Zahnrad-Standseilbahn** (Tel. 026 351 02 00, www.tpf.ch) aus dem Jahr 1899 vom Stadtteil Neuveville/Unterstadt (Rue de la Sarine 6) hinauf in die Oberstadt – angetrieben vom Ballast des (filtrierten) Abwassers aus der städtischen Kanalisation.

Kunstliebhaber zieht es in die **Espace Jean Tinguely – Niki de Saint Phalle** (Rue de Morat 2, Tel. 026 305 51 40, www.fr.ch/mahf, Mi–So 11–18, Do 11–20 Uhr), wo in einem ehemaligen Straßenbahndepot Ar-

Heute im Mittelalter: Blick vom Turm der Kathedrale auf die lang gezogene Altstadt von Fribourg. Die enge Schleife der Saane ist gut zu erkennen

beiten des prominenten Künstler-Ehepaars ausgestellt sind. Weitere Werke der beiden Bildhauer säumen den ›Skulpturenweg‹ durch das Zentrum. Noch mehr moderne Kunst gibt es in der **Kunsthalle Fri-Art** (Petites-Rames 22, Tel. 026 323 23 51, www.fri-art.ch, Mi/Fr 12–18, Do 12–22, Sa/So 13–18 Uhr) zu sehen: Ausstellungen zeitgenössischer Künstler, avantgardistisch und immer am Puls der Zeit. Nicht nur für (Schul-)Kinder sind die toll gestalteten Dauer- und Sonderausstellungen des **Naturhistorischen Museums** (Chemin du Musée 6, Tel. 026 305 89 00, www.fr.ch/mhn, tgl. 14–18 Uhr) eine Schau.

Praktische Hinweise

Information

Fribourg Tourisme et Région, Place Jean-Tinguely 1, 1701 Fribourg, Tel. 026 350 11 11, www.fribourgtourisme.ch, www.fribourgregion.ch

Restaurants

Brasserie Le Beausite, Route de Villars 1, 1701 Fribourg, Tel. 026 424 66 46, www.le-beausite.ch. Ein sehr schöner Ort für eine sehr gute Mahlzeit. Französisch-mediterrane Küche vom Rinderfilet bis zur Bouillabaisse (Mo–Fr 8.45–14.30 und 17–23.30 Uhr).

Le Gothard, Rue du Pont-Muré 16, 1701 Fribourg, Tel. 026 322 32 85, www.le-gothard.ch. Museumsreife Kneipenatmosphäre, in der Einheimische Blutwurst, Schweinefüße und alle Arten ausgezeichneter Fondues genießen. Und hinterher ein Dessert mit Crème double de la Gruyère (Do–Di 9–23.30, So ab 8 Uhr).

Restaurant du Schild, Planche-Supérieure 21, Fribourg, Tel. 026 322 42 25, www.le-schild.ch. Im Jahr 1587 erbaut, seitdem aber hin und wieder renoviert und heute eine gefragte Gourmet-Adresse für Liebhaber origineller Saisonküche. 16 Punkte von Gault Millau (Di–Sa 9–24 Uhr).

Reise-Video Die Altstadt von Fribourg
QR-Code scannen [s. S. 5] oder dem Link folgen:
tinyurl.com/altstadt-fribourg

Ein Garten mit Ecken und Zacken: Blick von Schloss Gruyères auf die üppige grüne Wald- und Wiesenlandschaft am Fuß des Burgberges

➔ Auf Tour

Fribourg – Gruyères (39 km)

Auf der *Route de la Gruyère* fährt man nach Süden durch die Nachbargemeinde **Marly** mit größeren Industrie- und Gewerbeflächen und dann hinaus in eine üppig-grüne und merklich wohlhabende Landschaft, die dem Allgäu ähnelt. Auf den weiten Wiesen stehen Kühe, die Architektur wird alpiner und die Berge kommen näher. Beim kleinen Weiler **Le Pratzet** macht die Route einen Schlenker nach Westen und erreicht über **Treyvaux** (770 m), zuletzt durch Wald, die Staumauer des **Lac de la Gruyères.** Mit 13 km ist er der längste Speichersee der Schweiz – und mit seinen buchtenreichen, weitgehend unverbauten Ufern erscheint er über weite Strecken fast wie ein natürliches Gewässer. Man erreicht **Pont-la-Ville** (746 m) und seinen wunderbar angelegten 18-Loch-Golfplatz, der sich am Seeufer entlang erstreckt, und fährt in La Roche wieder auf die Hauptstraße. Sie führt weiter in reizvoller Fahrt durch üppiges

Wer hat's erfunden? Die Schweizer! Erst schütteten sie Milch in die Schokolade, dann rührten (conchierten) sie das Ganze cremig – für den zarten Schmelz

Die Schokolade

Die Sonne brennt herab und die Menschen, die das Maison Cailler in Broc verlassen, beeilen sich, ihre Papiertüten im klimatisierten Auto in Sicherheit zu bringen. Die Papiertüten sind gut gefüllt mit zart schmelzender Schokolade, verarbeitet zu Tafeln, Pralinen oder Röllchen (›Branches‹). Alles begann **im Jahr 1819**, als François-Louis Cailler in Vevey am Genfersee seine Fabrik eröffnete und die älteste noch existierende Schokoladenmarke in der Schweiz begründete. Bald folgten ihm andere: 1826 Philippe Suchard in Serrières und Jacques Foulquier in Genf, 1830 Charles-Amédée Kohler in Lausanne, 1845 Rudolf Sprüngli in Zürich – und viele mehr. Dass Schokolade aussieht und schmeckt wie sie eben heute aussieht und schmeckt, liegt an Erfindern wie Daniel Peter, der nach vielen vergeblichen Versuchen im Jahr 1875 Schokolade mit Milch verband und so die **Milchschokolade** erfand. Nur vier Jahre später entwickelte Rodolphe Lindt in Bern die **Conchiermaschine**, deren Rührwerk dem Endprodukt seinen schmelzenden Charakter verlieh. Und 1911 kam Alexandre-Louis Cailler darauf, Kondensmilch zu verwenden, um noch cremigere Schokolade herzustellen. Süßschnäbel in aller Welt waren glücklich. Schon damals gingen drei Viertel der Schweizer Schokoladenproduktion in den **Export**. Runde 100 Jahre später, anno 2013, verkaufte man 102 000 t an Tafeln und ›Kleinformaten‹ neben 36 000 t Schoko-Konfekt. Dazu kommt die deutlich umfangreichere Produktion von Schokolade mit Schweizer Markennamen durch Filialen, Tochtergesellschaften und Lizenznehmer im Ausland. Insgesamt pflegen heute etwa **4400 Beschäftigte** das Erbe der Schweizer Schokoladenindustrie.

grünes Bauernland über Hauteville und Corbières, immer den See zur Rechten, nach **Broc** (718 m). Voraus erkennt man schon hoch oben auf dem eindrucksvollen Hausberg von Gruyères, dem Moléson (2002 m), den Kasten der Bergstation und darunter die Burg von Gruyères. Wem der Sinn nach Süßem steht, folgt jedoch in Broc zunächst der Wegweisung ›Fabrique Nestlé‹ zur großen Schokoladenfabrik unten im Tal. Hier bietet das historische **Maison Cailler** (Rue Jules Bellet 7, Tel. 026 921 59 60, www.cailler.ch, tgl. 10–18, Nov.–März tgl. 10–17 Uhr) einen bunt inszenierten Rundgang durch die Geschichte der Schokolade im Allgemeinen und der Marke Cailler im Besonderen, die anno 1819 gegründet wurde und die erste Tafelschokolade weltweit anbot. Der Besuch endet mit der von allen Besuchern ersehnten Verkostung der Mutter aller Milchschokoladen. Von Broc sind es nur noch 6 km zum malerischen Burgberg von Gruyères.

33 Gruyères

Außerirdisch: die atemberaubende Verbindung von Käse, Buddhas und Aliens.

Am besten parkt man am Fuß des Burgbergs (P3), von dem ein schmaler Fußweg hinauf ins Dorf führt – und mitten hinein in die Touristenzone. **Gruyères** (dt. Greyerz, 828 m) sieht aus wie ein Freilichtmuseum und ist dies gewissermaßen auch: zwei parallele Reihen von **mittelalterlichen Häusern**, die eine gepflasterte, für den Autoverkehr gesperrte Straße einfassen und auf eine **Burg** zuführen, die aussieht, als würde dort gerade ein Ritterfilm gedreht. Doch man muss es klar sagen: Hierher sollte nur kommen, wer Käse mag. Wer noch den Geruch von Schokolade aus dem Maison Cailler in Broc in der Nase hat, muss sich völlig umstellen: Durch Gruyères wehen Raclette-Schwaden. Der kräftige ›Greyerzer‹, mit geschützter

Nicht ohne meinen Käse – Greyerzer in intergalaktischer Mission vor dem erstaunlichen Museum HR Giger

Fernsehen auf dem Moléson. Der Hausberg von Gruyères bietet je nach Wetter immer dasselbe Programm – aber man könnte ewig hinsehen

Herkunftsbezeichnung, ist das Aushängeschild der Region. In der modernen **Schaukäserei** (La Maison du Gruyère, Place de la Gare 3, Pringy-Gruyères, Tel. 026 921 84 00, www.lamaisondugruyere.ch, Juni–Sept. tgl. 9–19, Okt.–Mai tgl. 9–18 Uhr) am Fuß des Burg- bzw. Dorfberges erfährt man, wie ein echter Gruyère entsteht – und zwar mit allen Sinnen. Es muht und bimmelt, es duftet nach Bergblumen und Heu, es fühlt sich nach Gras und Kuhfell an, und es schmeckt in den drei Reifestufen: mild, mittel und scharf. Zurück auf den Berg, wo wahrscheinlich schon zur Römerzeit, ziemlich sicher aber seit dem 10. Jh. Menschen siedelten. Das heutige Dorf entwickelte sich als Anhang der Grafenresidenz, die in ihrer heutigen Gestalt aus dem 13. Jh. stammt. Das **Schlossmuseum** (Rue du Château 8, Tel. 026 921 21 02, www.chateau-gruyeres.ch, April–Okt. tgl. 9–18, Nov.–März tgl. 9–16.30 Uhr) dokumentiert 800 Jahre regionaler Geschichte und Kultur – ein denkbar großer Kontrast zu den anderen beiden Museen im Ort. Origineller Kontrapunkt im mittelalterlichen Ambiente ist das **Museum HR Giger** (Tel. 026 921 22 00, www.hrgigermuseum.com, April–Okt. tgl. 10–18, Nov.–März Mi–Fr 13–17, Sa/So 10–18 Uhr), das die fantastische Kunst des Oscar-Preisträgers und Alien-Schöpfers Hansruedi Giger präsentiert. Gleich daneben zeigt das **Tibet-Museum** (Rue du Château 4, Tel. 026 921 30 10, www.tibetmuseum.info, April–Okt. tgl. 11–18, Nov.–März Di–Fr 13–17, Sa/So 11–18 Uhr) über 300 buddhistische Skulpturen, Bilder und rituelle Gegenstände aus dem Himalaja.

Absoluter Höhepunkt, bei guter Sicht natürlich, ist der Abstecher auf den **Moléson** (2002 m). In Pringy, am Fuß des Burg-

TOP TIPP

bergs, beginnt die Straße hinauf zur Alp- und Chaletsiedlung **Moléson-sur-Gruyères**. Von dort kommt man zuerst mit der Standseilbahn und dann in der Großkabinenbahn (beide Bahnen: Tel. 026 921 80 80, www.moleson.ch, Mitte Mai–1. Nov. tgl. 9–18, Juni–Okt. Fr und Sa bis 23 Uhr) auf den Moléson. Der Blick von der Bergstation über die allseits steil abfallenden Flanken auf die grüne Landschaft rundum, auf spitze Voralpenberge und weiße Gletscherriesen am fernen Horizont – darunter der Mont Blanc – ist überwältigend. Zum eigentlichen Gipfel führt ein kurzer Pfad. Von ganz oben sieht man sogar die Eiger-Nordwand. Ein Bergrestaurant mit schöner Sonnenterrasse gibt es natürlich auch.

Praktische Hinweise

Information

La Gruyère Tourisme, Rue du Bourg 1, 1663 Gruyères, Tel. 084 842 44 24, www.la-gruyere.ch/gruyeres

Restaurants

Auberge de la Halle, Rue du Bourg 24, 1663 Gruyères, Tel. 026 921 21 78, www.aubergehalle.ch. Eines von vielen Restaurants an der Hauptstraße. Käseliebhaber freuen sich über die guten Degustationsfondues, alle anderen über Rösti, Pasta, Rind, Kalb und Schwein (Mo–Mi 11–18, Do–Sa 10–23, So 10–18 Uhr).

HR Giger Bar, Château St. Germain, 1663 Gruyères, Tel. 026 921 22 00, www.hrgigermuseum.com. Zu viel Käse, zu viel Schweizer Niedlichkeit? Gruyères bietet dazu selbst eine Alternative: eine Bar im Alien-Stil. Das Fotografieren ist nur Barbesuchern erlaubt (Di/Mi 12–20.30, Do–So 10–20.30 Uhr).

Auf Tour

Gruyères – Gstaad (40 km)

Vom Burgberg in Gruyères rollt man auf dem breiten Talboden der Saane Richtung Süden geradewegs in die Berge hinein. Dorf reiht sich an Dorf, dazwischen stehen propere Kühe auf saftigen Wiesen, und neben der Straße fährt die Eisenbahn wie aus dem Modellbaukasten. Kurz hinter **Montbovon** (797 m) beschreibt das Tal einen 90-Grad-Knick nach Osten. Durch eine kurze, enge Schlucht erreicht man den Bezirk **Pays d'Enhaut** im Ostzipfel des Kantons Waadt. Das Tal öffnet sich wieder, und in wunderschöner Fahrt geht es am kleinen grünen Lac du Vernex vorbei. Auf den Hängen und Wiesen sieht man (neben Ferienchalets) bereits die typischen, kunstfertig verzierten alten Häuser. Lange galt das fünfstöckige **Grand Chalet** (1754) in Rossinière mit seinen 113 Fenstern als das größte Chalet der Schweiz. Hauptort der Region und ganzjährig viel besucht ist der Tourismusort **Château d'Oex** (958 m), bekannt durch das Internationale Heißluftballon-Festival im Januar. Passagierfahrten (Sky Event, Chemin des Ballons 2, Tel. 026 924 22 20, www.ballonchateaudoex.ch) über der prächtigen Berglandschaft werden das ganze Jahr über angeboten. Sehr hübsch ist das Talmuseum **Musée du Vieux Pays-d'Enhaut** (Grand Rue 107, Tel. 026 924 65 20, www.musee-chateau-doex.ch, Di–So 14–17 Uhr), das neben authentischen Stuben und Interieurs vergangener Zeiten auch kunstvolle Scherenschnitte zeigt, die hier seit dem 18. Jh. hergestellt werden. Jahrhundertealte Chalets sind weiter östlich in **Rougemont** zu bewundern.

Berner
Oberland

Hörner-Parade in den Berner Alpen

Berner Oberland – Himmel der Bauern und Bergsteiger

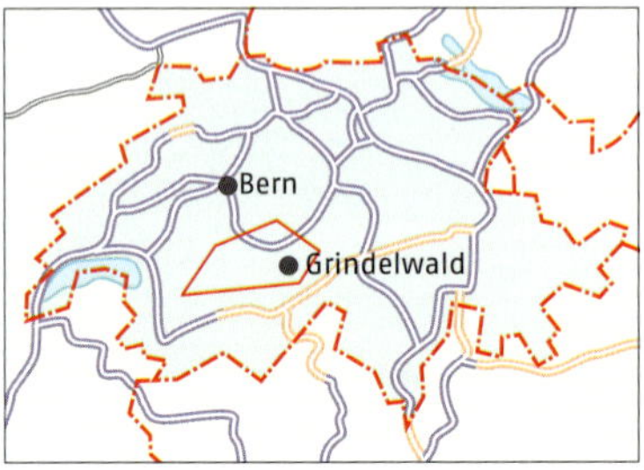

Stolze Alphornbläser vor der Eiger-Nordwand, neben dem Bahnhof auf der Kleinen Scheidegg (2061 m), wo gerade die Zahnradbahn zum Jungfraujoch (3454 m) abfährt: So etwas kann man im Berner Oberland tatsächlich erleben. Eine Augenweide sind aber auch die bunt bemalten, blumengeschmückten Bauernhäuser im Simmental. Oder das wohlbekannte Fleckvieh auf der grünen Weide. Oder die hübschen Schlösser, Parkanlagen und Strandbäder am Thunersee. Und natürlich die Stadt Thun selbst mit ihrer Burg, der wunderbaren Altstadt und den einladenden Flusspromenaden.

34 Chaletdorf Gstaad/ Saanen

Hot Spot des internationalen Jetsets im Winter, luxuriöser Ferienpark im Sommer.

Über dem Ortseingang von **Saanen** (1010 m), neben dem örtlichen Flugplatz, thront auf dem unscheinbaren Moritzenbühel die **Dorfkirche** (15. Jh.) mit ihrer markanten sechseckigen Helmspitze. Das ursprünglich dem hl. Mauritius geweihte Gotteshaus birgt spätgotische Fresken (zu sehen u.a. die Thebäische Legion mit ihrem Anführer Mauritius) und eine kunstvolle Renaissancekanzel im Inneren. Darunter breitet sich eines der »schützenswerten Ortsbilder der Schweiz« aus – mit **35 historischen Holzbauten** aus dem 15–19. Jh.

Die teils untertunnelte Ortsumfahrung leitet einen ins benachbarte **Gstaad** (1050 m), eine der internationalen Top-Adressen des Schweizer Tourismus, vor allem im Winter: ›**Gstaad Mountain Rides**‹ nennt sich der Verbund von 53 Transportanlagen zwischen dem sanften Gstaader Hausberg **Wispile** (1939 m) bis zum Gletscherskigebiet ›Glacier 3000‹ zwischen Les Diablerets und Gsteig, gute 10 km südlich. Im Sommer erschließen die Bahnen ein **riesiges Wandergebiet**. Bei einem Spaziergang entlang der Bahn nach Norden in Richtung Schönried (1230 m) hat man den besten Blick über den weiten Talkessel, aus dem zwei Täler nach hinten zu den **Gletscherbergen** führen. Es ist das Idealbild einer Schweizer Ferienlandschaft inmitten prächtiger Berge, die ihr landwirtschaftliches Erbe mit den weit über die sanften Hänge verstreuten Höfen noch deutlich zeigt, mit vielen Chalets und Liften heute aber ein-

Über die Dorfkirche von Saanen hinweg fällt der Blick auf die einladende grüne Parklandschaft im Talkessel von Gstaad

deutig touristisch geprägt ist: als ein Freizeitpark im besten Sinn des Wortes. Inoffizielles Wahrzeichen ist das 1913 eröffnete **Palace Hotel**, eine wahrhafte Luxusburg mit spitzen Türmchen über dem Ort. Die Dichte an teuren Herbergen, davor geparkten Luxusautomobilen und hervorragenden Restaurants ist hoch. Das Zentrum von Gstaad ist jedoch autofrei und kokettiert mit seinem Image als kürzester Shoppingmeile der Schweiz.

Ein lohnender Abstecher (11 km) führt durch das **Lauenental** zum Naturschutzgebiet um den ungemein romantischen **Lauenensee** (1381 m) mit seinen Wasserfällen und Hochmooren. Ein traumhafter Spazierweg führt rund um den See. Im Bergdorf **Lauenen** (1241 m), 4 km vor dem See, begeistert das Bilderbuchidyll der alten Holzhäuser rund um die bildhübsche Kirche.

Praktische Hinweise

Information

Gstaad Saanenland Tourismus, Promenade 41, 3780 Gstaad, Tel. 033 748 81 81, www.gstaad.ch

Hotels

*******s Le Grand Bellevue,** Hauptstrasse, 3780 Gstaad, Tel. 033 748 00 00, www.bellevue-gstaad.ch. Der pure Luxus im Zentrum des Dorfes, umgeben von Grün. Sagenhaftes 2500-m^2-Spa und Wellness-Center, eindrucksvolles Ambiente im sterngekrönten Restaurant ›Leonard's‹.

Top Tipp *******s The Alpina Gstaad,** Alpinastr. 23, 3780 Gstaad, Tel. 033 888 98 88, www.thealpinagstaad.ch. Ende 2012 eröffnet und schon jetzt ein Klassiker, der mehrere Auszeichnungen erhalten hat – u.a. auch 18 Gault-Millau-Punkte für das

Restaurant ›Sommet‹ und 16 für das Restaurant ›Megu‹. Sehr geräumige Zimmer und Suiten, Interieurs mit viel kernigem Holz und modernen Designs. Das Spa ist spektakulär, die Atmosphäre sportlich-herzlich.

***** **Gstaad Palace,** Palacestrasse, 3780 Gstaad, Tel. 033 748 50 00, www.palace.ch. Märchenpalast über den Dächern des Dorfes mit 104 klassisch-eleganten Zimmern und Suiten. Wunderschöne Gartenanlage, vier Restaurants und der Nightclub ›GreenGo‹.

******s Golfhotel Les Hauts de Gstaad,** Bahnhofstr. 7, 3777 Saanenmöser, Tel. 033 748 68 68, www.golfhotel.ch. Guter Standort nicht nur zum Golfen, sondern für alle Arten von Outdoor-Aktivitäten. Zum Hotel gehört auch ein Bauernbetrieb mit 20 ha, der Produkte aus der eigenen Landwirtschaft liefert.

*****s Hotel Spitzhorn,** Spitzhornweg 30, 3792 Saanen-Gstaad, Tel. 033 748 41 41, www.spitzhorn.ch. Modernes Chalet-Hotel in Saanen mit sehr ansprechendem Design: viel Holz und klare Linien. Feine Küche, die den Schwerpunkt auf (verfeinerte) Regionalität legt.

Restaurants

Michel's Stallbeizli, Gsteigstr. 41, 3780 Gstaad, Tel. 033 744 16 83, www.stallbeizli.ch. Kultige Location im Kuhstall. Hier bekommt man *das* Gstaader Käsefondue sowie Raclette. Zusätzlich bietet das Stallbeizli den Direktverkauf von Hofprodukten (Di–So 11–17, Mo ab 9 Uhr).

Restaurant Cheeserii, 3784 Feutersoey, Tel. 033 755 15 00, www.rest-cheeserii.ch. Dieser Geheimtipp liegt hinter Gstaad auf halber Strecke Richtung Gsteig. Spezialität des Hauses: Rinds-Entrecote

Französisch, Mediterran, Asiatisch, International: kann man in Gstaad alles haben – nachdem man ein Käsefondue probiert hat

Eine schöne Landschaft verdient eine schöne Architektur.
Eine wunderschöne Landschaft verdient – Simmentaler Bauernhäuser

oder Lammfilet im Pfännli überbacken mit Kräuter- oder Paprikamousse (Mi–So 10–24 Uhr).

Restaurant Müli, Lauenenstr. 19, 3780 Gstaad, Tel. 033 748 63 63, www.gstaaderhof.ch. Gourmet-Adresse mitten in Gstaad mit alpin-mediterran-französischer Küche. Toll sind die Degustationsmenüs in kleinen Portionen (Mo–So 11–23 Uhr).

Auf Tour

Gstaad – Simmental – Spiez (53 km)

Von Gstaad bzw. Saanen führt die Straße mit ein paar Kehren hinauf ins große Chaletdorf **Schönried** (1230 m) und weiter, vorbei an mehreren Seilbahnen bzw. Liften über den flachen grünen Talboden zur Passhöhe von **Saanenmöser** (1279 m). Golfspieler schätzen den hiesigen 18-Loch-Golfplatz als einen der schönsten alpinen Golfplätze der Schweiz.

Durch das Simmental

Im steten Wechsel von offenen Wiesen und Waldinseln führt die schmale, kurvenreiche Straße hinab ins Simmental und in den großen Ort **Zweisimmen** (941 m), der über die Gondelbahn zum Rinderberg in die riesige Ski- und Wanderregion ›Gstaad Mountain Rides‹ eingebunden ist. 13 km südlich liegt am Ende der Stichstraße ins Obersimmental der bekannte und traditionsreiche Ferienort **Lenk** (1068 m).
Das **Simmental**, das sich von Zweisimmen bis kurz vor Spiez am Thunersee erstreckt, ist eine der großen Schweizer Bilderbuchlandschaften – Heimat der mindestens 1400 Jahre alten Rinderrasse des Simmentaler Fleckviehs, berühmt auch für die

Schwerelos gleitet die Seilbahngondel von Erlenbach hinauf zum grandiosen Panorama auf dem Stockhorn. Hinten ist der Thunersee zu erkennen

außergewöhnlich stattlichen, mit Schnitzereien und Malereien reich verzierten Bauernhäuser in Dörfern wie Boltigen, Oberwil oder Erlenbach. Am besten lässt sich die Simmentaler Zimmermannskunst zu Fuß erleben – auf einem der **fünf Hauswege** (www.hauswege.ch), die parallel zur Straße, oft leicht erhöht, durch die herrliche Kulturlandschaft verlaufen. Doch auch die Route entlang der bei Kajakfahrern und Rafting-Fans beliebten Simme gewährt immer wieder reizvolle Blicke auf die Landschaft mit ihren Wiesen, Bergen und Bauernhöfen.

Reise-Video Fahrt durch das Obersimmental

QR-Code scannen [s. S. 5] oder dem Link folgen: tinyurl.com/obersimmental

Im angenehmen Wechsel von engeren und weiteren Talabschnitten geht es von Dorf zu Dorf: von Zweisimmen durch **Boltigen** (823 m), vorbei am besonders idyllischen **Oberwil** (836 m), etwas oberhalb auf einer sonnigen Hangterrasse, nach Weissenburg und schließlich nach **Erlenbach** (707 m). Vor dem Dorfzentrum mit vielen prächtigen alten Häusern liegt die Talstation der

TOP TIPP

Seilbahn aufs Stockhorn. Die sehr schöne Seilbahnfahrt (Tel. 033 681 21 81, www.stockhorn.ch, Auffahrt tgl. 7.50–16.50 Uhr, alle 30 Min.) führt über grüne Wiesen, danach über einen ursprünglichen Bergbach im Wald und zuletzt zwischen hohen Felsen zur Mittelstation am Sattel Chrindi. Hinter diesem liegt ein verträumter Bergsee, der Hinterstockensee – ideal geeignet für einen Spaziergang. Die Gipfelbahn zum Panoramarestaurant erschließt eine fantastische Weitsicht, v.a. wenn man zu Fuß in mehreren Kehren zum ausgesetzten, aber gut gesicherten **Gipfel** (2190 m) hinaufsteigt. Der Blick über die senkrechte Nordwand ins Schweizer Mittelland ist atemberaubend, aber noch zu toppen, wenn man vom Restaurant durch einen Tunnel und weiter auf den kühn angelegten **Aussichtssteg** hinaustritt, der frei über dem Abgrund schwebt – mit Glasboden und wirklich nur für Schwindelfreie.

Kurz hinter Erlenbach zweigt bei **Oey** (669 m) die Straße ins **Diemtigtal** ab, und wenn eine Steigerung der Simmentaler Heidiland-Idylle möglich ist, dann dort. Rund 2000 Menschen leben in kleinen Dörfern und Weilern entlang der 14 km langen Straße zwischen Oey und **Grimmialp** (1235 m). Auch hier verbindet ein ›Hausweg‹ die schönsten Gebäude des Tals, das der Schweizerische Heimatschutz ausgezeichnet hat – als Beispiel für eine bergbäuerliche Gemeinschaft mit intakten Dorfstrukturen in einer ursprünglichen Natur- und Kulturlandschaft. Nicht weit hinter Oey führt die Straße durch den engen, von steilen Flanken gesäumten Einschnitt am Ausgang des Simmentals nach **Wimmis** (629 m) und weiter – mit Blick auf die Eiger-Nordwand – nach Spiez am Thunersee (612 m).

TOP TIPP

Praktische Hinweise

Information

Lenk-Simmental Tourismus, Rawilstr. 3, 3775 Lenk, Tel. 033 736 35 35, www.lenk-simmental.ch

Tourismusregion, 3753 Oey-Diemtigen, Tel. 033 681 29 08, www.simmental-diemtigtal.ch

Hotel

*** **Hotel Krone,** Kronenplatz 1, 3775 Lenk, Tel. 033 736 33 44, www.ferienlenk.ch. Familienfreundliches Haus am Dorfplatz im Talschluss des Simmentals, 13 km südlich von Zweisimmen, mit Zimmern und (Familien-)Suiten.

Spiez am Thunersee

Wasser, Weinstöcke und wilde, hohe Berge auf einen Blick – fast wie im Tessin: Das bietet die Stadt **Spiez** (12 600 Einwohner) im Berner Oberland. Vom grünen Rücken des **Spiezberges** am Nordrand der Stadt kann man klassische Postkartenansichten mit Weinbergen im Vordergrund, historischen Schaufelraddampfern auf dem fast 18 km langen **Thunersee** und den mächtigen Viertausendern im Hintergrund fotografieren. Das malerische **Schloss** (Schlossstr. 16,

Hinter den Mauern von Schloss Spiez sind alte Räume zu besichtigen, vor den Mauern im Park frische Blumen

Tel. 033 654 15 06, www.schloss-spiez.ch, Mo 14–17, Di–So 10–17, Juli/Aug. bis 18 Uhr) über dem Seeufer arrangiert man dabei geschickt im ›Goldenen Schnitt‹... Die mittelalterliche Burganlage mit ihrem schönen Park geht ursprünglich auf das 10. Jh. zurück. Bei einem Besuch bekommt man die rund 1000 Jahre alte Schlosskirche zu sehen, daneben repräsentative Räume aus dem 13.–18. Jh., eine Gerichtshalle aus dem 15. Jh. sowie einen barocken Festsaal. Sehr nett ist danach auch der – kostenlose – Besuch im **Heimat- und Rebbaumuseum** (Spiezbergstr. 48, Tel. 033 654 73 72, www.museum-spiez.ch, Mai–Okt. Mi, Sa/So 14–17 Uhr), das in einem traumhaft schönen Simmentaler Haus untergebracht ist.

Der Thunersee ist äußerst beliebt bei Wassersportlern jeglicher Couleur. Vom **Frei- und Seebad Spiez** (Schachenstr. 17, Tel. 033 654 15 76, www.freibadspiez.ch, Mai–Sept. tgl. 7.30–20 Uhr) hat man einen wunderbaren Blick auf das Schloss. Eine Bucht weiter liegt hinter dem waldigen Hügel **Bürg** (mit prähistorischer Siedlung) an der Interlakenstrasse das jederzeit frei zugängliche **Strandbad Faulensee.**

Praktische Hinweise

Information

Info-Center Spiez, Am Bahnhof, 3700 Spiez, Tel. 033 655 90 00, www.thunersee.ch

Hotel

******s Hotel Eden Spiez,** Seestr. 58, 3700 Spiez, Tel. 033 655 99 00, www.eden-spiez.ch. Modernes Hotel für Business und Familienfreizeit. Sehr schöne Lage in einem Park oberhalb des Sees.

Auf Tour

Spiez – Interlaken (19 km)

Hinter Faulensee mündet die Autobahn in die breite Uferstraße, gleich daneben verläuft auch die Bahnstrecke. **Leissigen** kann im Tunnel umfahren werden, schöner ist die Fahrt am Ufer entlang durch den Ort.

Interlaken

Vorbei an Därligen erreicht man das Ende des Sees und neben dem Aare-Kanal Interlaken.

Zwischen dem Thuner- und dem Brienzersee gelegen, ist Interlaken der ideale Ausgangspunkt für Ausflüge im Berner Oberland – beispielsweise zum Jungfraujoch

Der Name beschreibt die geografische Lage exakt: **Interlaken** (563 m) liegt ›zwischen den Seen‹, genauer: auf einer gut 3 km breiten Schwemmebene der Aare zwischen dem Thunersee und dem östlich gelegenen Brienzersee. Anno 1130 wurde aus dem einfachen Bethaus, das hier bereits stand, das **Augustinerkloster Interlaken**. Im Zuge der Reformation wurde es 1528 aufgehoben, danach zu einem Spital umgewandelt und später zum Teil abgerissen. Zwischen 1746 und 1750 entstand das **Neue Schloss** (Schlossstrasse/Klostergasse) – heute Sitz von Gericht und Grundbuchamt. Besichtigt werden können sowohl der gotische Kreuzgang im ehemaligen Klosterhof als auch und die Kapelle von 1452. An der Aare entlang und über eine der hölzernen Aare-Schleusen kommt man in die hübsch herausgeputzte Altstadt von Unterseen mit dem Stadthausplatz, wo das informative **Touristik-Museum der Jungfrau Region** (Obere Gasse 28, Tel. 033 826 64 64, www.touristikmuseum.ch, Mai–Mitte Okt. Di–So 14–17 Uhr) einen Besuch verdient.

Seit 1893 hat die Terrasse auf der Schynigen Platte Bahnanschluss

Eiger, Mönch, Jungfrau: das schönste Panorama von der Schynigen Platte

Den vielleicht besten Blick auf das berühmte ›Dreigestirn‹ der Berner Bergriesen Eiger (3970 m), Mönch (4107 m) und Jungfrau (4158 m) hat man von der Schynigen Platte, genau gegenüber. Beim Bergrestaurant oberhalb der Bahnstation der Zahnradbahn (1967 m) beginnt der grandiose Panoramaweg zum Aussichtspunkt Tuba und weiter zum Oberberghorn (2069 m). Die Aussicht ist spektakulär – mit der Fels- und Gletscherkulisse auf der einen und dem Brienzersee in der Tiefe auf der anderen Seite. Nun geht es zur Bergstation zurück, die man nach 1 Std. 15 Min. erreicht. Vor der Talfahrt sollte man den Alpengarten (Ende Mai–Mitte Sept. tgl. 8.30–18 Uhr) besuchen. Es blüht dort bereits ab Ende Mai, am prächtigsten aber von Mitte Juni bis Mitte August.

Nach poetischer ›Vorarbeit‹ von Goethe, Lord Byron und anderen reisenden Künstlern waren es in der zweiten Hälfte des 19. Jh. die (v.a. englischen) Bergsteiger, die von Interlaken aus die höchsten Gipfel der Berner Alpen eroberten. Der Blick aus der Stadt zum 3600 m höher gelegenen Gipfel der Jungfrau (4158 m) ist überaus eindrucksvoll. Die Eröffnung der Bahnstrecken nach Grindelwald 1890 und auf das Jungfraujoch 1912 (s. S. 206) waren technische Höchstleistungen der **Belle Époque**. Pure Fantasy und Science-Fiction mit Göttern, Aliens und den großen Rätseln der Menschheit bietet dagegen die Gegenwart, und zwar im **Jungfrau Park** (Obere Bönigstr. 100, Matten bei Interlaken, Tel. 033 827 57 57, www.jungfraupark.ch, Mai–Okt. tgl. 11–18 Uhr) neben dem Flughafen. Tatsächlich gibt es hier mehr Fun als Mystery. In der Jungfrau-Aletsch Miniatur Arena darf man virtuell über die Alpen fliegen.
Bemerkenswert sind die außergewöhnlichen Aussichtspunkte rund um die Stadt. Von Wilderswil, unmittelbar südlich von Interlaken, rattert die historische **Zahnradbahn** (Bahnhof, Tel. 033 828 73 51, www.jungfrau.ch, Ende Mai–Ende Okt. Auffahrt tgl. 7.25–16.45 Uhr, alle 40 Min.) hinauf zur **Schynigen Platte** (1967 m). Hier genießt man den vielleicht eindrucksvollsten Blick auf das ›Dreigestirn‹ Eiger, Mönch und Jungfrau und spaziert durch den berühmten Alpengarten (s. links). Nördlich der Stadt erschließt eine Drahtseilbahn den Hausberg Interlakens, den **Harder Kulm** (Tel. 033 828 72 33, www.jungfrau.ch, tgl. 9.10–17.55 Uhr, Juli/Aug. bis 20.30 Uhr, alle 30 Min.). Absolute Schau auf 1322 m Höhe ist der 2011 eröffnete

Zweiseensteg mit einer tollen Sicht auf Eiger, Mönch und Jungfrau und die Seen. Bei der Talstation nahe dem Bahnhof Interlaken-Ost wurde ein Alpenwildpark eingerichtet.

i Praktische Hinweise

Information

Interlaken Tourismus, Höheweg 37, 3800 Interlaken, Tel. 033 826 53 00, www.interlaken.ch

Hotels

*****s **Victoria-Jungfrau Grand Hotel & Spa,** Höheweg 41–49, 3800 Interlaken, Tel. 033 828 28 28, www.victoria-jungfrau.ch. Berühmter Belle-Époque-Palast am Fuß der Jungfrau, ein wahrlich beeindruckender Komplex mit 224 Zimmern und Suiten und einem weithin bekannten Spa.

*** **Hotel Carlton-Europe,** Höheweg 94, 3800 Interlaken, Tel. 033 826 01 60, www.carltoneurope.ch. Sehr hübsches Jugendstilhotel mit einem netten kleinen ›Wellness Dörfli‹ und drei Restaurants (Gourmet, Grill und Asia). Gute Lage nahe der Aare, gegenüber der Bahn zum Harder Kulm.

Restaurants

Restaurant Goldener Anker, Marktgasse 57, 3800 Interlaken, Tel. 033 822 16 72, www.anker.ch. Beliebtes Lokal mit Bar und Konzertbühne. Vorher aktuelles Programm checken! Zu essen gibt es Pasta, Fleisch und sehr viel Asiatisches (Essen tgl. 18–23 Uhr).

West End, Rugenparkstr. 2, 3800 Interlaken, Tel. 033 822 17 44, www.westend-interlaken.ch. Trotz des Namens ein Italiener, und zwar ein absolut authentischer. Sehr gutes Essen und sehr guter Wein – die Vinothek ›Per Bacco‹ gehört dazu. Absolutes Highlight im Herbst: Gerichte mit weißen Alba-Trüffeln (Mo–Sa 17.30–23.30 Uhr).

Patriotisches Panorama mit der Jungfrau (unter der Fahne) vom Zweiseensteg auf dem Harder Kulm, dem Hausberg von Interlaken

Auch wenn (oder gerade weil) der Horizont von Bergen verstellt ist, gehört die Dampferfahrt über den Brienzersee zum Pflichtprogramm jeder Schweizreise

35 Schifffahrt Brienzersee

Ein Traum in Türkis – eingebettet zwischen grünen Steilflanken.

Es gibt viele schöne Seen in der Schweiz, aber der **Brienzersee**, östlich von Interlaken, ist etwas Besonderes. Wie besonders, das erlebt man am besten auf einem der Schiffe, die zwischen der Anlegestelle in **Interlaken-Ost** und dem hübschen Städtchen **Brienz** am anderen Ende des 14 km langen Sees verkehren. Wie ein Fjord liegt er eingebettet zwischen schwindelerregenden Flanken. Die Höhenunterschiede sind enorm: vom Wasserspiegel auf 564 m steigen die Hänge unmittelbar und ohne Flachstücke hinauf zu den Bergketten auf beiden Seiten, bis weit über 2000 m Höhe – und unter dem Wasser fallen sie bis in 259 m Tiefe ab. Schon 1839 fuhren die ersten Kursschiffe über den Brienzersee. Heute sind fünf Schiffe im Einsatz; ein absolutes Schmuckstück ist der **Schaufelraddampfer ›Lötschberg‹**, Baujahr 1914. Natürlich werden insbesondere im Sommer auch Spezialfahrten wie die ›Indian Dinner Cruise‹ oder die ›Latin Dance Cruise‹ angeboten. Doch schon der normale Linienverkehr ist spektakulär genug. Vom Schiff entdeckt man unzählige Wasserfälle, die sich in den See ergießen, am eindrucksvollsten genau gegen-

TOP TIPP

über von Brienz: Hier stürzen die **Giessbachfälle** in 14 Stufen rund 500 m über die Steilflanke

hinab. Wer von der Schiffsanlegestelle am Fuß der Wasserfälle 100 m aufsteigt, sieht sie vom wunderschönen und prächtig gelegenen **Grand Hotel Giessbach** (1875 erbaut) sozusagen aus der ersten Reihe. Man muss übrigens nicht zu Fuß gehen: In der **ältesten Standseilbahn Europas**, 1879 eröffnet, schafft man den Aufstieg von der Schiffstation Giessbach zum Hotel in 5 Min. Sehr beliebt ist auch die **12-km-Wanderung** entlang des Südufers des Brienzersees von Bönigen über Iseltwald bis Giessbach. (Zurück geht es mit dem Schiff.) Ist man in **Brienz** (566 m), heißt es umsteigen: Seit 1892 dampft eine **Zahnradbahn** (Tel. 033 952 22 22, www.brienz-rothorn-bahn.ch, Anfang Juni–Ende Okt. Auffahrt 8.36–16.36 Uhr, 8 Kurse) über steile Grasteppiche und durch die grandiose Alplandschaft zur Station **Rothorn-Kulm** (2244 m). Wem der Tiefblick auf den See bis dahin noch nicht den Atem geraubt hat, steigt anschließend zum nahen Gipfel des **Brienzer Rothorns** (2349 m) auf – ein echtes Highlight. Unten in Brienz kann man Postkartenmotive erster Güte fotografieren, am schönsten vielleicht in der **Brunngasse** mit ihren blumengeschmückten Holzhäusern aus dem 18. Jh. Der kunstvolle Umgang mit Holz kommt nicht von ungefähr: In Brienz befindet sich die Schule für Holzbildhauerei, die einzige ihrer Art in der Schweiz. Das **Schweizer Holzbildhauerei-Museum** (Hauptstr. 111, Tel. 033 952 13 17, www.museum-holzbildhauerei.ch, Mai–Sept. tgl. 9–18, Febr.–April/Okt./Dez. Di–Sa 13.30–17.30 Uhr) dokumentiert mit einer Vielzahl an Exponaten die Geschichte dieses Berufes.

Praktische Hinweise

Information

Brienz Tourismus, Hauptstr. 143, 3855 Brienz, Tel. 033 952 80 80, www.brienz-tourismus.ch

Schiff

BLS Schifffahrt Berner Oberland, Lachenweg 19, 3601 Thun, Tel. 031 327 48 11, www.bls.ch

Restaurant

Hotel Lindenhof, Lindenhofweg 15, 3855 Brienz, Tel. 033 952 20 30, www.hotel-lindenhof.ch. Toll gelegen in einem Park oberhalb des Dorfes mit herrlicher Aussicht und guter Küche, bei der Regionalität im Mittelpunkt steht (tgl. 11.30–13.30 und 18–21.30 Uhr, März/April und Nov./Dez. Mo/Di geschl.).

36 Jungfraujoch

TOP TIPP

Naturspektakel, technisches Wunderwerk und Schneeballschlachten mitten im Sommer.

Zuerst die Superlative: **höchstgelegener Bahnhof Europas** auf 3454 m, höchstgelegenes Postbüro Europas mit eigener Postleitzahl (3801) über dem mit 23 km längsten Gletscher der Alpen, dem Aletschgletscher. Mit einer mittleren Jahrestemperatur von -7,9 °C (und Schwankungen zwischen -37 °C und +12 °C) sowie Windgeschwindigkeiten bis zu 260 km/h gehört das **Jungfraujoch** zu den bedeutendsten Reisezielen in der Schweiz. Rund 700 000 Touristen begeben sich alljährlich auf die Reise in den ewigen Winter – bei Preisen von rund 200 CHF für die Berg- und Talfahrt. Oben angekommen zwischen der **Jungfrau** (4158 m) und dem **Mönch** (4107 m), kann man Schneebälle werfen, auf den Aletschgletscher schauen, Bergsteiger mit Seilen und Eispickeln beobachten oder sogar selbst in knapp 1 Std. auf geräumter Trasse in der dünnen Luft zur bewirtschafteten Hütte auf dem benachbarten **Mönchsjoch** (3624 m) stapfen. Die Technik ist überwiegend historisch, aber darum umso spektakulärer. Zwei Zahnradbahnen fahren von Grindelwald (1034 m) bzw. **Lauterbrunnen** (795 m) hinauf zur **Station Kleine Scheidegg** (2061 m). Hier wird die Variante von Grindelwald empfohlen – weil sie unmittelbar am Fuß der Eiger-Nordwand verläuft (Vorsicht: Genickstarre!). Von der Kleinen Scheidegg rattern die Züge steile 1400 Höhenmeter hinauf zum Jungfraujoch. 7 km der 9 km langen Strecke verlaufen durch einen **Stollen im Berg**, zweimal halten die Züge unterwegs: bei der Station Eigerwand (2865 m) inmitten der Eiger-Nordwand und an der Station Eismeer (3160 m) mit Blick über die arktische Gletscherszenerie der Berner Alpen. Und man muss es sich immer wieder vor Augen führen: Mit dem Bau der Zahnradbahn wurde bereits 1896 begonnen, die Jungfernfahrt fand anno 1912 statt.

Mit dem schnellsten Aufzug der Schweiz geht es zur verglasten Aussichtshalle auf dem Felszahn der **Sphinx** (3571 m) mit dem 1931 eingeweihten Observatorium. Den besten Blick hat man freilich von der Terrasse davor – auf die nahen Viertausender Jungfrau und Mönch und hinab ins grüne Lauterbrunnental. Eine weitere Attraktion ist der Eispalast, eine künstliche Gletschergrotte, die

Nur bei gutem Wetter: der Ausflug zum Jungfraujoch mit dem Observatorium auf dem Sphinxfelsen

So sehen Sieger aus: Heinrich Harrer, Fritz Kasparek, Anderl Heckmair und Ludwig Vörg (v.l.n.r.) nach vollbrachter Pioniertat am 24. Juli 1938

Die Eiger-Nordwand

Brüchiges Kalkgestein, je nach Wetter und Jahreszeit von Schnee und Eis durchsetzt, 1800 m hoch: Die ›**Mordwand**‹ mordet nach dieser Lesart mit Steinschlag und Lawinen, mit Wetterstürzen, Temperaturen bis zu -40 °C oder einfach, indem sie überforderte Bergsteiger in die Tiefe wirft. Der Höhenunterschied zwischen dem Bahnhof Grindelwald (943 m) und dem Gipfel des Eiger (3970 m) beträgt 3 km – auf kürzeste Distanz. Die eigentliche Wand ist **gute 1800 m hoch**. Zur ›Mordwand‹ wurde sie, als mehrere Bergsteiger in den Jahren 1935 und 1936 darin ihr Leben verloren. Erst 80 Jahre nach der Erstbesteigung des Eiger gelang den Deutschen Anderl Heckmair und Ludwig Vörg zusammen mit den Österreichern Heinrich Harrer und Fritz Kasparek die **erste Durchkletterung der Nordwand**. Vier Tage brauchten sie dafür, vom 21. Juli bis zum 24. Juli 1938. Seitdem gab es noch ein paar weitere Dramen, doch mittlerweile haben so viele Alpinisten die Wand geschafft, dass der Mythos dem Marketing Platz gemacht hat. Extrembergsteigen ist auch **nur noch ein Sport**: Am 20. April 2011 schaffte der Bergführer Daniel Arnold die Route der Erstbegeher in 2 Std. 28 Min. Zwölf Jahre vorher hatte das Schweizer Fernsehen 30 Stunden lang übertragen, wie vier Profibergsteiger die Wand bewältigten – **live, in Echtzeit.** Der totalen Entzauberung begegnen die Grindelwalder Bergführer mit einem ganz speziellen Service. Wer will, kann an der Bedarfshaltestelle Stollenloch der Jungfraujochbahn aussteigen und, am Seil gesichert, durch einen Ausgang hinaustreten in die Wand. Man kann sich auch ein Stück weit abseilen lassen und aus eigener Kraft wieder hinaufsteigen – nach dem ultimativen Selfie in der ›Mordwand‹.

schon in den 1930er-Jahren angelegt und seither permanent ›renoviert‹, nachgearbeitet und sogar künstlich auf -3 °C klimatisiert werden muss – weil sie sonst unter dem Besuch so vieler atmender Menschen zusammenschmelzen würde. Seit 2012 sind Sphinx-Halle und Eispalast miteinander verbunden: **Alpine Sensation** nennt sich der Rundgang, der in verschiedenen ›Erlebnisnischen‹ über die touristische Entwicklung in den Alpen und die Geschichte der Jungfraubahn informiert.

Verpflegen kann und soll man sich natürlich auch: im Restaurant Crystal (110 Plätze; Schweizer und internationale Küche), im Restaurant Bollywood (80 Plätze; Indische Küche) und im Self-Servicerestaurant Aletsch (150 Plätze). Neuester Superlativ ist der Lindt **Swiss Chocolate Heaven**: In seiner höchstgelegenen ›Erlebniswelt‹ erklärt die Firma nun also auch über den Gletschern, wie sie ihre feine Schokolade macht – die sie bei der Gelegenheit freilich auch gleich verkauft.

Man muss diesen Ausflug **gut planen**: Erster Zug ab Grindelwald 7.17 Uhr (Ankunft Jungfraujoch 8.52 Uhr), letzter Zug ab Grindelwald 15.57 Uhr (an Jungfraujoch 17.16 Uhr). Übernachtungen sind nicht möglich – der letzte Zug verlässt das Jungfraujoch um 17.45 Uhr Richtung Tal. Zuletzt: Dieser Ausflug lohnt sich nur bei schönem Wetter.

i Praktische Hinweise

Information

Grindelwald Tourismus, Dorfstr. 110, 3818 Grindelwald, Tel. 033 854 12 12, www.grindelwald.ch

Bergbahn

Jungfraubahnen, Harderstr. 14, 3800 Interlaken, Tel. 033 828 72 33, www.jungfrau.ch, www.jungfraujoch.ch

Von den Blumenwiesen bei Lauterbrunnen hinauf ins ewige Eis. Auf den Gipfel der Jungfrau (4158 m), oben, kommt man aber nur zu Fuß

Wasserfälle sieht man zuerst unter freiem Himmel, dann unter Tage: Die spektakuläre Eingangsgalerie zu den St.-Beatus-Höhlen erschließt das Naturwunder

Hotel

****** Hotel Kirchbühl,** Kirchbühlstr. 23, 3818 Grindelwald, Tel. 033 854 40 80, www.kirchbuehl.ch. Gemütlich und komfortabel im modernen Chaletstil. Alle Zimmer mit Balkon und Premiumblick auf Eiger, Jungfrau & Co. Im Restaurant probieren: das *Eigerness-Menu* – mit allem, was die Berge hergeben.

Restaurants

Restaurant Bahnhof Kleine Scheidegg, Röstizzeria, 3801 Kleine Scheidegg, Tel. 033 828 78 28, www.bahnhof-scheidegg.ch. Ein Bahnhofsbuffet im besten Sinn: Es gibt immer was zu essen, die Portionen sind reichlich und den Blick auf Eiger, Mönch und Jungfrau bekommt man gratis dazu (tgl. geöffnet).

Restaurant Français, im Hotel Belvedere, Dorfstr. 53, 3818 Grindelwald, Tel. 033 888 99 99, www.belvedere-grindelwald.ch. Feines Dinieren auf Gourmet-Niveau mit bestem Service und Panoramablick. Außergewöhnlich gut auch das Angebot an veganen Speisen (tgl. 18.45–21 Uhr).

Auf Tour

Interlaken – Thun (26 km)

Aus Interlaken bzw. Unterseen fährt man am 18-Loch-Platz des **Golfclub Interlaken-Unterseen** vorbei zum Nordufer des Thunersees bei Neuhaus. Ein großartiger Streckenabschnitt beginnt: oberhalb des Ufers am Fuß der bewaldeten Bergflanken entlang, immer wieder mit schönen Ausblicken zwischen den Bäumen hindurch auf den See. Hinter **Sundlauenen** (609 m) wird es sogar spektakulär. Die Straße wurde hier stellenweise aus den Felsen gesprengt und durch einzelne kurze Tunnels geführt. Bei einem ausgeschilderten Parkplatz beginnt der holzgedeckte Zugang zu den **St. Beatus Höhlen** (Tel. 033 841 16 43, www.beatushoehlen.ch, Mitte März–Ende Okt. tgl. 9.30–17 Uhr). Den Drachen, der einmal in den Tropfsteinhöhlen gelebt haben soll, vertrieb der Legende nach der hl. Beatus im 6. Jh. Heute kann man die unterirdischen Hallen und Wasserfälle ungefährdet bestaunen und sich im Schweizerischen Höhlenmuseum (Mitte März–Ende Okt. tgl. 11.30–17.30 Uhr) zum Thema Höhlenforschung schlau machen. Kurz dahinter befindet sich bei **Beatenbucht** die Talstation der Standseilbahn nach **Beatenberg** und zur dort anschließenden Seilbahn (beide: Tel. 033 841 08 41, www.niederhorn.ch, Auffahrt alle 20 Min.) aufs **Niederhorn** (1950 m) – wieder ein großartiger Aussichtspunkt über dem Thunersee.

Hübsche Holzhäuser unter steilen Weinterrassen, subtropische Pflanzen und kleine Bootshäfen prägen das Bild der ›Riviera vom Thunersee‹ mit den Ferienorten **Merligen, Gunten** und **Oberhofen**, die man auf der Fahrt passiert. Einen Zwischenstopp verdient **Schloss Oberhofen** (Tel. 033 243 12 35, www.schlossoberhofen.ch, Mitte Mai–Ende Okt. Di–So 11–17 Uhr). Ursprünglich im 13. Jh. errichtet, präsentiert es in seinen Räumen Wohnkultur aus vier Jahrhunderten – und im Schlosspark direkt am See eine traumhafte Aussicht. Ähnliches lässt sich von **Schloss Hünegg** (Staatsstr. 52, Tel. 033 243 19 82, www.schlosshuenegg.ch, Mai–Okt. tgl. 14–17, So ab 11 Uhr) sagen, das man kurz darauf bei **Hilterfingen** erreicht: Das anmutige Schlösschen, eher eine große Villa, wurde zwar erst in den Jahren 1861–63 gebaut,

doch auch hier sind stilechte Interieurs und ein schön angelegter Park mit alten Bäumen zu bewundern.

TOP TIPP Thun

Dann ist der See zu Ende, aus ihm heraus fließt die Aare, und etwas weiter liegt die sehr sehenswerte Stadt **Thun** (563 m, 43 000 Einwohner) mit ihren mediterran anmutenden Ufer- und Flusspromenaden. Das hoch über den Dächern aufragende **Schloss** (Schlossberg 1, Tel. 033 223 20 01, www.schlossthun.ch, April–Okt. tgl. 10–17 Uhr, Neben-

Hier lässt sich's leben: Schloss Oberhofen präsentiert in seinem Gemäuer ein Museum der gehobenen Wohnkultur

saison eingeschränkt), geht auf die Herzöge von Zähringen zurück. Im mächtigen Wehrturm vom Ende des 12. Jh. sind ein prunkvoller Rittersaal zu sehen sowie die Sammlungen des **historischen Museums:** von der Ur- und Frühgeschichte über das Mittelalter bis ins 19. Jh., dazu Keramiken und Spielzeug. Aus den vier spitzen Ecktürmchen hat man einen erstklassigen Blick auf Stadt, See und Berge. Am Südende des Burgberges steht die Stadtkirche, ein ›Neubau‹ von 1738 mit einem wesentlich älteren Turm (ca. 1330).

Die gute Stube der Stadt ist der schmucke **Rathausplatz** westlich des Schlosses mit seiner Bebauung aus dem 16. Jh. Von ihm zieht sich die Obere Hauptgasse durch die mittelalterliche, touristisch herausgeputzte Altstadt. Bemerkenswert sind hier die **Hochtrottoirs** mit Ladengeschäften auf zwei Ebenen und der dazwischen wie eine Bobbahn eingetieften Straße. Besonders schön ist ein Bummel entlang der Aare-Ufer, vorbei an zahlreichen Restaurants und Cafés. Auf der mitten im Fluss gelegenen Insel **Bälliz** geht man mittwochs und samstags auf den Wochenmarkt. Hier haben sich auch viele Handwerker und Designerläden niedergelassen – und an der Unteren Aareschleuse die einladende Cafébar ›Alte Oele‹.

Im reizvoll gelegenen **Schadaupark** unmittelbar am Abfluss der Aare aus dem Thunersee ist in einem Rundbau neben dem hübschen Schloss das nette **Thun-Panorama** (Tel. 033 223 24 62, www.thun-panorama.com, April–Nov. Di–So 11–17 Uhr) zu besichtigen: Es handelt sich um ein 7,5 m hohes und 38 m langes 360-Grad-Wimmelbild aus den Jahren 1809–14, das sehr detailliert zeigt, wie man damals in Thun lebte. Mit künstlerischen Experimenten aller Art hat sich dagegen im ehemaligen Grandhotel Thunerhof das **Kunstmuseum Thun** (Hofstettenstr. 14, Tel. 033 225 84 20, www.kunstmuseumthun.ch, Di–So 10–17, Mi 10–19 Uhr) profiliert.

Praktische Hinweise

Information

Thun-Thunersee Tourismus, Bahnhof Thun, 3600 Thun, Tel. 033 225 90 00, www.thunersee.ch

Hotels

***** **Wellness- & Spa-Hotel Beatus,** Seestr. 300, 3658 Merligen am Thunersee, Tel. 033 748 04 34, www.beatus.ch. Das ganz große Wohlfühlpaket direkt am Ufer des Thunersees – mit eigenem Seestrand, Park und Bootshafen. Wellness und Spa auf 2000 m^2.

**** **Hotel Krone Thun,** Obere Hauptgasse 2, 3600 Thun, Tel. 033 227 88 88,

Von der Insel Bälliz führt die Untere Schleuse mit ihrem markanten Knick über die Aare hinweg in die Thuner Altstadt

www.krone-thun.ch. Sorgfältig renoviertes Schmuckstück am historischen Rathausplatz im Herzen der Altstadt. Modern eingerichtete Zimmer und Suiten, vielseitige Gastronomie. Wunderbares Ambiente auf der Aare-Terrasse.

Restaurants

Essen & Trinken, Rössli Berntor, Untere Hauptgasse 32, 3600 Thun, Tel. 033 222 48 70, www.essenundtrinken.ch. In sehr ansprechendem Ambiente werden keineswegs überkandidelte Variationen klassischer Feinschmeckereien serviert. Davor und/oder danach empfiehlt sich der Abstecher an die ausgezeichnete Bar (Do–Mo 18–23.30 Uhr).

Seepark Restaurant, Seestr. 47, 3602 Thun, Tel. 033 226 12 12, www.seepark.ch. Etwas für Gourmets. Hier stehen die einzelnen Produkte im Vordergrund – und ihre immer neue Verarbeitung. Das heißt z. B. bei ›Wule trifft Sou‹: Wollschwein, Trockenfleisch, Pizokel, Rosenkohl, Hagebutten (Di–Sa ab 18 Uhr).

Auf Tour

Thun – Bern (41 km)

Auf der Berner Straße fährt man nach Norden aus Thun hinaus, passiert größere Gewerbezonen und folgt bei Heimberg den Wegweisern nach links Richtung Seftigen und Wattenwil. Über die Autobahn hinweg geht es hinaus in grünes Bauernland – und auf einen mittelgebirgsartigen Wald- und Wiesenrücken zu. Hinter **Seftigen** links abbiegend nach **Wattenwil** (593 m), erreicht man den Fuß dieser sanften Bergflanke am Rand des **Naturparks Gantrisch** (www.gantrisch.ch), der sich auf einer Fläche von 404 km^2 zwischen den Kantonen Fribourg und Bern erstreckt. Diese (Neben-)Strecke ist ein echter Geheimtipp! Gleich hinter Wattenwil steigt die Straße deutlich an – mitten hinein in eine Bilderbuchlandschaft mit Streuobstwiesen, Gärten und prachtvollen Bauernhäusern.

Durch den Naturpark Gantrisch nach Bern

Vorbei am **Schlösschen Burgistein,** rechts der Straße auf einer idyllischen Kuppe gelegen, kommt man durch ein grünes Hochtal nach **Riggisberg** (765 m). Kulturelles Highlight des schönen Orts: die Sammlung der **Abegg-Stiftung** (Werner Abeggstr. 67, Tel. 031 808 12 01, www.abegg-stiftung.ch, Ende April–Anf. Nov. tgl. 14–17.30 Uhr), die neben historischen Textilien auch interessante Werke der angewandten Kunst zeigt. Den großen Kreisverkehr im Ort verlässt man geradeaus auf der kleinen Straße Richtung Oberbütschel und Rüeggisberg. Die traumhafte Fahrt wird an einem ausgeschilderten Parkplatz beim kleinen Weiler **Leueberg** (937 m) unterbrochen. Ein kurzer Weg führt hinauf zum **Tavel-Denkmal,** das an den Berner Mundartdichter Rudolf von Tavel (1866–1934) erinnert. Ein wunderbarer Platz: von hohen Bäumen beschattet, umgeben von einem Steinmäuerchen, ausgestattet mit Sitzbänken – und der Aussicht auf Eiger, Mönch und Jungfrau. Auch der Blick hinab ins Tal und über das stille Bauernland im Naturpark ist grandios.

Weiter geht es auf der sehr schmalen Straße nach Norden und zuletzt durch neuzeitliche Wohnbebauung hinab ins Tal nach **Kehrsatz** (570 m) am Rand der Agglomeration von Bern. Über **Wabern** sind es nur noch 6 km ins Herz der ›Bundesstadt‹.

Bern Region

Berner Altstadt über der Schleife der Aare

Bern Region – Grüne Idyllen um die Bärenstadt

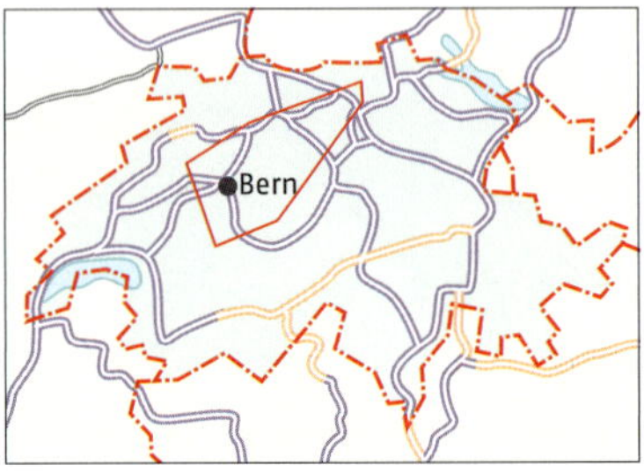

Wer Erholung braucht von grauen Felsen und weißen Gletschern, findet sie auf den grünen Wiesen des Emmentals. Tatsächlich bezeichnet dieser Name weniger ein einzelnes Tal, sondern vielmehr eine idyllische Kulturlandschaft am Rand der Alpen. In vielen Dörfern kann man die typischen, höchst beeindruckenden Bauernhäuser bewundern. Vorher muss man natürlich die ›Bundesstadt‹ Bern gesehen haben. Zwischen kilometerlangen Laubengassen und prächtigen Figurenbrunnen lässt sich in der einzigartigen Altstadt der Tag auf angenehmste Weise verbummeln.

37 Altstadt Bern

TOP TIPP *Leben unter der Laube: Wie man im Mittelalter Städte baute.*

Berns pelzige Wappentiere wohnen längst nicht mehr im berühmten Bärengraben, sondern im 6000 m² großen modernen **Bärenpark** 1 (Grosser Muristalden 6, Tel. 031 328 12 12, www.baerenpark-bern.ch, immer offen) gegenüber der Altstadt – mit Höhlen und Hügeln, mit Kletter- und Badegelegenheiten. Nördlich davon befindet sich auf dem Hochufer der Aare der herrliche **Rosengarten** 2 (Alter Aargauerstalden 31b, www.rosengarten.be), der wohl den schönsten Blick auf die Altstadt bietet. Denn sie ist es, die der Bundesstadt **Bern** (540 m), knapp 139 000 Einwohner, schon 1983 die Aufnahme ins UNESCO-Welterbe eingetragen hat. Wer Bern sagt, meint als Tourist in erster Linie den von der Aare umflossenen Felsrücken, auf dem die **Altstadt** steht, schön ordentlich gegliedert als Folge parallel verlaufender Häuserzeilen mit den dazwischenliegenden Längsgassen – Münstergasse, Junkerngasse, Kramgasse, Gerechtigkeitsgasse, Rathausgasse, Postgasse – sowie schmalen Querverbindungen. Das erinnert fast ein bisschen an die Gliederung von La Chaux-de-Fonds (s. S. 166), wurde aber schon im Mittelalter so angelegt. 30 Jahre nach der Stadtgründung anno 1191 stand bereits der mächtige Wehrturm, der später als **Zytglogge** 3 (Bim Zytglogge 1, www.zeitglockenturm.ch, Führungen April–Okt. tgl. 14.30 Uhr) zum Wahrzeichen Berns wurde. Sehr hübsch ist die astronomische Uhr aus dem Jahr 1405 direkt über dem Tordurchgang. Die beiden großen

Mittelalterliche Himmelskunde: Die Mechanik der Tierkreiszeichen lässt sich zuverlässig an der astronomischen Uhr des Zytglogge ablesen

Turmuhren, der Stundenschläger und das originelle Figurenspiel funktionieren sehr zuverlässig mit der Mechanik von 1530. Von der Aussichtsplattform im Turm sieht man über die Dächer der Stadt bis zu den Alpen. Noch weiter reicht der Blick natürlich vom Turm des **Berner Münsters** 4 (Münsterplatz 1, Tel. 031 312 04 62, www.bernermuenster.ch, Mitte April–Mitte Okt. Mo–Sa 10–17, So 11.30–17, Mitte Okt.–Mitte April Mo–Fr 12–16, Sa 10–17, So 11.30–16 Uhr, Turmbesteigung bis 30 Min. vor Schließung). Die Bauarbeiten am größten Kirchengebäude der Schweiz begannen 1421, sie endeten aber erst 1893. Beim Bummel durch die Altstadtgassen kann man elf **historische Figurenbrunnen** entdecken. Und sollte es regnen, ist das in Bern nicht schlimm: Auf insgesamt 6 km Länge verlaufen **Laubengänge** unter den historischen Sandsteinfassaden und aus den wettergeschützten Gewölben führen ungezählte Türen in schicke Boutiquen, Cafés, Bars und Kleinkunstbühnen. Besonders schön sind Besuche an Dienstagen und Donnerstagen, wenn auf dem Bären- und Bundesplatz sowie in den angrenzenden Gassen die Marktstände aufgebaut werden – auf dem Bärenplatz stehen sie zwischen Mai und Oktober sogar täglich. Für individuelle Altstadtrundgänge kann man sich übrigens iPod-AudioGuides ausleihen: in den Tourist Informationen am Bahnhof und am Bärenpark.

Das monumentale **Bundeshaus** 5 am Südwestrand der Altstadt, Sitz der Schweizer Regierung, kann man zwar auch besichtigen, mehr zu empfehlen sind jedoch die Museen. Das **Kunstmuseum Bern** 6 (Hodlerstr. 8–12, Tel. 031 328 09 44, www.kunstmuseumbern.ch, Di 10–21, Mi–

So 10–17 Uhr), das älteste Kunstmuseum der Schweiz, zeigt in seiner Dauerausstellung nationale und internationale Werke vom 15. Jh. bis in die Gegenwart, u.a. Hodler, Picasso. Sehr lohnend ist auch der Besuch im **Zentrum Paul Klee** 7 (Monument im Fruchtland 3, Tel. 031 359 01 01, www.zpk.org, Di–So 10–17 Uhr) auf der Schosshalde am östlichen Stadtrand. Unter den drei Wellen aus Stahl und Glas, entworfen von Renzo Piano, ist die weltweit größte Sammlung von Bildern des Künstlers zu sehen.

Und weil die Schweiz das Land der großen und berühmten Berge ist, darf auch der Besuch im kleinen, feinen **Alpinen Museum der Schweiz** 8 (Helvetiaplatz 4, Tel. 031 350 04 40, www.alpinesmuseum.ch, Di–So 10–17 Uhr) nicht fehlen. Vor allem bei schönem Wetter lohnen sich noch Ausflüge in den herrlichen **Botanischen Garten** 9 (Altenbergrain 21, Tel. 031 631 49 45, www.botanischergarten.ch, tgl. 8–17/17.30 Uhr) mit seinen verschiedenen Außenanlagen und Schauhäusern sowie zum weitläufigen **Tierpark Dählhölzli** 10 (Tierparkweg 1, Tel. 031 357 15 15, www.tierpark-bern.ch, zur Sommerzeit tgl. 8.30–19 Uhr).

Praktische Hinweise

Information

Bern Tourismus, Bahnhofplatz 10a, 3011 Bern, Tel. 031 328 12 12, www.bern.com

Hotels

*******s Bellevue Palace,** Kochergasse 3–5, 3000 Bern 7, Tel. 031 320 45 45, www.bellevue-palace.ch. Gleich neben dem imposanten Bundeshaus steht das kaum weniger imposante Gästehaus der Regierung – das einzige Grand-Hotel im Herzen Berns. In den prächtigen Salons, am besten aber in der Bellevue Bar, begegnet man Reichen, Mächtigen und anderen Bernern.

*******s Hotel Schweizerhof Bern,** Bahnhofplatz 11, 3001 Bern, Tel. 031 326 80 80, www.schweizerhof-bern.ch. Von außen nobel wie eh und je, innen seit fünf Jah-

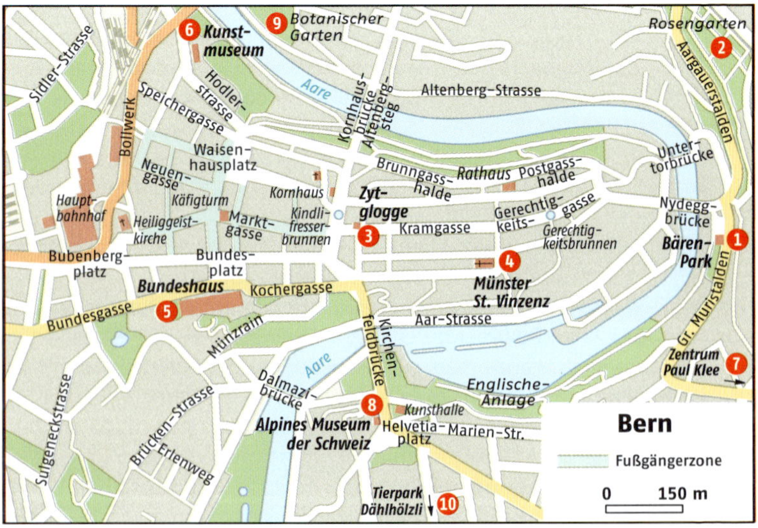

Endhaltestelle für Freunde des gepflegten Bieres ist das Alte Tramdepot in einer ehemaligen Tramhalle beim Bärengraben

ren wieder richtig schick. Die 99 Zimmer und Suiten wurden ebenso runderneuert wie Lounges, Ballsaal, Spa und die Sky Terrace über den Dächern der Stadt. Absolutes Schmuckstück ist Jack's Brasserie, das Hauptrestaurant mit tollem Fin-de-Siècle Ambiente.

******s Kongress + Kursaal Bern AG,** Kornhausstr. 3, 3000 Bern 25, Tel. 031 339 55 00, www.kursaal-bern.ch. Beste Aussicht über die Altstadt und auf die Alpen aus diesem modernen Kongress- und Stadthotel auf der ›anderen‹ Seite der Aare.

Restaurants

Altes Tramdepot, Grosser Muristalden 6, 3006 Bern, Tel. 031 368 14 15, www.altestramdepot.ch. Tolle Atmosphäre in der ehemaligen Tramhalle und, noch toller, im Biergarten nahe dem neuen Bärenpark. Zum Traumblick über die Altstadt genießt man die vielen hauseigenen Biersorten und Saisonbiere. Dazu eine warme Brezel (tgl. 10/11–0.30, im Winter Mo–Fr ab 11 Uhr).

Restaurant Essort, Jubiläumsstr. 97, 3005 Bern, Tel. 031 368 11 11, www.essort.ch. Eine der besten kulinarischen Adressen der Stadt. Man braucht sich lediglich zwischen zwei verschiedenen Menüs zu entscheiden – mit Fleisch bzw. Fisch oder ohne. Was dann kommt, schmeckt in beiden Fällen sehr gut (Do–Fr 11.30–23.30 Uhr).

Restaurant Harmonie, Hotelgasse 3, 3011 Bern, Tel. 031 313 11 41, www.harmonie.ch. Direkt beim Zytglogge treffen Touristen auf echte Berner und lassen sich die beinahe legendären Fondues sowie Schweizer Klassiker schmecken (Mo–Fr 8–23.30 Uhr).

Auf Tour

Bern – Burgdorf (27 km)

Die Fahrt aus der Altstadt nach Osten hinaus über die Nydeggbrücke, dahinter den Berg hinauf und auf der Bernstrasse nach **Ostermundingen**

Die Wanderung endet in der malerischen Altstadt von Burgdorf

Höhepunkte über der Altstadt: Der Flüeweg in Burgdorf

Der 6 km lange Rundweg verbindet die malerische Altstadt von Burgdorf mit der östlich über den Dächern aufragenden Steilflanke der **Gysnauflüe**. Vom Bahnhof Burgdorf folgt man der Emme bis zur Wynigenbrücke, hinter der ein Zickzackweg auf die erste Fluh leitet. Nun geht es auf **schmalen Wanderwegen** weiter durch Wald, über kleine Brücken und weitere **Aussichtspunkte** bis zur vierten Fluh, von der man hinabsteigt und über die Waldeggbrücke, am Schloss vorbei, die Burgdorfer **Oberstadt** mit ihren netten Straßencafés erreicht. Zuletzt geht es abwärts in die **Unterstadt** und wieder zurück zum Bahnhof. Reine Gehzeit: 1 Std. 45 Min.

(732 m) ist im Berufsverkehr eine Geduldsprobe. Hinter Stettlen wird es ruhiger und ab **Boll** (566 m) sogar wunderschön: Hier biegt man nach Norden in das malerische Lindental ab, einen grünen Schlauch mit mittelhohen, bewaldeten Flanken. Der kleine Ort **Lindental** (621 m) und das weit größere **Krauchthal** (582 m) begeistern mit prachtvollen Bauernhäusern. Hier ist bereits der typische **Emmentaler Baustil** zu bewundern: Wohnhaus, Speicher und Stallbereich bilden einen Baukörper, der von imposanten, an den Seiten weit herabgezogenen Walmdächern geschützt wird. Üppiger Blumenschmuck macht das Postkartenmotiv perfekt. Durch den grünen Talboden, der über weite Strecken ohne jede Bebauung ist, rollt man weiter nach **Oberburg** (547 m). Übrigens: Ist vom Emmental die Rede, geht es um eine Landschaft, die über das eigentliche Tal der Großen Emme weit hinausreicht. **Emmental** bezeichnet mehr oder weniger die ganze Mittelgebirgslandschaft zwischen Bern und der Grenze zum Kanton Luzern.

Burgdorf

Touristisches Zentrum im Emmental ist **Burgdorf** (530 m), 1175 erstmals erwähnt, das mit seiner gewaltigen **Burg** (11./12. Jh.) über den Dächern der Stadt einen eindrucksvollen Anblick bietet – wenngleich sich darunter auch viel neuzeitliche Banalität breitgemacht hat. Drei Museen machen die Burg heute zum ›**Kulturschloss**‹ (Tel. 034 423 02 14, www.kulturschloss.ch, April–Okt. Mo–Sa 14–17, ganzjährig So 11–17 Uhr). Das **Schlossmuseum** präsentiert Lokal- und Regionalgeschichte, das **Helvetische Goldmuseum** widmet sich der Kulturgeschichte des Edelmetalls, das auch in der Emme gewonnen wurde und – bei Goldwasch-Erlebnistagen – immer noch wird. Das **Museum für Völkerkunde** schließlich beweist, dass es eine Welt hinter dem Emmental gibt. Vom Bergfried schaut man auf die Berner Alpen und hinab auf die wunderbare **mittelalterliche Altstadt**. Aus der feudalen Oberstadt mit ihren Patrizierhäusern zwischen Schloss und Kirchenhügel gelangt man über eine Treppe ins Kornhausquartier, die Unterstadt, in der einst Handwerker und andere Gewerbetreibende am Fuß des Burgfelsens lebten. Das **Museum Franz Gertsch** (Platanenstr. 3, Tel. 034 421 40 20, www.museum-franzgertsch.ch, Mi–Fr 10–18, Sa/So 10–17 Uhr) ist einem der bedeutendsten Schweizer Künstler der Gegenwart gewidmet. Schwerpunkte in Gertschs (*1930) umfangreichem Œuvre bilden fotorealistische Malereien und monumentale Holzschnitte. Keine 200 m weiter sind im **Alten Schlachthaus** (Metzgergasse 15, luginbuehlbernhard.ch/museum, Ende März–Ende Nov. So 11–17 Uhr) die bizarren Eisenskulpturen und weitere Kunstwerke des 1929 geborenen Bernhard Luginbühl zu sehen.

Praktische Hinweise

Information

Tourist Office Burgdorf (für das ganze Emmental), Bahnhofstr. 44, 3400 Burgdorf, Tel. 058 327 50 92, www.emmental.ch

Restaurant

Serendib, Metzgergasse 8, 3400 Burgdorf, Tel. 034 422 38 16, www.serendib.ch. Der Küchenchef kommt aus Sri Lanka und das versteckt er auch nicht – zum

Emmentaler Bauernhäuser zeugen mit ihren mächtigen Dachkonstruktionen nicht zuletzt vom hohen Können der Zimmerleute

Glück. Sein Spiel mit regionalen Zutaten und Traditionen ist hochinteressant und absolut gekonnt (Di–Sa 11–14 und 18–23.30 Uhr).

Auf Tour

Burgdorf – Affoltern (12 km)

Man fährt zunächst nach Norden, Richtung Wynigen, aus Burgdorf hinaus. Kurz hinter der Brücke über die Emme, dort wo die Bahnstrecke links in einem Tunnel verschwindet, biegt man rechts nach **Guetisberg** (706 m) ab. Was nun folgt, ist eine anspruchsvolle, aber begeisternde Fahrt auf einer sehr schmalen, kurvenreichen Straße. Durch eine beinahe ›arkadische Landschaft‹ mit vielen kleinen Kuppen, Hügeln und Tälchen, vorbei an verstreut liegenden Bauernhöfen und immer wieder mit neuen überraschenden Ausblicken, erreicht man über **Kaltacker** den Landgasthof Lueg (s. ›Restaurants‹.). Gleich dahinter nimmt man den Abzweig zu einem Parkplatz auf der linken Seite. Hier beginnt der kurze Aufstieg zum **Lueg-Denkmal** (887 m), an dem eine Tafel das großartige Panorama erklärt: vom grünen Emmental bis zur Eiger-Nordwand. Nur 3 km weiter kommt man in **Affoltern** (801 m) an.

Auf den weiten Wiesen rund um das Dorf Affoltern beginnt die Umwandlung von grünem Gras in gelben Käse

38 Emmentaler Schaukäserei

Gelb auf grün: Der beste Käse kommt von den saftigsten Wiesen.

Jedes Kind weiß: Der *richtige* Schweizerkäse hat **Löcher**. Und diese werden nirgends so schön und akkurat produziert wie hier. Darum dient der Emmentaler im Alltag als das gebräuchliche Synonym für *den* **Schweizerkäse**. Was freilich schmeckt, ist das Gelbe um die Löcher herum. Man lernt das am Rand des kleinen und sehr netten Dorfes Affoltern in der **Emmentaler Schaukäserei** (April–Okt. tgl. 9–18.30, Nov.–März bis 17 Uhr). Deren Lage ist ideal: Von einem grünen Hügel blickt man weit hinaus über weitere grüne Hügel, auf denen Kühe stehen. Die Schaukäserei ist ein Ensemble aus vier Gebäuden: eine sympathische Mischung aus Freilichtmuseum, moderner Produktionsstätte, Ladengeschäft und Gastronomie.
Ausgestattet mit dem sehr hilfreichen Audioguide macht man sich auf die Reise über das Gelände, die im ältesten Haus aus dem Jahr 1741 beginnt: Im **›Stöckli‹** wird heute noch demonstriert, wie der Käse

*Zweimal pro Woche muss ein Käselaib gewendet werden.
Je nach Konsistenz und Reifegrad lagert er teilweise mehrere Jahre*

Der Schweizerkäse

Wer sein Brotstück zum ersten Mal verliert, bekommt fünf Stockhiebe. Beim zweiten Mal gibt's 20 Peitschenhiebe und beim dritten Mal wird er mit einem Gewicht an den Füßen in den See geworfen. Was **»Asterix bei den Schweizern«** demonstriert, ist historisch zwar nicht korrekt, dafür aber sehr lustig. Die Fondue-Orgie im Palast des Statthalters Feistus Raclettus artet bekanntermaßen in eine Riesensauerei aus.

So alt ist der Käse-Kult aber gar nicht. ›Nationalgerichte‹ sind **Fondue und Raclette** noch keine 100 Jahre lang. Tatsächlich stehen sie erst seit der Mitte des 20. Jh. in allen Schweizer Regionen auf dem Speiseplan. Von Milch- und Käsespeisen ernährte sich bis dahin vor allem die einfache Bevölkerung in den Bergen und auf dem Land. Wo Getreide angebaut wurde, aß man dagegen – Getreide. Immerhin hat die Technik der Käseherstellung im Land eine bald tausendjährige Tradition. **Gruyère** (Greyerzer) ist seit 1115 bekannt, **Emmentaler** und **Sbrinz** etwa seit 1200. Heute sind auch die eidgenössischen Käseproduzenten Akteure auf einem globalisierten Markt, und um sich dort zu behaupten, setzen sie auf Qualität. Um diese nach außen zu tragen, haben sie für bestimmte Käsesorten **geschützte Herkunftsbezeichnungen** definiert: AOC (Appellation d'Origine Contrôlée) und AOP (Appellation d'Origine Protégée): Ein solches Label tragen etwa die Klassiker Emmentaler, Le Gruyère, L'Etivaz, Hobelkäse und Sbrinz, daneben auch Vacherin Mont-d'Or, Vacherin Fribourgeois, Raclette du Valais, Formaggio d'Alpe Ticinese (Tessiner Alpkäse), Berner und Glarner Alpkäse. Darüber hinaus versuchen viele Produzenten ihr Glück auch in der **Bio-Nische** oder in kleinen lokalen Käsereien.

früher auf dem offenen Feuer hergestellt wurde – und wie er auch heute noch auf vielen Alpen produziert wird, komplett von Hand und ohne elektrischen Strom. Nach Anmeldung kann man unter fachkundiger Anleitung in 2 Std. Arbeit aus 200 l frischer Rohmilch seinen persönlichen **Stöcklikäse** herstellen: zwei Laibe mit jeweils 8 kg Gewicht. Die viermonatige Nachsorge übernimmt der Kellermeister, den Transport nach Hause die Post – Preis: 390 CHF (ein Laib) bzw. 650 CHF (beide Laibe).

Doch nicht nur die museale Produktion wird gezeigt, sondern auch die moderne, computergesteuerte. Man erfährt, wie aus gut 1000 l Milch ein runder **90-kg-Emmentaler** entsteht, man lernt, wie es zur »regelmäßigen und korrekten Lochbildung« kommt und was passiert ist, wenn die Löcher tatsächlich einmal nicht so schön rund sind und wie man das vermeidet. Käse machen als Know-how zwischen Versuch und Irrtum und wissenschaftlicher Analyse – dazu gehört auch die **Qualitätskontrolle**, bei der vier Merkmale geprüft werden: die Gestalt der Löcher, die Textur des Teigs, das Aroma sowie Aussehen und Lagerungsfähigkeit. Mit 18,5 bis 19 von 20 möglichen Punkten erreicht der Emmentaler aus Affoltern ein erstklassiges Ergebnis. Einfacher und in jedem Fall schneller (60 Min.) ist die Produktion von Frischkäse, die täglich um 14 Uhr gezeigt wird. In den beiden Restaurants (mit Gartenterrassen) kann man sich nicht nur Käse, sondern auch andere Spezialitäten aus der Region schmecken lassen. Und die Souvenirs ersteht man im Käsefachgeschäft, im Handwerksladen oder beim **Mätteli-Beck**.

Praktische Hinweise

Information

Emmentaler Schaukäserei, Schaukäsereistr. 6, 3416 Affoltern im Emmental, Tel. 034 435 16 11, www.emmentaler-schaukaeserei.ch

Hotel

TOP TIPP

***** Romantik Hotel Bären,** Dorf, 3465 Dürrenroth, Tel. 062 959 00 88, www.baeren-duerrenroth.ch. Das beliebte historische Hotel im Emmental ist schon von außen ein Schmuckstück. Weithin bekannt ist seine regionale Küche, die in den wunderschönen alten Stuben serviert wird.

Restaurants

Gasthof zum Goldenen Löwen, Güterstr. 9, 3550 Langnau im Emmental, Tel. 034 402 65 55, www.loewen-langnau.ch. 15 Gault-Millau-Punkte für regionale Frischeküche zu fairen Preisen. Eine bodenständige Feinschmecker-Adresse im Emmental, 20 km südlich von Affoltern (Mo–Fr 8–24, Sa 16–24 Uhr).

Landgasthof Lueg, Lueg 535, 3413 Kaltacker, Tel. 034 435 18 81, www.lueg.ch. In schönster und grünster Emmentaler Landschaft gelegen, nahe dem fantastischen Aussichtspunkt Lueg. Es gibt hier nicht nur hervorragende Käsesorten, sondern auch andere, sehr gekonnt zubereitete Spezialitäten aus der Region (Mo–Sa 9–23.30, So 9–18 Uhr, Dez.–März Mo/Di geschl.).

Reise-Video Westlich von Sumiswald

QR-Code scannen [s. S. 5] oder dem Link folgen: tinyurl.com/napfgebiet

Auf Tour

Affoltern – Schüpfheim (43 km)

Von Affoltern hinab zur nahen Hauptstraße 23 und auf ihr nach rechts, Süden, abbiegend, kommt man nach **Sumiswald** (700 m), wo sich die kurze Schleife auf der Nebenstraße zur schön gelegenen **Burg Trachselwald** (Mo–Fr 8–18, Sa 9–18, So 12–18 Uhr) aus dem 12./13. Jh. lohnt. Der mächtige Wehrturm kann vom Burghof aus bestiegen werden, zuletzt auf einer enorm steilen Wendeltreppe. Im Bauernkrieg diente der Turm als Kerker, heute genießt man von oben die freie Sicht auf den typischen Emmentaler Mix aus Wiesen, Feldern und Wäldern. Etwas weiter südlich erreicht man wieder das Tal der Emme, in dem die typischen Holzhäuser zusammen mit neuen Wohn- und kleinen Gewerbeansiedlungen das Bild einer lebenswerten und wenig touristischen Landschaft bieten. **Langnau** (673 m), Hauptort des Verwaltungsbezirks Emmental, ist Sitz des Berner Mundartarchivs und das kulturelle Zentrum der Region. Hier finden die bekannten **Emmentaler Märkte** statt: jeden Freitagmorgen auf dem Viehmarktplatz im Zentrum der Wochenmarkt mit regionalen Produkten, sechsmal im Jahr die Langnauer Jahrmärkte. Ein fast durchgehendes Wohn- und Siedlungsgebiet im Grünen leitet nach **Trubschachen** (731 m). Hier zeigt sich, dass Emmentaler nicht nur Käse, sondern auch Kekse machen können, genauer: *Bretzeli*. Das kultige Gebäck, tatsächlich rund wie eine Münze und in jedem Schweizer Supermarkt zu haben, wird im Ort von der Firma Kambly nach dem Originalrezept von 1906 gebacken. Neben der **Kambly Erlebniswelt** (Mühlestr. 8, Tel. 034 495 02 22, www.kambly.ch, tgl. 8.30–18.30, Sa/So bis 17 Uhr) mit Multimedia-Schau gibt es ein Café – und den Fabrikladen.

Rund wie ein Loch im Käse: Aus dem Emmental kommen auch die feinen Butterbretzeli der Firma Kambly in Trubschachen

Luzern & Vierwald-stättersee

Gut Holz:
die Kapellbrücke
in Luzern

Luzern & Vierwaldstättersee – mit Armbrust und Taschenmesser

An den Ufern des Vierwaldstättersees schlägt das historische Herz der Schweiz. Auf der Rütliwiese wurde die Eidgenossenschaft begründet und auf dem Marktplatz von Altdorf schoss Wilhelm Tell seinem Sohn den Apfel vom Kopf. Geschichte und Legenden vermischen sich in den Urkantonen Uri, Schwyz und Unterwalden. In der malerischen Landschaft vor den Toren der Bilderbuchstadt Luzern sind aber auch sehr reale Wunderwerke zu bestaunen – wie die Zahnradbahn auf den Pilatus, das ›Swiss Army Knife‹ in Brunnen und Schwyz sowie das überwältigende Kloster in Einsiedeln.

39 Biosphärenreservat Entlebuch

TOP TIPP

Idylle mit Mooren und Bergen im ›Wilden Westen‹ von Luzern.

Gleich hinter der Ortschaft **Trubschachen** (731 m) überfährt man die Grenze zum Kanton Luzern – und ins UNESCO Biosphärenreservat Entlebuch. Erster Eindruck: Die Berge werden wieder höher und steiler – man hat das Emmentaler Mittelgebirge verlassen und ist zurück in den Alpen. **Entlebuch** heißt das Haupttal der Kleinen Emme zwischen Bern und Luzern. Rund 17000 Menschen leben in dieser knapp **400 km² großen Landschaft**, die 2008 zur ›Biosphäre‹ wurde. Hier ist also nicht nur die Natur-, sondern auch die Kulturlandschaft geschützt. Zusammen mit der Bevölkerung wird an der umweltverträglichen Weiterentwicklung der Region gearbeitet. Wer das Tal der Kleinen Emme nicht verlässt, erlebt die Biosphäre als grün, lieblich, aber noch nicht besonders spektakulär.

Grandiose Natur sieht, wer in die beiden großen Seitentäler fährt: von Wiggen nach **Marbach** (871 m), von Schüpfheim nach **Flühli** (883 m) und **Sörenberg** (1159 m) – und wer dort zu Fuß geht. Ideal geeignet ist das ausgedehnte Wegenetz zwischen zauberhaften Mooren und dem eindrucksvollen Kalkkamm der **Schrattenflue** (2092 m) oberhalb von Sörenberg (16 km ab Schüpfheim). Mit der Gondelbahn zur Rossweid ist es bequem zu erreichen. Insgesamt **135 Flach- und Hochmoore**, dazu mehrere Auenlandschaften und vier Moorlandschaften von nationaler Bedeutung verzeichnet das Naturinventar. Der oft kleinräumige Wechsel zwischen Trocken- und Feuchtge-

Karren nennt man die zerfurchten Kalkplatten an der Schrattenflue, über die man auf die sanften Wiesen und Moore oberhalb von Sörenberg blickt

bieten sorgt für eine außergewöhnlich vielfältige Flora und Fauna. Aber auch der Mensch hat Sehenswertes geschaffen: im Dorf **Escholzmatt** (858 m) z.B. ein intaktes Ortsbild, in dem die imposante neugotische Pfarrkirche St. Jakob und das Mettlenquartier mit seinen wundervollen alten Häusern westlich der Hauptstraße herausragen. Nicht wegzudenken aus der lokalen Wirtschaft ist die Destillerie Studer (Studer & Co AG Distillerie, Tel. 041 486 12 04, www.distillery.ch), die seit 1883 in Escholzmatt edle Obstbrände produziert.

Der zweite große Ort im Entlebuch, **Schüpfheim** (719 m), ist sehr groß, verfügt über viel Gewerbe und erscheint nicht übermäßig touristisch. Ein lohnender Abstecher führt hinauf zum 1127 m hoch gelegenen Wallfahrtsort Heiligkreuz (www.heiligkreuz-entlebuch.ch) auf der östlichen Talflanke. Hier wurde die bisherige traditionelle Nutzung des Waldes im Hundsboden aufgegeben und mittels eines Holzstegs (›Seelensteg‹), eine neue ›menschliche Nutzung‹ eingerichtet.

Praktische Hinweise

Information

UNESCO Biosphäre Entlebuch, Chlosterbüel 28, 6170 Schüpfheim, Tel. 041 485 88 50, www.biosphaere.ch

Sörenberg Flühli Tourismus, Rothornstr. 21, 6174 Sörenberg, Tel. 041 488 11 85, www.soerenberg.ch

Restaurant

TOP TIPP **Gasthof Rössli,** Hauptstr. 111, 6182 Escholzmatt, Tel. 041 486 12 41, www.stefanwiesner.ch. Seine »avantgardistische Naturküche« hat Stefan Wiesner einen Michelin-Stern eingetragen. Als eine seiner »Urdomänen« bezeichnet er Wurst: Bratwurst, Barolowurst und Rottannensalami – eine Trockenwurst, parfümiert mit dem Duft des Waldes und schwarzem Pfeffer (Mi–Sa 11–0.30, So 11–18 Uhr).

Auf Tour

Schüpfheim – Hallwyl (63 km)

Vorbei an **Entlebuch** (723 m) führt die Straße talauswärts nach **Wolhusen** (565 m), das unmittelbar am Rand des Gebirges liegt und nicht nur über viel Gewerbe, sondern auch über ein **Tropenhaus** (Hiltenberg, Tel. 041 925 77 99, www.tropenhaus-wolhusen.ch, Mi–So 9.30–17.30 Uhr) verfügt: Die interessante Ausstellung widmet sich auf 1900 m^2 Fläche der Zucht und dem Anbau sowie der nachhaltigen Lebensmittelproduktion von rund 60 verschiedenen tropischen Nutzpflanzen.

Hinter **Menznau** wird ein riesiges Holzwerk passiert, dann erreicht man **Willisau** (557 m). Wer auf der Ortsumfahrung bleibt, sieht vom Ort nur Industrie und Gewerbe. Der Abstecher ins Zentrum lohnt sich, denn Willisau ist über 700 Jahre alt, hat ein Unter- und ein Obertor und zwischen beiden eine **schöne Altstadt,** über der das Landvogteischloss (Ende 17. Jh.) und Reste der alten Stadtmauer zu sehen sind. Drei **Figurenbrunnen** aus der Zeit um 1600 teilen die Hauptgasse.

Vom Alpenrand zum Hallwilersee

Richtung Sursee ist die Strecke weniger attraktiv. **Ettiswil** (517 m) bietet auf den ersten Blick den typischen

Passend zum Biosphärenreservat kommt im Gasthof Rössli in Escholzmatt die pure Natur auf die Teller

Raus aus den Alpen: Am Sempachersee hat man schon etwas Abstand zu den großen Bergen gewonnen

Mix aus Wohnen und Gewerbe, besitzt aber mit dem sehr hübschen **Wasserschloss Wyher** am südlichen Ortsrand eine echte Sehenswürdigkeit. 1304 erstmals erwähnt, ist es heute eine Location für Hochzeiten, Bankette und Tagungen.

Der Wegweisung nach Sursee-Beromünster folgend, kommt man wieder in weites, offenes Bauernland und, vorbei am kleinen Mauensee, nach **Sursee** (502 m) am Nordende des Sempachersees. Auch hier versteckt sich hinter den Gewerbeflächen eine **historische Altstadt** mit spätgotischem Rathaus. Geschichte machte hier insbesondere die Schlacht bei Sempach anno 1386, am anderen Ende des Sees. Damals schlugen die Eidgenossen das österreichische Heer vernichtend.

In **Beromünster** (642 m), dem nächsten größeren Ort auf der Route, wurde 1036 ein **Kollegiatstift** gegründet. Es besteht heute noch und präsentiert sich als sehenswertes Ensemble von rund drei Dutzend Gebäuden. Im Mittelpunkt steht die Stiftskirche: Ehemals eine romanische Säulenbasilika, besitzt sie heute ein prachtvolles Rokoko-Interieur. Der mittelalterliche Wohnturm, das ›**Schloss**‹ (Besichtigung nach Vereinbarung, Tel. 041 930 36 17 und 041 930 14 82, www.beromuenster.ch), beherbergte einst die **erste Buchdruckerei der Schweiz**. Ins Jahr 1470 datiert das älteste Buch, das 600-seitige, lateinisch verfasste ›Mamotrectus‹. Heute sieht man dort die betriebsbereite Druckerei mit Gießofen, Setzkasten und Spindelpresse – neben anderen Dokumenten zur Geschichte von Beromünster.

Vorbei an vielen Obstbäumen und -gärten gelangt man ins große Siedlungs- und Gewerbeband der Orte **Menziken** und **Reinach**. Dort rechts abzweigend, kommt man nach **Beinwil** (520 m) und in der Folge, mit zunehmend schönen Blicken auf den tiefer gelegenen **Hallwilersee**, über Boniswil zum **Schloss Hallwyl** (452 m).

Praktische Hinweise

Information

Sempachersee Tourismus, Centralstr. 9, 6210 Sursee, Tel. 041 920 44 44, www.sempachersee-tourismus.ch

Hotel

**** **Birdland Hotel,** Eichenstr. 1, 6203 Sempach Station, Tel. 041 369 81 81, www.birdland-hotel.ch. Modernes Golf-, Seminar- und Lifestylehotel mit klaren Linien und schickem Design. Helle, schön eingerichtete Zimmer mit Balkon.

Restaurant

Restaurant WyHof, Bahnhofstr. 47, 6210 Sursee, Tel 041 921 12 70, www.wyhof.ch. Kulinarische Dialektik: Regionalität und Internationalität werden hier sehr kreativ zu etwas Drittem gemacht, z.B. beim Sempacher Balchen an Safran-Schaum auf Randen-Couscous (Mo–Sa 10–24 Uhr).

40 Wasserschloss Hallwyl

Wie man früher so lebte – wenn man es sich leisten konnte.

Die beurkundete Geschichte der Familie von Hallwyl beginnt im Jahr 1167 – mit einem gewissen Waltherus de Allewilare. Damals, am Ende des 12. Jh., wurde auch der historische Stammsitz derer von Hallwyl gegründet. Rund 800 Jahre lang befand er sich im Familienbesitz, 1994 ging er als Schenkung an den Kanton Aargau über, und auch heute noch steht er als **eines der schönsten Schweizer Wasserschlösser** am selben Ort: über dem Nordende des Hallwilersees auf zwei kleinen Inseln im Aabach. Als Angehörige des niederen Adels waren die Hallwyler auf vielen Gebieten aktiv: in Kriegsdiensten und an verschiedenen europäischen Höfen, in Politik, Wirtschaft und Wissenschaft. Die **vier Museumsbereiche** (April–Okt. Di–So/Fei 10–17 Uhr) vermitteln ein umfassendes Bild des Lebens in Hallwyl über die Jahrhunderte. Im **Vorderen Schloss** geht es um Geburt und Sterben, um die Erziehung und den Lebensstil von Adligen, die langsam zu Bürgern wurden. Das **Hintere Schloss** ist Religion und Forschung, Politik und Wirtschaft gewidmet. Im

Schöne Immobilie auf zwei Inseln im Aabach:
Das Wasserschloss Hallwyl ist heute eine Art Regionalmuseum

Kornhaus wird die Geschichte der Tabak- und der Strohindustrie dokumentiert. Diese hatten am Ende des 19. Jh. ihre Blütezeit und waren neben der Landwirtschaft die wichtigsten Einnahmequellen in der Region. Weitere Themen sind Brauchtum und Trachten. Auf der **Mühleinsel** erfährt man alles über die frühere Bedeutung der Kornmühle für die Versorgung der Bevölkerung – und über die Macht, die ihr Besitz einmal verlieh. Die Themen sind zeitgemäß aufbereitet, aber da alte Einrichtungen kaum noch vorhanden sind, verdankt Hallwyl seine Attraktivität vor allem den äußeren Schauwerten – und dem idyllischen **Innenhof** samt einladender Gastronomie im Schlosscafé.

Sehr ansehnlich ist auch der 8,4 km lange **Hallwilersee** selbst. Da seine Uferflächen nicht bebaut werden dürfen, erlebt man auf dem insgesamt ca. 20 km langen Uferwanderweg rund um den See eine über weite Strecken noch sehr ursprüngliche und sehenswerte Naturlandschaft. Darüber hinaus steuert die **Schifffahrtsgesellschaft Hallwilersee**

Nicht so berühmt, aber ebenfalls sehr alt und genauso fotogen: die Spreuerbrücke westlich der Kapellbrücke in Luzern

(Tel. 056 667 00 00, www.schifffahrt-hallwilersee.ch) sieben verschiedene Stationen am Ufer an und bietet so die Möglichkeit, die Wanderung mit einer Schifffahrt zu kombinieren.

Praktische Hinweise

Information

Schloss Hallwyl, 5707 Seengen, Tel. 084 887 12 00, www.schlosshallwyl.ch

Tourismus Lenzburg Seetal, Kronenplatz 24, 5600 Lenzburg, Tel. 062 886 45 46, www.seetaltourismus.ch

Hotel

**** **Seerose Resort & Spa,** Seerosenstr. 1, 5616 Meisterschwanden, Tel. 056 676 68 68, www.seerose.ch. Asien tut gut – auch im sehr schön gelegenen ›SwissThai Hideaway‹ am Ufer des Hallwilersees. Nach dem Genuss diverser Thai-Behandlungen lässt man sich in einem der drei Restaurants kulinarisch verwöhnen. Nicht nur, aber auch asiatisch.

Auf Tour

Schloss Hallwyl – Luzern (37 km)

Vom großen Ort **Seengen** (468 m), gleich neben Schloss Hallwyl, geht die Fahrt vorbei am Barockschloss Brestenberg (nicht zugänglich) und sehr schön zwischen Weinbergen und Streuobstwiesen am Ostufer des Hallwilersees entlang – wer Lust auf ein Bad hat, folgt den Wegweisern zu verschiedenen Strandbädern. Auf **Meisterschwanden** (505 m) folgt **Aesch** (478 m), dann ist der Hallwilersee zu Ende. Doch hinter **Hitzkirch** (498 m) kommt schon der nächste See in Sicht: der 4,5 km lange **Baldeg-**

gersee. Er ist der größte Schweizer See in Privatbesitz und gehört der Stiftung Pro Natura. Seit den 1920er-Jahren stark überdüngt und mit Abwässern belastet, wurde der See bereits 1982 als erster See weltweit künstlich belüftet – was man allerdings nicht sieht: Die Ufer sind unberührt und noch idyllischer als jene des Hallwilersees. Die Weiterfahrt ist erst mal wenig attraktiv: Agrarindustrie und andere Gewerbe mischen sich mit Wohnsiedlungen. Zwischen dem Militärflugplatz und dem riesigen Werk von Emmi, dem größten milchverarbeitenden Betrieb der Schweiz, erreicht man die 30 000-Einwohner-Stadt **Emmen** und bei der Einfahrt ins benachbarte Luzern sieht man wieder schöne alte Häuser.

41 Kapellbrücke Luzern

TOP TIPP *Die älteste überdachte Holzbrücke Europas – und eine grandiose Stadt.*

Es ist eines der typischen Schweizer Postkartenmotive: die etwas mehr als 200 m lange Kapellbrücke vor der Skyline der alten Stadt **Luzern** (435 m, gut 80 000 Einwohner). Die **Kapellbrücke** 1 verläuft hübsch schräg vom Luzerner Theater am Südufer der Reuss hinüber bis zur St. Peterskapelle am Rathausquai. Im 14. Jh. errichtet – ursprünglich als Teil der städtischen Befestigungsanlage –, gilt sie als die **älteste überdachte Holzbrücke Europas**. Und sie erfüllt seit der ersten Hälfte des 17. Jh. gewissermaßen einen Bildungsauftrag: Damals wurden **158 Bildtafeln** angebracht, die Szenen aus der Stadt- und Landesgeschichte zeigen. Mittendrin, wenngleich älter als die Brücke selbst, erhebt sich der achteckige, gut 34 m hohe **Wasserturm** (um 1300), der schon verschiedenartigen amtlichen Nutzungen diente: Archivierung und Vermögensaufbewahrung, Freiheitsentzug, Folter… Unter dem Turmdach brüten Alpen- und Mauersegler. Neben der Kapellbrücke, die in ihrer langen Geschichte mehrfach verändert, durch Brände beschädigt und im 19. Jh. beinahe sogar abgerissen wurde, gibt es stadteinwärts, zwischen Natur-Museum und Historischem Museum, noch eine weitere bemerkenswerte Brücke über die Reuss: die **Spreuerbrücke** 2 – so benannt, weil die von den städtischen Mühlen anfallende Spreu früher (d.h. seit 1408) von der Brücke in den Fluss geschüttet wurde. Auf dieser Brücke sind 67 Bildtafeln zu sehen; sie zeigen das Motiv des Totentanzes.
Nächste Brücke, reussabwärts, ist die Geissmattbrücke. Neben ihr beginnt

Ein schöner Spaziergang führt an der Museggmauer vorbei. Vier ihrer neun Türme können bestiegen werden

auf dem Nordufer die **Museggmauer** 3 (Karfreitag–Ende Okt. tgl. 8–19 Uhr), ein gut erhaltener Überrest der mittelalterlichen Stadtbefestigung. Vier ihrer neun Türme können bestiegen werden; auf dem **Zytturm** (1535) schlägt die älteste Uhr der Stadt – pünktlich eine Minute vor allen anderen. Gegenüber der autofreien historischen **Altstadt** mit ihren reich verzierten Häusern und schönen Plätzen (Weinmarkt, Kornmarkt, Kapellplatz u.a.) zieht am Südufer der Reuss die **Jesuitenkirche** 4 (Bahnhofstr. 11a, Tel. 041 210 07 56, www.jesuitenkirche-luzern.ch, tgl. 6–18.30 Uhr) mit ihren beiden Türmen die Blicke auf sich. Das 1677 geweihte Gotteshaus gilt als der erste barocke Kirchenbau der Schweiz. Nicht nur wegen ihrer hervorragenden Orgel ist sie zugleich ein Zentrum für Aufführungen geistlicher Musik. Inoffizielles Wappentier Luzerns ist der **sterbende Löwe** 5. In den Fels des berühmten **Gletschergartens** (Denkmalstr. 4, Tel. 041 410 43 40, www.gletschergarten.ch, tgl. 9–18, Nov.–März 10–17 Uhr) gehauen, erinnert er an den Heldentod der Schweizergarde beim Sturm auf die Tuilerien in Paris 1792. Daneben gibt es im Gletschergarten analoge Versteinerungen, digitale Präsentationen und ein Labyrinth mit 90 Spiegeln. Nur gute 100 m südlich ist auf dem monumentalen 112 m langen **Bourbaki-Panorama** 6 (Löwenplatz 11, Tel. 041 412 30 30, www.bourbakipanorama.ch, April–Okt. tgl. 9–18, Nov.–März tgl. 10–17 Uhr) in 360-Grad-Perspektive zu sehen, wie der französische General Bourbaki während des Deutsch-Französischen Krieges von 1870/71 seine Armee über die Schweizer Grenze führt. Aufsehenerregende moderne Architektur wird ebenfalls

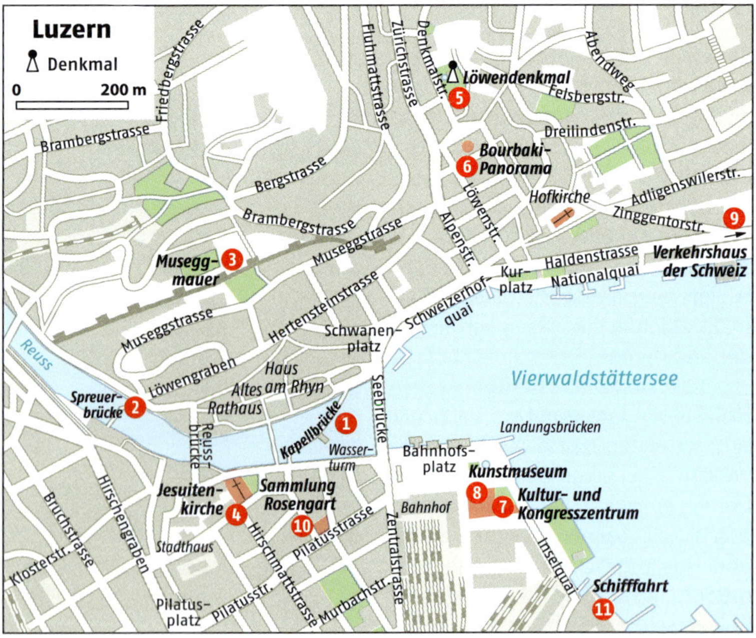

Wie kommt der Mensch von A nach B? Im Verkehrshaus erhält man auf diese Frage sehr unterschiedliche, immer interessante Antworten

geboten, z.B. beim eindrucksvollen **Kultur- und Kongresszentrum** 7 (KKL, Europaplatz 1, Tel. 041 226 70 70, www.kkl-luzern.ch), dem Herzstück der ›Festivalstadt Luzern‹. Unter seinem hohen Dach befinden sich nicht nur der große Konzertsaal und das Kongresszentrum, sondern auch das sehr bedeutende **Kunstmuseum** 8 (Di–So 10–17, Mi bis 20 Uhr), das Schweizer Kunst von der Renaissance bis zur Gegenwart zeigt und zudem ambitionierte Wechselausstellungen veranstaltet.

TOP TIPP Auch das spannend-informative **Verkehrshaus** 9 (Lidostr. 5, Tel. 041 370 44 44, www.verkehrshaus.ch, Sommerzeit tgl. 10–18, Winterzeit tgl. 10–17 Uhr) hat eine moderne Hülle und mit mehr als 20 000 m² Ausstellungsfläche Platz genug, um die Entwicklung der Mobilität zu Land, zu Wasser und in der Luft bzw. im All zu dokumentieren. Das meistbesuchte Museum des Landes bietet darüber hinaus einen Lokomotiven-Simulator sowie ein 200 m² großes, begehbares Luftbild der Schweiz, dazu ein Planetarium und ein Filmtheater.

Einen Hinweis verdient auch noch die **Sammlung Rosengart** 10 (Pilatusstr. 10, Tel. 041 220 16 60, www.rosengart.ch, April–Okt. tgl. 10–18, Nov.–März tgl. 11–17 Uhr) mit ihrer umfassenden Sammlung von Bildern Paul Klees und Pablo Picassos – ergänzt durch Werke von Cézanne, Monet, Matisse, Braque u.v.m.

Zurück an der frischen Luft steht schließlich eine **Schifffahrt auf dem Vierwaldstättersee** 11 (Werftestr. 5, Tel. 041 367 67 67, www.lakelucerne.ch) auf dem Programm. 15 Motorschiffe und **fünf historische Raddampfer** bieten Rundfahrten an und erschließen zahlreiche schöne Ausflugsmöglichkeiten am See.

Schweiz ahoi: Von Luzern aus geht es mit dem Schiff über den Vierwaldstättersee zu den mythischen Stätten der Eidgenossenschaft

Praktische Hinweise

Information

Luzern Tourismus, Zentralstr. 5, 6002 Luzern, Tel. 041 227 17 17, www.luzern.com

Hotels

***** **Hotel Schweizerhof Luzern,** Schweizerhofquai, 6002 Luzern, Tel. 041 410 04 10, www.schweizerhof-luzern.ch. Der ungemein prächtige historische Hotelpalast, 2013 renoviert und mittlerweile in der fünften Generation familiengeführt, hat sich auch als Zentrum zahlreicher Kulturfestivals einen Namen gemacht. Die wunderbare Schweizerhof Bar ist eine Institution des Luzerner Nachtlebens.

***** **Seehotel Hermitage,** Seeburgstr. 72, 6000 Luzern 15, Tel. 041 375 81 81, www.hermitage-luzern.ch. Modernes Haus wenige Kilometer außerhalb der Stadt auf einem herrlichen, unverbauten Seegrundstück mit eigener Schiffsanlegestelle und schönster Aussicht über den Vierwaldstättersee auf den Pilatus. Spezialität in der Hotelbar ist der ›Dschinn‹ (Gin) mit 15 verschiedenen Bio-Kräutern von den Hängen der Rigi.

**** **Romantik Hotel Wilden Mann,** Bahnhofstr. 30, 6000 Luzern 7, Tel. 041 210 16 66, www.wilden-mann.ch. Tatsächlich ein höchst romantisches Altstadthotel in bester, zentraler Lage. Die Geschichte des Hauses lässt sich bis ins Jahr 1517 zurückverfolgen.

Restaurants

Restaurant Grottino 1313, Industriestr. 7, 6005 Luzern, Tel. 041 610 13 13, www.grottino1313.ch. Sehr gute italienische Küche in legerer Atmosphäre und zu fairen Preisen. Höchst gemütliches Kneipen-Ambiente (Mo–Fr 11.30–14 und 18–23.30, Sa 18–23.30, So 9.30–14 und 17–22 Uhr).

Restaurant Jasper, Haldenstr. 10, 6002 Luzern, Tel. 041 416 16 16, www.palace-luzern.ch. Gourmet-Adresse im edlen Palace Hotel. Ein ausgezeichneter, dabei unkomplizierter Genuss mit Blick auf den Vierwaldstättersee – den man bei schönem Wetter natürlich am besten im Garten genießt (tgl. 12–14 und 18–22.15 Uhr).

Wirtshaus Galliker, Schützenstr. 1, 6003 Luzern, Tel. 041 240 10 02. Echtes altes Wirtshausambiente, holzvertäfelt und mit Holzdecke. Hier speist man gutbürgerlich und oft in Gesellschaft der lokalen Celebrities (Di–Sa 10–0.30 Uhr).

42 Pilatus

Die steilste Zahnradbahn der Welt – auf einen der großen Aussichtsberge der Schweiz.

Die Fahrt von Luzern führt über **Hergiswil** mit seiner Seepromenade, danach sehr schön am Steilufer entlang bis zu den großen Parkplätzen bei Alpnachstad (435 m). Hier

TOP TIPP

steht die Talstation der **Zahnradbahn** (Brünigstr. 2, Tel. 041 329 13 13, www.pilatus.ch, Anf./Mitte Mai–Mitte/Ende Nov. tgl. 8.10–17.10/17.50 Uhr, ca. alle 40 Min.). Die Bahn wurde bereits 1889 eröffnet und immer noch ist sie die steilste Zahnradbahn der Welt – mit **Steigungen bis zu 48 Prozent**. Die Fahrt dauert 30 Min. und sie begeistert: Gleise und Zahnstange wurden mit enormem technischen Aufwand durch eine großartige alpine Landschaft gelegt, durch Wald, über Weiden (Kühe!), Wiesen (Gämsen!) und unmittelbar neben steilen Felswänden. Die Endstation heißt **Pilatus-Kulm**, sie liegt auf 2073 m Höhe und bietet sämtliche erforderlichen Infrastrukturen, Aussichtsterrassen, Verpflegungs- und Andenkenverkaufsstellen.

Seinen Namen verdankt der ›Mons pileatus‹ den Felspfeilern in seinen Flanken (lat. ›pila‹ = Pfeiler). Die Sage vom römischen Präfekten in Jerusalem, Pontius Pilatus, der in einem längst verlandeten See bei der

Oberalp zur letzten Ruhe gebettet wurde, entwickelte sich erst später – und umso mächtiger: Der Stadtrat von Luzern verbot noch im 16. Jh. die Besteigung des Berges, um den unangenehmen Toten nicht aufzuwecken, den man für schlimme Unwetter über der Stadt verantwortlich machte. Auch Drachen, Hexen und Zauberer wurden vermutet, wo heute Scharen von Besuchern die atemberaubende Aussicht genießen. Der Pilatus ist weniger ein Berg, sondern ein Bergmassiv mit vielen Gipfeln. Höchster Punkt ist das **Tomlishorn** (2128 m), das auf dem Blumenpfad in gut 30 Min. zu Fuß bestiegen werden kann. Andere gut gesicherte und beschilderte Wege führen in jeweils 10 Min. auf den nahen **Esel** (2118 m) oder das **Oberhaupt** (2105 m). So kann man die verschiedenen 360-Grad-Panoramen und die Blickachsen gut vergleichen. Von Luzern bzw. dem etwas südlich gelegenen **Kriens** (480 m) her führt auch noch die im oberen Abschnitt ganz neu gestaltete **Panorama-Gondelbahn** (Schlossweg 1, Tel. 041 329 11 11, www.pilatus.ch, April–Mitte Okt. 8.30–17, Nov.–März 8.30–16/17 Uhr) in zwei Sektionen auf den Gipfel. An der Zwischenstation – sie heißt Fräkmüntegg (1416 m) – sind ein Hochseilgarten und eine Sommerrodelbahn installiert.

Am schönsten plant man den Ausflug zum Pilatus als **Rundreise** von Luzern: Mit Schiff oder Bahn nach Alpnachstad, mit der Zahnradbahn auf den Pilatus, mit der Seilbahn nach Kriens und zurück nach Luzern. Absolute Krönung ist die **Übernachtung** in einem der beiden Hotels auf Rigi-Kulm – mit Sonnenunter- und Sonnenaufgang.

Im Zickzack zu Fuß? Die weitaus meisten Besucher wählen für die Besteigung des Pilatus die ebenso bequeme wie spektakuläre Zahnradbahn

Durch diese Hohle Gasse kam er, in dieser Hohlen Gasse starb er. Hier, bei Immensee, traf den Landvogt Gessler der Pfeil des Armbrustschützen Wilhelm Tell

Praktische Hinweise

Information

Pilatus-Bahnen, Hotels Bellevue & Pilatus-Kulm, Schlossweg 1, 6010 Kriens/Luzern, Tel. 041 329 11 11 und 04 13 29 12 12, www.pilatus.ch

Hotel

*****s Hotel Pilatus-Kulm,** Tel. 041 329 12 12, www.pilatus.ch. 1890 erbaut und 2010 komplett modernisiert, bietet es seinen Gästen Alpenpanorama und Historie. Ein Gaumen- und Augenschmaus ist das Abendessen im eleganten Restaurant Queen Victoria.

Auf Tour

Luzern – Vitznau (27 km)

Die Strecke am Nordufer des bizarr geformten Vierwaldstättersees entlang, vom Alpenrand ins Hochgebirge, ist sicher eine der aufregendsten in der Schweiz. Hinter Luzern steigt die Straße leicht an, der Blick auf den See und auf die breite **Rigi** (1797 m) mit dem riesigen Sendemast ist schön, aber noch nicht sehr spektakulär. Durch Meggen und Merlischachen kommt man nach **Küssnacht** (436 m) mit seiner hübschen Altstadt. Die Hohle Gasse, berühmt aus Friedrich Schillers Drama ›Wilhelm Tell‹, liegt nordöstlich oberhalb der Ortschaft Immensee am Zugersee. Schneller zu erreichen ist die Ruine der **Gesslerburg** (519 m), Sitz des vorgeblich 1307 gemordeten Landvogts Hermann Gessler. Man erreicht den Aussichtspunkt auf einer steilen Treppe von Norden (Zugang vom Hauptplatz in Küssnacht über die Seebodenstrasse).

Weiter geht es durch eine anmutige Landschaft mit Wiesen und Obstgärten über Greppen zum großen Ferienort **Weggis** (435 m).

Weggis, Vitznau und die Rigi

Um »the most charming place…« (den bezauberndsten Ort) zu erleben, von dem der amerikanische Schriftsteller **Mark Twain** anno 1897 schwärmte, begibt man sich am besten hinab ans Ufer des Vierwaldstättersees. Ein historischer Ort: 1919 öffnete das Strandbad Lido (Hertensteinstr. 45, Tel. 041 392 73 90, Mai–Sept. tgl. 9.30–19, Hauptsaison bis 20.30 Uhr) seine Tore, die erste Badeanstalt der Schweiz, in der Männer und Frauen gemeinsam baden durften. Das war damals ein Skandal – aber mit 31 600 Besuchern in der ersten Saison auch ein Riesenerfolg! An der ›Riviera der Zentralschweiz‹ gelegen, überrascht Weggis mit einer beinahe mediterranen Vegetation, wie man sie auch im Tessin findet. Im 19. Jh. ließen sich reiche Gäste von hier aus in Sänften auf die Rigi tragen. Heute nimmt man ganz bequem die **Panoramaluftseilbahn** (Rigistr. 73, Tel. 041 390 18 44, www.rigi.ch, Auffahrt tgl. 8.10–19.10 Uhr, alle 30 Min., Fr/Sa auch 23.05 Uhr) zum Ferienort **Rigi Kaltbad** (1433 m) und von dort die Zahnradbahn nach **Rigi-Kulm** (1752 m).

Weiter geht die traumhafte Fahrt am Ufer entlang, in Kurven dicht am Wasser oder im Wald und immer wieder mit schönster Aussicht über den See nach **Vitznau** (435 m). Wunderbar sind die Uferpromenade und der Belle-Époque-Palast des Parkhotels Vitznau. Die größte Attraktion im Ort ist jedoch die **Vitznau-Rigi-Bahn** (Bahnhofstr. 7, www.rigi.ch, Tel. 041 399 87 87, April–Mitte Okt. 9.15–19.15 Uhr stündl., Ende Mai–Mitte Sept. sowie an Fr/Sa in der Nebensaison auch 22.05 Uhr, Winterfahrplan mit wenig Änderungen).

TOP TIPP

Fußgängerzone, öffentliche Verkehrsmittel und moderne Kommunikation: Die Rigi ist ein Berg auf der Höhe der Zeit

Seit 1871 transportiert die **erste Zahnradbahn der Welt** ihre Passagiere in aufregender Streckenführung direkt vom Seeufer in 435 m Höhe zum Bahnhof beim Hotel Rigi-Kulm (1752 m). Ein kurzer Aufstieg führt zum **Rigi-Gipfel** (1798 m) mit dem fast 100 m hohen Mast der Swisscom. Berühmt ist Mark Twains Schilderung seiner Schweizreise im Jahr 1897, als er den **berühmten Sonnenaufgang** am Gipfel mehrfach im Hotel verschlief. (Und als er die Sonne endlich dicht über dem Horizont sah, bemerkte er, dass sie unterging ...) Rund 120 km gut markierte und gepflegte Wege machen das Rigi-Massiv mit seinen vielen Gipfeln und Aussichtspunkten zum Wanderparadies.

Frieden herrscht auch in der **Artilleriefestung Vitznau** (Tel. 041 227 18 10, www.festung-vitznau.ch, Führungen Mai–Okt. Fr 17 Uhr), einem ehemals streng geheimen Standort des Schweizer Reduit (s. S. 102). Seit 1998 darf man das Labyrinth im Berg im Rahmen von Führungen besichtigen, man darf sogar eine Nacht im ersten ›Festungshotel‹ der Schweiz verbringen. Für Gruppen ab 15 Personen werden auch *Swiss Army Nights* geboten – mit Übernachtung im Schlafsack. Zum Parkplatz ›Festung‹ oberhalb der Seilbahnstation Wissifluh fährt man aus dem Ortszentrum ca. 400 m (beschildert).

Hinter Vitznau bleibt die Straße spektakulär, stellenweise wurde sie sogar in den Fels gesprengt. Am gegenüberliegenden Ufer schiebt sich der steile Bergrücken des Bürgenstocks sehr fotogen in den See. Nächster Ort wäre **Gersau** (435 m), vom 15. Jh. an eine reichsfreie Republik mit einer Fläche von 24 km², ehe sie 1817 gegen ihren Willen zum Kan-

Die »Riviera der Zentralschweiz« bietet begeisternde Aussichten

Traumhaftes Panorama: Auf der Wissifluh über Vitznau

Es gibt viele **tolle Aussichtspunkte** über dem Vierwaldstättersee, die Wissifluh gehört in jedem Fall dazu. Von Vitznau gondelt man mit der Luftseilbahn Wissifluh zur Bergstation und wandert kurz hinüber zum **Bergrestaurant Wissifluh** (945 m). Der Abstieg beginnt mit der Querung durch den Wald nach Märis. Weiter nach Süden absteigend gelangt man zur Wegkreuzung Rängg und nun Richtung Vitznau zum Rigi-Lehnenweg. In der Folge erreicht man die Gartenwirtschaft Kuorez mit ihrer Sonnenterrasse und kommt schließlich am Hotel FloraAlpina vorbei zur Seestrasse. Auf ihr entlang geht es zurück nach Vitznau, wo man nach ca. 1,5 Std. ankommt.

ton Schwyz kam. Kurz vor Gersau setzt man jedoch mit der **Autofähre Tellsprung** (Tel. 041 620 65 35, mobil 079 689 15 78, Ende März–Ende Okt. 9–19.30 Uhr, www.autofaehre.ch, i.d.R. stündl.), der einzigen Autofähre auf dem Vierwaldstättersee, in 20 Min. hinüber nach Beckenried.

Praktische Hinweise

Information

Tourist Information Weggis, Seestr. 5, 6353 Weggis, Tel. 041 227 18 00, www.wvrt.ch

Tourist Information Vitznau, Bahnhofstr. 1, 6354 Vitznau, Tel. 041 227 18 10, www.wvrt.ch

Hotels

*****s **Park Weggis,** Hertensteinstr. 34, 6353 Weggis, Tel. 041 392 05 05, www.phw.ch. Zum Abtauchen: Wellness-Paradies in einem schönen Park, mit exklusiven Spa-Cottages im Asia-Stil und eigenem Seezugang samt Strandbereich. Die Karte der Vinothek im Kellergewölbe listet 2600 Positionen.

**** **Campus Hotel Hertenstein,** Hertensteinstr. 156, 6353 Weggis, Tel. 041 399 71 71, www.c-h-h.ch. Modernes Designhotel als Nachfolger eines Belle-Époque-Schlösschens in wunderschöner, ruhiger Lage nahe der Spitze der Halbinsel Hertenstein.

*** **Hotel Terrasse am See,** Bahnhofstr. 2, 6354 Vitznau, Tel. 041 397 10 33, www.hotel-terrasse.ch. 1873 eröffnet, heute immer noch ein kleines Juwel. Individuell mit restaurierten Möbeln eingerichtete Zimmer und ein tolles Restaurant mit halbrunder Glasfront und 180-Grad-Panorama.

*** **See- und Seminarhotel FloraAlpina,** Schibernstr. 2, 6354 Vitznau, Tel. 041 399 70 70, www.floraalpina.ch. Sympathisches, traumhaft gelegenes Hotel in einem Landschaftsgarten außerhalb von Vitznau mit schönstem Seepanorama. Wellness genießt man am schönsten draußen im Park: in einer Outdoor-Sauna, im Außenwhirlpool und in Badebottichen.

Restaurants

Focus und Prisma, Seestr. 18, 6354 Vitznau, Tel. 041 399 60 60, www.parkhotel-vitznau.ch. Die großen Gour-

Alle Fahnen fliegen hoch – bei den Feiern zum Nationalfeiertag (1. August) auf der Rütliwiese am Ufer des Vierwaldstättersees

met-Festspiele am See im Parkhotel Vitznau. Auf Zwei-Sterne-Niveau wird man im aufregend designten ›Focus‹ bedient. Das zweite Restaurant heißt ›Prisma‹, hat einen Stern und ist auf drei Seiten bodentief verglast (Focus Di–Sa ab 19 Uhr, Prisma tgl. 11.45–14, Fr–Mo auch ab 18 Uhr).

Ristorante Riva, Gotthardstr. 30, 6353 Weggis, Tel. 041 390 18 88, www.riva-weggis.ch. Hervorragende italienische Küche mit feinen Vorspeisen in einem kantigen Bau unmittelbar am Wasser. Appetitanregend ist auch die Aussicht von der Terrasse (Do–Mo 11–24, So bis 22 Uhr, Okt.–April nachmittags geschl. außer So).

Auf Tour

Beckenried – Tellskapelle (23 km)

Der Ferienort **Beckenried** (435 m) bietet neben dem schönen Strandbad an der Mündung des Lielibaches die Option einer Fahrt mit der längsten **Luftseilbahn** (Kirchweg, Tel. 041 624 66 00, www.klewenalp.ch)

Von Altdorf her wacht Wilhelm Tell über seine Eidgenossen. Die Bronzestatue auf dem Rathausplatz bekam er aber erst 588 Jahre nach seiner großen Tat

der Zentralschweiz zum weitläufigen Freizeit- und Wandergebiet um die **Klewenalp** (1593 m).

TOP TIPP Sehr schön ist auch der 11-km-Abstecher nach **Seelisberg** (800 m), das in absolut idyllischer und ruhiger Lage auf einer Halbinsel mitten im Vierwaldstättersee liegt – fast 400 m über dem Wasserspiegel. Östlich unterhalb des Dorfs liegt die berühmte **Rütliwiese**, auf der sich Vertreter der Talschaften Uri, Schwyz und Unterwalden anno 1291 dazu verbündeten, gemeinsam gegen jede Fremdherrschaft zu kämpfen – der Gründungsmythos der Eidgenossenschaft. Ein sehr steiler Abstieg beginnt im **Oberdorf** (846 m), ein weniger steiler bei der Bergstation der **Standseilbahn** von **Treib** (Schiffsanlegestelle) nach **Seelisberg-Chilendorf** (766 m). Vor dem Weg zurück kann man sich im **Gasthaus Rütli** (482 m) stärken.

Reise-Video
Prächtige Bauten in Seelisberg
QR-Code scannen [s. S. 5] oder dem Link folgen: tinyurl.com/seelisberg

Altdorf und der Urnersee

Ansonsten legt man die 20 km nach Altdorf auf der Autobahn zurück – die Hälfte davon im längsten doppelröhrigen Straßentunnel der Schweiz. Bei Badewetter empfiehlt sich ein ebenso erholsamer wie erfrischender Zwischenstopp in **Seedorf**: Von den Parkplätzen Forstgarten und Seerestaurant folgt man der Beschilderung ›Weg der Schweiz‹ ins **Naherholungsgebiet Reussdelta** (www.reussdelta.ch) an der Mündung der Reuss in den Urnersee, den Südarm des Vierwaldstättersees. Hier wurde mit dem Aushub von der

Baustelle des Gotthard-Basistunnels das kleine **Insel-Archipel ›Lorelei‹** aufgeschüttet. Die Inseln liegen 40 m vom Strand entfernt – man muss zu ihnen schwimmen.
Das Zentrum von **Altdorf** (458 m) liegt nur 2 km südlich der Route. Der kleine Abstecher lohnt sich: Zu sehen sind prächtige Herrenhäuser und der Kirchenbezirk mit der Pfarrkirche St. Martin, der Beinhauskapelle St. Anna, der Ölbergkapelle und dem Friedhof – und natürlich ER: **Wilhelm Tell**. Seine Bronzestatue steht seit 1895 auf dem Rathausplatz, dort wo der Schweizer Nationalheld im Jahr 1307 auf Geheiß des Landvogts Gessler seinem Sohn einen Apfel vom Kopf schießen musste, weil er sich zuvor geweigert hatte, den Hut des Bösewichts zu grüßen.
In **Bürglen**, 2 km östlich, erfährt man im **Tell-Museum** (Postplatz, Tel. 041 870 41 55, www.tellmuseum.ch, 15. Mai–15. Okt. tgl. geöffnet: Juli/Aug. 10–17, Mai/Juni und Sept./Okt. 10–11.30 und 13.30–17 Uhr), was daran Geschichte und was Legende ist. Oberhalb des Tell-Denkmals befindet sich das **älteste Kapuzinerkloster der Schweiz** (Kulturkloster Altdorf, Kapuzinerweg 22, Tel. 041 874 18 50, www.kulturkloster.ch). Erst 2009 wurde das 1581 gegründete Kloster aufgelassen, heute ist es ein Kulturzentrum.

i Praktische Hinweise

Information

Tourismus Beckenried-Klewenalp, Seestr. 1, Tel. 041 620 31 70, www.tourismus-beckenried.ch

Uri Tourismus, Schützengasse 11, 6460 Altdorf, Tel. 041 874 80 00, www.uri.info

Hotel

***** Hotel Restaurant Nidwaldnerhof,** Dorfstr. 12, 6375 Beckenried, Tel. 041 620 52 52, www.nidwaldnerhof.ch. Sympathisches Hotel direkt am See, mit eigenen Bootsstegen und tollem Panoramablick im Seerestaurant, wo vornehmlich Produkte lokaler Lieferanten verarbeitet werden.

43 Tellskapelle Sisikon

Eidgenössischer Kultort am fantastischen Ufer des Vierwaldstättersees.

Die wunderbare Uferstraße (**Axenstrasse**) führt nach Norden über Flüelen zur Ausfahrt beim Restaurant und Hotel Tellsplatte, neben dem ein breiter Weg beginnt. Vorbei

Patriotisches Bimmeln auf Knopfdruck liefert das moderne Glockenspiel oberhalb der Tellskapelle

Kühne Sprünge sind nicht mehr nötig – der Dampfer legt zuverlässig kurz hinter der Tellskapelle beim Seerestaurant Tellsplatte an

am 2001 installierten **Glockenspiel**, das 20 Melodien ›beherrscht‹ – Spielzeit ab 9 Uhr, jeweils die ersten 10 Min. jeder Stunde –, gelangt man zuletzt recht steil hinab zur 1879/80 erbauten **Tellskapelle** direkt am Ufer. Es handelt sich um einen nicht sehr großen, zum Wasser hin offenen Bau, innen leer, dafür mit **pathetischen Wandgemälden** ausgeschmückt: Rütlischwur, Apfelschuss, Tod des Landvogts Gessler in der Hohlen Gasse … Es ist nicht der historisch-patriotische Comic-Strip, der begeistert, sondern der romantische Ort mit der unglaublich malerischen Bergszenerie über dem Urnersee. An diesem steilen, schattigen Ufer soll sich Wilhelm Tell mit einem kühnen Sprung aus Gesslers Boot in die Freiheit gerettet haben. Der Landvogt hatte den Armbrustschützen verhaftet, nachdem dieser seinem Sohn Walter zwar den Apfel vom Kopf geschossen, zuvor aber noch einen zweiten Pfeil bereitgelegt hatte. Gesslers Frage, wofür dieser zweite Pfeil gedacht war, hatte Tell mit den folgenden Worten beantwortet: »Mit diesem zweiten Pfeil durchschoss ich – Euch,/Wenn ich mein liebes Kind getroffen hätte,/Und Eurer – wahrlich! hätt ich nicht gefehlt.«

Von der Kapelle führt ein sehr schöner Weg direkt über dem Wasser entlang zum nahen Seerestaurant Tellsplatte. Man geht hier auf einem Abschnitt des abwechslungsreich angelegten **›Wegs der Schweiz‹** (www.weg-der-schweiz.ch), der zum 700-Jahr-Jubiläum der Eidgenossenschaft im Jahr 1991 eröffnet wurde:

Der Weg beginnt auf der Rütliwiese (s. S. 246), umrundet den Urnersee und endet nach 35 km in Brunnen.

Praktische Hinweise

Information

Uri Tourismus, Schützengasse 11, 6460 Altdorf, Tel. 041 874 80 00, www.uri.info

Restaurants

Seerestaurant Tellsplatte, Dammstr. 15, 6452 Sisikon, Tel. 078 821 39 40, www.seerest-tellsplatte.ch. Sagenhafte Lage am Wasser, direkt an der Schiffsanlegestelle, dicht neben der Tellskapelle. Patrioten wählen *Walterli's Geniesserplättli,* alle anderen *Eglichnusperli im Chörbli,* das sind Fish & Chips auf Eidgenössisch (April–Okt. Fr/Sa/Mo 10.30–20.30, So 10.30–17.30 Uhr).

Zum Schwarzen Löwen, Tellsgasse 8, 6460 Altdorf, Tel. 041 874 80 80, www.hotel-loewen-altdorf.ch. Mehr als 500 Jahre soll der Betrieb auf den Balken haben, aber man sieht das wirklich nicht. Die Küche ist kosmopolitisch – japanisch, chinesisch, italienisch, schweizerisch – und sehr gut (tgl. 11.30–14 und 17.30–22.30 Uhr).

Auf Tour

Tellskapelle – Brunnen – Schwyz (13 km)

Auf der Straße Richtung Brunnen passiert man hinter Sisikon einige Tunnels und später den Abzweig nach **Morschach** (646 m), wo der **Swiss Holiday Park** (Tel. 041 825 50 50, www.swissholidaypark.ch, Bäderlandschaft Mo–Sa 9–22, So 9–20 Uhr) mit seinem großen **Thermalbad** Vergnügen und Erholung für die ganze Familie bietet: Baden und Wellness, Rutschen und Sauna – und jede Menge Sport.

Brunnen (435 m) ist ein großer, überwiegend nüchterner Ort mit Industrie- und Gewerbeansiedlungen und nur vorne an der Schiffsanlegestelle wirklich schön. Doch die umliegende Berglandschaft ist großartig und die Lage als Ausgangspunkt für die verschiedensten Ausflüge in der Zentralschweiz ideal. Ein Anlaufpunkt für Besucher ist der **Victorinox Brand Store** (Bahnhofstr. 3, Tel. 041 820 60 10, www.swissknifevalley.ch, Mai–Okt. Mo–Fr 10–18.30, Sa/So/Fei 10–17, Nov.–April Mo–Fr 10–18.30, Sa 10–17 Uhr) mitten im Ort, mit seinem einzigartigen Museum samt Messerschmiede (s. S. 251).

Die Straße führt leicht ansteigend aus Brunnen hinaus, vorbei an der

Victorinox-Fabrik in Ibach und geradewegs auf die eindrucksvolle Kulisse des Kleinen (1811 m) und des **Grossen Mythen** (1898 m) zu.

Schwyz – Stadt der Mythen

Am Fuß der beiden Mythen breitet sich die Stadt **Schwyz** (516 m) aus, mit 14 800 Einwohnern der Hauptort des gleichnamigen Kantons. Die Route führt mitten über den **Hauptplatz**. Mit dem dekorativ bemalten **Rathaus** (17. Jh.), der prächtig ausgestatteten barocken **Pfarrkirche St. Martin** (1774 geweiht) und mehreren schönen **Herrenhäusern** (17./18. Jh.), die vom damaligen Reichtum zurückgekehrter Krieger zeugen, ist er eine wahre Augenweide. Das einzige Herrenhaus, das besichtigt werden kann – und auch sollte! –, ist die prunkvolle **Hofstatt Ital Reding** (Rickenbachstr. 24, Tel. 041 811 45 05, www.irh.ch, Mai–Okt. Di–Fr 14–17, Sa/So 10–16 Uhr) von 1609 etwas oberhalb des Hauptplatzes. Als heimliche Hauptstadt der Schweiz beherbergt Schwyz das **Bundesbriefmuseum** (Bahnhofstr. 20, Tel. 041 819 20 64, www.bundesbriefmuseum.ch, Di–So 10–17 Uhr). Der hier ausgestellte Bundesbrief, datiert auf Anfang August 1291, trägt die Unterschriften der führenden Repräsentanten aus den Talschaften Uri, Schwyz und Unterwalden bzw. Nidwalden, die als die Urkantone der späteren Eidgenossenschaft gelten. Es handelt sich um ein Blatt Pergament im Format 320 × 200 mm, beschrieben mit 17 Zeilen in lateinischer Sprache. Moderner und spannender ist die interaktive Dauerausstellung im **Forum Schweizer Geschichte** (Zeughausstr. 5, Tel. 058 466 80 11, www.forum-schwyz.ch, Di–So 10–17 Uhr).

Von innen noch mal so schön: die Hofstatt Ital Reding oberhalb des Hauptplatzes in Schwyz

Ein sehr empfehlenswerter Abstecher führt von Schwyz ins **Muotatal.** Nach 13 km Fahrt ist man in der fast gleichnamigen Siedlung **Muotathal** (624 m) – und im Zentrum einer beinahe unwirklich heilen und ursprünglichen Schweizer Berglandschaft. Die Menschen hier sind bekannt für ihre »Neins« zu vielen Volksabstimmungen, für trockenen Witz, kultige Volksmusik und die Expertise kauziger ›Wetterschmöcker‹, die u.a. Ameisen und Tannenzapfen beobachten und daraus zweimal im Jahr ihre Wetterprognosen für das nächste halbe Jahr ableiten. Unter den faszinierenden Karstgebieten des Bödmeren-Urwalds und der Silberen breitet sich das 195 km (!) lange Gangsystem des **Höllochs** aus, der längsten Höhle Europas.

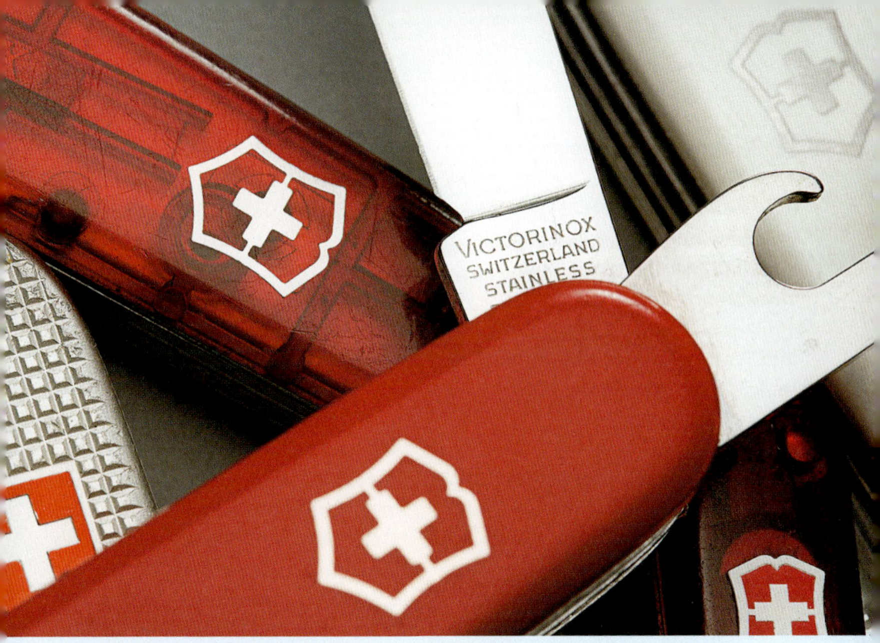

Das klappt immer: Wer auf der Suche nach preiswerten Markenartikeln »Made in Switzerland« ist, greift zur originalen Design-Ikone aus Schwyz

Das Schweizermesser

Der Mythos hat einen Konstruktionsplan und er besteht aus 27 Teilen: 2 Kunststoffschalen, 1 große Klinge, 1 kleine Klinge, 1 Dosenöffner, 1 Kapselheber, 1 Korkenzieher, 1 Ahle, 1 Zahnstocher, 1 Pinzette, 1 Ring, 2 Federn, 3 Platinen, 4 Nieten, 6 Rosetten, 1 Zwischenlage. Was der Unternehmer **Karl Elsener**, Inhaber einer Messerschmiede in Ibach bei Schwyz, am 12. Juni 1897 als ›Offiziers- und Sportmesser‹ gesetzlich schützen ließ, machte bald als ›**Swiss Army Knife**‹ weltweit Karriere. Heute heißt dieses Modell ›Spartan‹ und man kann es nach vorheriger Anmeldung im Besucherzentrum der Firma in Brunnen (s. S. 249) unter Anleitung selbst montieren, Namensgravur inbegriffen. Ein anderes Modell, der ›Champion‹, hat es bis ins **Museum of Modern Art in New York** geschafft: als ein hervorragendes Beispiel für Design und Funktionalität, das die Messerschmiede aus der Zentralschweiz nicht nur zum Dauerlieferanten der Schweizer Armee, sondern auch zum kultigen Tool der TV-Legende **Angus MacGyver** gemacht hat. Der Firmenname Victorinox entstand 1921 aus der Verbindung der Fabrikmarke Victoria mit der internationalen Bezeichnung INOX für rostfreien Stahl. Zweiter Hersteller des originalen Schweizermessers mit roten Schalen und weißem Kreuz war die Firma Wenger aus Delémont im Jura – ehe die Marke 2013 vollständig in das Geschäft von Victorinox integriert wurde. Heute umfasst das Taschenmesser-Sortiment rund 360 Modelle mit bis zu 80 Funktionen – und alle ›**Made in Switzerland**‹, genauer: in Ibach. Die verblüffend niedrigen Preise – das ›Spartan‹ bekommt man für unter 20 CHF – verdanken sich der selbst konstruierten, automatisierten Produktionsstraße: ein guter Schutz gegen Billig-Kopien aus Asien.

Praktische Hinweise

Information

Brunnen Tourismus, Bahnhofstr. 15, 6440 Brunnen, Tel. 041 825 00 40, www.brunnentourismus.ch

Info Schwyz Tourismusbüro, Bahnhofstr. 4, 6430 Schwyz, Tel. 041 810 19 91, www.info-schwyz.ch

Verkehrsverein Muotathal, Wilstr. 1, 6436 Muotathal, Tel. 041 830 15 15, www.verkehrsverein-muotathal.ch

Hotel

****** Swiss Holiday Park,** Dorfstr. 10, 6443 Morschach, Tel. 041 825 50 50, www.shp.ch. In der Hotelanlage des Holiday Parks auf einer Hangterrasse 200 m über dem Vierwaldstättersee begegnen sich Familien-, Spaß-, Wellness- und Seminartouristen. Der Spagat gelingt auch deshalb, weil die grüne Landschaft rundherum jede Menge Platz und Ruhe bietet.

Restaurants

Elvira's Trübli Wein & Sein, Olympstr. 6, 6440 Brunnen, Tel. 041 820 10 11. In erster Linie eine tolle Weinhandlung, daneben auch Weinstube, Snackbar, Musikbühne, kurz: ein guter Treffpunkt für Einheimische und Gäste am Ostrand von Brunnen (Mo–Sa 16–24 Uhr).

TOP TIPP **Restaurant Adelboden,** Schlagstrasse, 6422 Steinen-Schwyz, Tel. 041 832 12 42, www.wiget-adelboden.ch. An der Straße von Schwyz Richtung Sattel steht ein schönes Gasthaus mit schönen Stuben, in denen eines der besten Schweizer Restaurants residiert – ausgezeichnet mit zwei Michelin-Sternen (Di–Sa, mittags ab 12, abends ab 19 Uhr).

Wysses Rössli, Am Hauptplatz, 6430 Schwyz, Tel. 041 811 19 22, www.roessli-schwyz.ch. Direkt neben dem postkartenschönen Rathaus am Hauptplatz kommen Kalbsleberli mit Rösti, Suurbrate und andere regionale Köstlichkeiten auf die Tische (tgl. 7–0.30 Uhr).

Sieht aus wie ein gepflegter Landgasthof, ist tatsächlich aber eine der besten kulinarischen Adressen in der Schweiz: das Restaurant Adelboden

Geschützte Landschaft zwischen Schwyz und Einsiedeln: das Rothenturm-Hochmoor ist ein wunderschönes Habitat für Mensch und Tier

➔ Auf Tour

Schwyz – Einsiedeln (24 km)

Nordwestlich aus Schwyz hinaus steigt die breite, gut ausgebaute Straße Richtung Pfäffikon-Sattel an. Der Rückblick ins Tal und die Aussicht über den kleinen Lauerzersee und zur Rigi sind grandios. Von der Siedlung **Sattel** (794 m) aus bringt die Seilbahn ›**Stuckli Rondo**‹ (Tel. 041 836 80 80, www.sattel-hochstuckli.ch, Mitte April–Okt. 8.45–17/17.30 Uhr) ihre Fahrgäste in sich drehenden Panorama-Gondeln zu den Fun- und Sportanlagen auf dem **Mostelberg** (1191 m) hinauf. Höhepunkt dort oben ist eine 374 m lange Fußgänger-Hängebrücke die in 58 m Höhe den Lauitobel überspannt. Nördlich von Sattel, im Weiler Schornen am **Morgarten**, lieferten sich Habsburger und Schweizer am 15. November 1315 die erste »Freiheitsschlacht« der eidgenössischen Geschichte. Die Schweizer verwendeten eine neuartige Taktik und furchtbare Waffen (Hellebarden) und schlugen das habsburgische Heer vernichtend.

Nächster Ort ist **Rothenthurm** (923 m), das seinen Namen dem 1323 erbauten Letziturm mit seinem leuchtend roten Schindeldach verdankt. Markantestes Bauwerk ist jedoch die ungewöhnlich große, erst 1940 geweihte Pfarrkirche St. Antonius mit ihrem farbenfrohen Interieur. Links (westlich) neben der Straße erstreckt sich über eine Länge von mehreren Kilometern eine weitläufige Landschaft mit Moorgras, Bäumen und Wiesen: **das größte Hochmoor der Schweiz.** Seit einer Volksentscheidung im Jahr 1987 ist dieser großartige Lebens- und Erholungsraum zusammen mit anderen schweizerischen Moorlandschaften vor Erschließungen geschützt.

Ursprünglich eine Einsiedelei, heute das meistbesuchte Marienheiligtum in der Schweiz: die Klosterkirche in Einsiedeln mit dem Frauenbrunnen

Das Moor zur Linken, rollt man hinab nach **Biberbrugg** (828 m), wo man dem Wegweiser nach Einsiedeln folgt. Vorbei am schönen **Sihlsee**, dem flächenmäßig größten Stausee der Schweiz, erreicht man so den berühmten Klosterort **Einsiedeln** (884 m), der sich in einer sanften Grünlandschaft ausbreitet.

44 Kloster Einsiedeln

Hoch, heilig und sehr bunt: der wichtigste Marienwallfahrtsort der Schweiz.

Das Kloster auf der sprichwörtlichen grünen Wiese, am östlichen Ortsrand von Einsiedeln, gibt es bereits seit dem Jahr 934. Anno 835, fast genau 100 Jahre früher, hatte der hl. Meinrad von der Benediktinerabtei auf der Bodensee-Insel Reichenau an diesem Ort eine Einsiedelei gegründet. Mehrere Kirchen wurden gebaut – und brannten ab.

TOP TIPP

Die heutige **Klosterkirche** (tgl. 6–20.30 Uhr, Klosterführung Mo–Sa um 14 Uhr) entstand in den Jahren 1704–35. Vor der Kirche erstreckt sich der dreieckige **Klosterplatz** mit seinen halbkreisförmigen Arkaden – der zweitgrößte zusammenhängende Kirchenvorplatz in Europa (nach jenem des Petersdoms in Rom). Tritt man in die Kirche ein, ist der Raumeindruck überwältigend. **Üppige Stuckaturen** der Gebrüder Asam aus München überziehen das Innere. Verblüffend kräftig ist die **Farbgestaltung**, die nach der Restaurierung zwischen 1975 und 2001 umso stärker ins Auge fällt: buntester, festlicher Barock. Weniger farbkräftig und wunderschön sind die Mosaiken am Boden. Das spirituelle Herz der gesamten Anlage schlägt jedoch in der **Schwarzen Madonna**

gleich beim Eingang in einer Kapelle aus schwarzem Marmor. Hier soll der hl. Meinrad einst gebetet haben, hier wurde nach seiner Ermordung im Jahr 861 über den Ruinen des ersten Altars eine neue Kapelle errichtet. Die Statue der Maria mit dem Jesuskind stammt aus dem 15. Jh. Schwarz wurde sie ursprünglich durch den Ruß ungezählter Kerzen, Öllampen und vom Weihrauch. Viel später wurden Gesicht und Hände – der Rest der Statue ist durch prächtige Gewänder verhüllt – mit schwarzer Farbe übermalt.
Wer das Klosterareal nach Osten verlässt, kommt durch den 1764–67 erbauten Komplex des **Marstalls** (Besichtigung der Stallungen Mo–Sa 7–17 Uhr) des Klosters, in dem das älteste noch bestehende Gestüt Europas untergebracht ist. Zurück auf dem Klosterplatz, kann man am großen **Frauenbrunnen** oft Pilgerinnen und Pilger beobachten, die das Wasser aus der Quelle des hl. Meinrad trinken, welches hier aus 14 Röhren (entsprechend den 14 Nothelfern) rinnt. **Wallfahrten** nach Einsiedeln sind seit dem 14. Jh. belegt. Auch heute lebt der Tourismus zu großen Teilen von Pilgern – und Jakobsweg-Begehern. Und es gibt noch mehr geistliche Attraktionen im Ort: In 5 Min. zu Fuß erreicht man vom Kloster das **Diorama Bethlehem** (Benzigerstr. 23, Tel. 055 412 26 17, Mai–Okt. tgl. 12–17 Uhr), die größte Krippe der Welt: 80 m^2 gestaltete Landschaft mit 450 handgeschnitzten Figuren. Etwas weiter, in der Benzigerstr. 36, kann man noch das **Panorama Kreuzigung Christi** (Tel. 055 412 11 74, www.panorama-einsiedeln.ch, Karfreitag–Ende Okt. Mo–Fr 13–17, Sa/So/Fei 10–17 Uhr) ansehen. Das 100 m lange, 10 m hohe Riesenrundgemälde aus dem 19. Jh. ist hier in einem großen Zwölfeckbau untergebracht.

Praktische Hinweise

Information

Kloster Einsiedeln, 8840 Einsiedeln, Tel. 055 418 61 11, www.kloster-einsiedeln.ch

Einsiedeln Tourismus, Hauptstr. 85, 8840 Einsiedeln, Tel. 055 418 44 88, www.einsiedeln-tourismus.ch

Restaurant

Kaffeerösterei zu den Dreiherzen, treCuori, Hauptstr. 66, 8840 Einsiedeln, Tel. 055 422 19 20, www.trecuori.ch. Diese kleine Kaffeerösterei ist ein weltliches Paradies in der Klosterstadt. Im Verkaufsladen mit integriertem Café und Showrösterei bekommt man auch Sandwiches, Toast und verschiedene Gebäcke. Dem Geist begegnet man in Gin-Spezialitäten und gutem Wein (Sa–Mi 8.30–18, Do/Fr 8.30–22 Uhr).

Auf Tour

Einsiedeln – Rapperswil (22 km)

Von Einsiedeln bzw. Biberbrugg führt die Straße kurz durch einen engen Taleinschnitt und dann mit großartiger Aussicht auf den Zürichsee hinab nach **Pfäffikon** (412 m), wo man nach den geistlichen Genüssen in Einsiedeln im sehr großen überdachten Wasserpark **Alpamare** (Gwattstr. 12, Tel. 055 415 15 15, www.alpamare.ch, Mo–Do 10–22, Fr/Sa 10–23, So 10–21 Uhr) richtig weltlichen Spaß haben kann: auf zehn Wasserrutschen, im Wellen- und Flussschwimmbad, in Thermenbecken und verschiedenen Saunen.

Linksverkehr auf der Limmat in Zürich

Zürich Region

Zürich Region – Kunst und Kultur aufs Konto

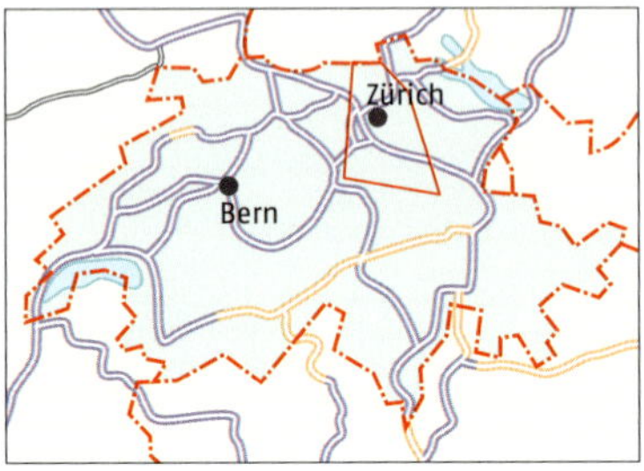

Banken, Boutiquen und Badis: Die schicke Weltstadt Zürich präsentiert sich immer wieder verblüffend locker, teilweise sogar richtig cool. Das Kunst- und Kulturprogramm reicht für mehrere Wochen – ebenso wie etwas weiter in Winterthur, wo so viel zu sehen ist, dass niemand an der Autobahnausfahrt vorbeifahren sollte. Die Landschaft ist undramatisch, sehr grün und stellenweise richtig malerisch: beispielsweise am Beginn der Goldküste des Zürichsees gleich hinter der wunderschönen Stadt Rapperswil.

45 Rosenstadt Rapperswil

TOP TIPP *Blühende Schönheit: die Grazie am Zürichsee.*

Die Anfahrt auf **Rapperswil** (409 m, 7600 Einwohner) mit den darüber aufragenden Türmen von Schloss und Stadtpfarrkirche ist beeindruckend. Straße und Schiene verlaufen auf dem **Seedamm** zwischen Zürich- und Obersee, der 1878 eröffnet wurde und die 1358 erbaute und vielfach erneuerte Holzbrücke ersetzte. Seit 2001 gibt es auch noch eine **Fußgängerbrücke** zwischen Hurden, an der Nordspitze der Landzunge von Pfäffikon, und Rapperswil. Mit ihren 841 m ist sie die längste Holzbrücke der Schweiz.

Wie ein Schiffsbug schiebt sich die dreieckige Halbinsel mit dem Burgberg und der Altstadt in den See. Zwei rote Rosen zieren das Stadtwappen. Auf den Plätzen und in den Gassen, v.a. aber in den drei Rosengärten werden tatsächlich mehr als 600 Sorten gehegt und gepflegt – insgesamt rund **15 000 Rosen**. Sie blühen von Mai bis Oktober, besonders schön in den Gärten am **Schlossberg** beim Kapuzinerkloster und gleich daneben beim **Einsiedlerhaus** (beide: Endingerstrasse) sowie im **Duftrosengarten für Sehbehinderte** (Schanzweg). Zurück zum **Kapuzinerkloster** (Endingerstr. 9, Tel. 055 220 53 10, www.klosterrappers wil.ch): Seit 1607 steht es auf der Spitze der Endingerhorn genannten Halbinsel, heute bieten die Klosterbrüder ihren Gästen die Teilnahme am klösterlichen Leben an. Unmittelbar darüber ragt der von Rebstöcken bewachsene Schlossberg auf – mit der wunderbaren Aussichtsterrasse des **Lindenhofs** und dem eindrucksvollen **Schloss** (Ende 12. Jh.). In dem historischen Gemäuer dokumentiert das **Polenmuseum** (Tel. 055 210 18 62,

Der See-Quai am Hafenbecken ist Ausgangs- und Endpunkt eines Stadtbummels in Rapperswil am Ufer des Zürichsees

www.muzeum-polskie.org, April–Okt. tgl. 13–17 Uhr, Nov./Dez./März nur Sa/So) die freundschaftlichen polnisch-schweizerischen Beziehungen mit schönen Interieurs. Auch die **Stadtpfarrkirche St. Johann** steht auf dem Schlossberg; sie wurde nach einem Brand 1882 im neugotischen Stil wiedererrichtet. Wunderschön sind die Promenade um die Halbinsel am See entlang, vorbei an Cafés und Restaurants, und der Bummel durch die ebenso malerische wie sympathische Altstadt, die mit netten Kneipen und originellen Shops überrascht. Malerei, Installationen und Fotografien der Gegenwart präsentiert in aufregender neuer Architektur das **Kunst(Zeug)Haus** (Schönbodenstr. 1, Tel. 055 220 20 80, www.kunstzeughaus.ch, Mi–Fr 14–18, Sa/So 11–18 Uhr). Für Familien steht ein Besuch bei **Knies Kinderzoo** (Oberseestrasse, Tel. 055 220 67 67, www.knieskinderzoo.ch, März–Okt. tgl. 9–18 Uhr) auf dem Programm – das ehemalige Winterquartier des weltberühmten Circus Knie mit Attraktionen von Kamel- und Ponyreiten bis zum Abenteuerspielplatz. Der Zirkus dokumentiert seine 1919 in Rapperswil begonnene Karriere im **Circus Museum** (Fischmarktplatz 1, Tel. 055 220 57 57, April–Okt. tgl. 10–18, Nov.–März tgl. 13–17 Uhr).

i Praktische Hinweise

Information

Tourist Information Rapperswil, Fischmarktplatz 1, Tel. 055 220 57 57, www.vvrj.ch

Hotel

**** **Hotel Marina Lachen,** Hafenstr. 4, 8853 Lachen, Tel. 055 451 73 73, www.marinalachen.ch. Schöne Anlage

Hoch, schlank und absolut unverwechselbar: Die Türme des Grossmünsters über der Limmat erinnern nicht nur die Zürcher Banker an ein Leben nach dem Geld

auf dem gegenüberliegenden Ufer des Obersees. Moderne Zimmer und Suiten mit Blick auf den Jachthafen, Gastronomie mit Holzofenpizza, Steaks vom Grill und Thai Cuisine.

Restaurant

Restaurant Quellenhof, Engelplatz, 8640 Rapperswil-Jona, Tel. 055 210 42 42, quellenhofrapperswil.ch. Gruß von nebenan: Hier wird die österreichisch-schweizerische Nachbarschaft in der Küche und auf den Tellern gefeiert (Mo, Mi–Sa 10–23.30, So 10–22 Uhr).

Auf Tour

Rapperswil – Zürich (32 km)

Sehr angenehm führt die Straße durch unverbautes Grün am See entlang. Auf den sonnigen Hängen wachsen Rebstöcke und Obstbäume. Man passiert hübsche Uferpromenaden, kleine Gasthäuser und Weingüter und rollt überwiegend mit Tempo 60 gemütlich nach **Stäfa**, den größten Weinort im Kanton Zürich. Der ›Reblehrpfad‹ zwischen Stäfa und Ürikon macht die schönsten Rebberge auch Spaziergängern zugänglich.

Die ›Goldküste‹ des Zürichsees

Die weitere Fahrt Richtung Zürich führt an der **›Goldküste‹** entlang – eine der teuersten Wohnlagen der Schweiz, die obendrein in den Genuss der ›goldenen‹ Abendsonne kommt. Das gegenüberliegende, nach Norden exponierte und v. a. im Winter viel schattigere Ufer des Zürichsees gilt als die **›Pfnüselküste‹** (schweizerdt. Pfnüsel = Schnupfen). Die Strecke bleibt schön, doch die Bungalowdichte nimmt merklich zu. In **Uetikon** fährt man am riesigen Chemiewerk vorbei, dahinter gehen die Orte ineinander über – in einer durchaus faszinierenden Mischung aus Weinbau und Wohnen, Industrie und Gewerbe, Marinas, Seepromenaden und schönen Weinlokalen. Man ist hier besser nicht während des Berufsverkehrs unterwegs.

46 Grossmünster Zürich

Geist schlägt Geld: Kirchen und andere wahre Höhepunkte der Bankenmetropole.

Die Silhouette seiner zwei hohen Türme ist das Wahrzeichen von **Zürich** (408 m), mit 402 000 Einwohnern die größte Stadt der Schweiz. Hohe. Achteckige Steinkuppeln krönen die mächtigen Vierungstürme. Sie muten beinahe orientalisch an, sind tatsächlich aber neugotische Ergänzungen. Das evangelisch-reformierte **Grossmünster** 1 (Grossmünsterplatz, Tel. 044 252 59 49, www.grossmuenster.ch, März–Okt. tgl. 10–18, Nov.–Febr. 10–17 Uhr) ist ein romanisches Bauwerk, um 1100 begonnen und erst 120 Jahre später fertiggestellt – der Legende nach auf den Grabstätten der Stadtheiligen Felix und Regula, Märtyrern aus dem 3. Jh. Nachdem **Huldrych Zwingli** im Jahr 1519 sein Amt als Leutpriester angetreten hatte, betrieb er vom Grossmünster aus die Reformierung der Kirche in der Deutschschweiz. Das hohe, schlanke und nahezu schmucklose Hauptschiff vermittelt Besuchern einen starken Raumeindruck und bietet den denkbar größten Kontrast zu üppig barocken (katholischen) Prachtbauten wie den Kloster- bzw. Stiftskirchen in Einsiedeln oder St. Gallen. Am besten kommt man am Morgen, wenn das Sonnenlicht durch die drei hohen und ungemein farbigen **Fenster im Chor** fällt – Werke von Augusto Giacometti (1933). Ins Jahr 2009 datieren zwölf Glasfenster von Sigmar Polke: Sieben davon sind abstrakt, aus bunten Achatschnitten zusammengesetzt, fünf aus Glas mit figürlichen Darstellungen. Empfehlenswert ist der Aufstieg zur Aussichtsplattform auf dem Südturm, auch **Karlsturm** (März–Okt. Mo–Sa 10–17, So 12.30–17.30, Nov.–Febr. Mo–Sa 10–16.30, So 12.30–16.30 Uhr) genannt.

Eine Nummer kleiner ist das **Fraumünster** 2 (Münsterhof 2, www.fraumuenster.ch, April–Okt. tgl. 10–18, Nov.–März tgl. 10–16 Uhr), genau gegenüber dem Grossmünster auf der anderen Seite der Limmat und über die Münsterbrücke zu erreichen. Die Kirche des ehemaligen Benediktinerinnen-Stifts (gegr. im 9. Jh.) bekam im 13. Jh. ihr gotisches Aussehen. Auch hier sind **moderne Glasfenster** zu bewundern – Werke von Marc Chagall (fünf Glasfenster im Chor, 1967, sowie ein Fenster für die Rosette im südlichen Querschiff, 1978) und Augusto Giacometti (im nördlichen Querschiff, 1945). Mit 5793 Pfeifen ist die Orgel des Fraumünsters die größte im Kanton Zürich.

Als »Erlebnis-, Wissenschafts- und Wirtschaftsstandort« wird Zürich heute vermarktet. Wer von der Aussichtsterrasse am **Lindenhof** 3 zum Grossmünster schaut und dann hinuntergeht ins malerische **Schipfe-Quartier** 4 direkt an der Limmat, sieht Künstlerwerkstätten und Ateliers, Designer- und Antiquitätenläden, Cafés und Restaurants – und in den sehr gepflegten, engen und verwinkelten Gassen ein ausgesprochen junges Großstadtpublikum. Weiter und offener ist der Eindruck auf der Terrasse am **Bürkliplatz** 5, wo die Zürichsee-Schifffahrtsgesellschaft (Tel. 044 487 13 33, www.zsg.ch) zu ihren Rundfahrten startet. Die Stadt im Rücken, blickt man hier über den See auf die Alpenkulisse. Überhaupt verbringen die Zürcher ihre freie Zeit gern am und im Wasser. Rund drei Dutzend ›**Badis**‹ gibt es in der Stadt – davon 18 See-, Fluss- und Freibäder (www.stadt-zuerich.ch/ssd – Sport – Badeanlagen). Zu den schönsten und beliebtesten gehören das historische **Seebad am Utoquai** 6 (Abendsonne) vor dem Hotel Bellerive au Lac und das familienfreundliche **Strandbad am Mythenquai 95** 7 (Sandstrand). Die Bäder haben i.d.R. zwischen Mai und Mitte Sept. tgl. bis 20 Uhr geöffnet, manche verwandeln sich bei Sonnenuntergang allerdings auch zu Partyzonen.

Seinen weit verbreiteten Ruf als Stadt des Geldes verdankt Zürich den Großbanken rund um den **Paradeplatz** 8 (für Interessierte Kult: www.insideparadeplatz.ch) und der berühmten Shoppingmeile der **Bahnhofstrasse,** die sich mit ihren teuren Uhren-, Schmuck- und Designerläden zu beiden Seiten des Paradeplatzes erstreckt. Einen denkbar großen Kontrast dazu bietet die Industrie-Atmosphäre im Quartier **Zürich-West** 9 (www.zueriwest.ch, www.kulturmeile.ch) zwischen der Limmat und dem großen Gleisfeld vor dem Hauptbahnhof: Die Kreativszene, die sich hier seit einigen Jahren ausbreitet, hat eine alternative Gastronomie-, Shopping- und Klubkultur entstehen lassen. Zürich rühmt sich nicht nur der höchsten Klubdichte der Schweiz, sondern auch seiner **mehr als 50 Museen.** Erste Adresse ist das **Kunsthaus Zürich** 10 (Heimplatz 1, Tel. 044 253 84 84, www.kunsthaus.ch, Di/Fr–So 10–18, Mi/Do 10–20 Uhr), berühmt v.a. für die Sammlungen von Werken Edvard Munchs und Alberto Giacomettis. Im **Museum Rietberg** 11 (Gablerstr. 15, Tel. 044 415 31 31, www.rietberg.ch, Di–So 10–17, Mi bis 20 Uhr) ist dagegen aufregende außereuropä-

Das Seebad Enge am Mythenquai 9 südlich des Arboretums bietet tagsüber ein sagenhaftes Alpenpanorama – und wird abends zur Lounge

ische Kunst zu sehen, Schwerpunkte: Indien, China und Afrika.

Praktische Hinweise

Information

Zürich Tourismus, im Hauptbahnhof, 8001 Zürich, Tel. 044 215 40 00, www.zuerich.com

Hotels

*******s Park Hyatt Zürich,** Beethoven-Str. 21, 8002 Zürich, Tel. 043 883 12 34, zurich.park.hyatt.ch. Hinter dem kantigen Glasriegel in zentraler Lage verbirgt sich ein schickes Business-Hotel mit 142 edel ausgestatteten Zimmern und Suiten.

******s Romantik Seehotel Sonne,** Seestr. 120, 8700 Küsnacht am Zürichsee, Tel. 044 914 18 18, www.sonne.ch. Sehr schönes historisches Haus in Traumlage direkt am Zürichsee. Die 7 km nach Zürich legt man mit der S-Bahn (Bahnhof 50 m vom Hotel) zurück.

TOP TIPP ******s Storchen Zürich,** Weinplatz 2, 8001 Zürich, Tel. 044 227 27 27, www.storchen.ch. Mehr als 650 Jahre Tradition: Historisches Haus in allerbester Innenstadtlage direkt am Limmatufer mit eigener Anlegestelle. Ein Fixpunkt des Zürcher Nachtlebens ist die gemütliche und bestens bestellte Storchen-Bar.

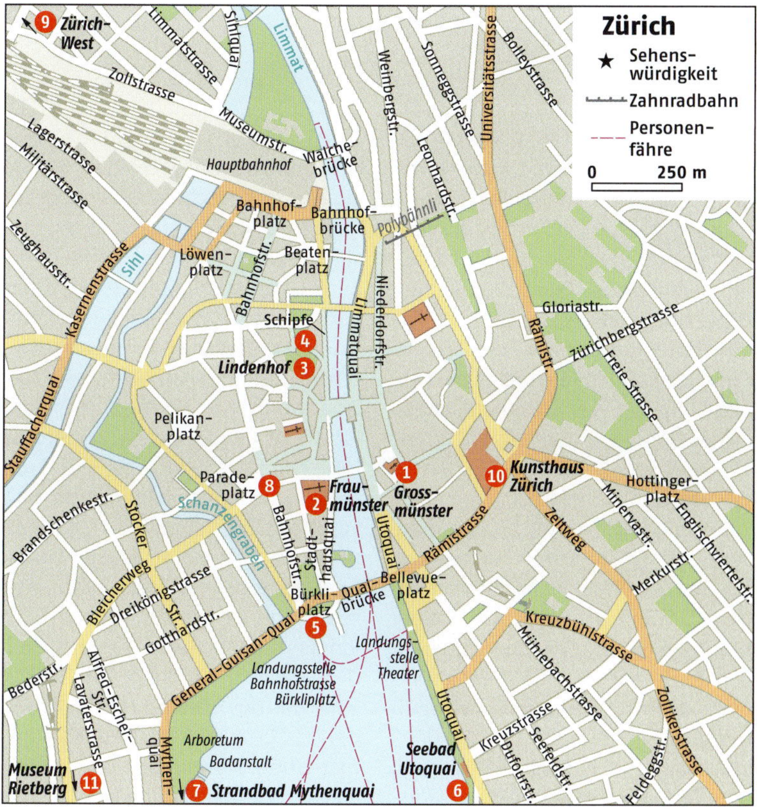

Wer etwas auf sich hielt, hatte ein »Nummernkonto in der Schweiz«. Heute ist das Bankgeheimnis offiziell Geschichte – und inoffiziell Legende

Das Bankgeheimnis

Ein Leben im Geld- und Drogenrausch: Als ›**Wolf of Wall Street**‹ verabredete Leonardo di Caprio in der Rolle des amerikanischen Börsentricksers Jordan Belfort einen Deal mit dem Schweizer Bankier Jean-Jacques Handali alias Saurel, um Drogengeld zu waschen. Die Geschichte, die der Film von 2013 erzählt, ist wahr: 1994 wurden die beiden verhaftet. Das ›**Nummernkonto** in der Schweiz‹ war damals längst ein stehender Begriff – ein Synonym für das Bankgeheimnis – genauer: Bankkundengeheimnis –, das Banken seit 1935 verpflichtete, Geschäftskunden vor Nachforschungen Dritter zu schützen. Darauf gründete ein Mythos, der Schweizer Banken je nach Art des Betrachters einen ebenso guten wie **zwiespältigen Ruf** eintrug. Am 13. März 2009 übernahm die Schweizer Regierung den OECD-Standard bei der Amtshilfe in Steuersachen, nachdem die amerikanische Steuerbehörde zuvor der Großbank UBS mit einer Anklage als kriminelle Organisation gedroht hatte. UBS gab darauf die Daten tausender amerikanischer Kunden, die in der Schweiz Vermögen gelagert hatten, weiter. Das Bankgeheimnis war damit **Geschichte**. Doch die Geschichte ging weiter. Am 13. März 2014 wurde **Uli Hoeneß**, Präsident des FC Bayern München, wegen der Hinterziehung von 28,5 Mio. Euro Steuern zu dreieinhalb Jahren Haft verurteilt. Der Fußball-Manager hatte seit 2001 ein Konto bei der Privatbank Vontobel in Zürich unterhalten und dort mit bis zu 150 Mio. Euro jongliert. Knapp zwei Monate nach der Urteilsverkündung, am 6. Mai 2014, trat die Schweiz der Erklärung der OECD über den künftigen automatischen Informationsaustausch in Steuerangelegenheiten bei.

****** Ambassador à l'Opéra,** Falkenstr. 6, 8008 Zürich, Tel. 044 258 98 98, www.ambassadorhotel.ch. Könnte so auch in Paris stehen: Prächtiger Gründerzeitbau direkt gegenüber der Oper beim Utoquai mit nur 45 stilvoll-eleganten Zimmern und ausgezeichneter Fischküche im Restaurant Opera.

****** Sorell Hotel Zürichberg,** Orellistr. 21, 8044 Zürich, Tel. 044 268 35 35, www.zuerichberg.ch. Die attraktive Alternative im Grünen, östlich über der City nahe dem Zoo mit herrlicher Aussicht über Stadt und See. Individuell designte Interieurs im alten Jugendstilhaus und im modernen Anbau.

*****s Sorell Hotel Seefeld,** Seefeldstr. 63, 8008 Zürich, Tel. 044 387 41 41, www.hotelseefeld.ch. Etwas südlich des Stadtzentrums gelegenes Hotel mit aufregendem Farbdesign und Kunstgalerie.

Restaurants

Marktküche, Feldstr. 98, Zürich, Tel. 044 211 22 11, www.marktkueche.ch. Vegan ist hip, vegan ist urban. Gute hausgemachte Pasta, selbstgebackenes Brot und viele regionale, saisonale Zutaten. Schönes Ambiente (Di–Fr 11.30–14 und 17.30–23, Sa 17–23 Uhr).

Rüsterei, Kalanderplatz 6, 8045 Zürich, Tel. 044 317 19 19, www.ruesterei.ch. Gastronomisches Gesamtkunstwerk in einem alten Fabrikgebäude. In der Kantine luncht man Burger, Hot Dogs und Salate, das Restaurant bietet abends eine kleine, aber sehr feine Menükarte. Vorher und/oder hinterher an die bestens sortierte Bar. Tipp: der tolle Brunch am Sonntag (Restaurant Mo–Fr 12–14 und 18–24, Sa 18–24 Uhr; Kantine und Bar Mo–Sa 10–24, So 17–22 Uhr; Brunch So 10–14.30).

Stefs Freieck, Wildbachstr. 42, 8008 Zürich, Tel. 044 380 40 11, www.stefs.ch. Sieht nur wie eine kleine Eckkneipe aus, steht aber auf der Liste der ewigen Zürcher Geheimtipps ziemlich weit oben. Die Küche ist anspruchsvoll-regional (Di–Sa 18.30–24 Uhr).

Reise-Video Über der Limmat am Grossmünster vorbei
QR-Code scannen [s. S. 5] oder dem Link folgen: tinyurl.com/zuerich-limmat

Auf Tour

Zürich –Winterthur (27 km)

Da es auf diesem Streckenabschnitt wenig zu sehen gibt, legt man ihn am besten auf der Autobahn A1 zurück. Die Ausfahrt nach Winterthur zu ignorieren, wie es die meisten Schweiz-Urlauber machen, wäre jedoch in jedem Fall sehr schade. Denn wer erst mal die Peripherie durchfahren hat, lernt eine faszinierende Stadt kennen.

Winterthur

Die sechstgrößte Stadt der Schweiz wird notorisch unterschätzt. **Winterthur** (438 m, 105 000 Einwohner) ist nicht nur ein großes Industrie-, Banken- und Versicherungszentrum, sondern auch eine spannende Kunst- und Kulturstadt. Die **Altstadt** rund um die Stadtkirche (1501–18) gilt als größtes zusammenhängendes Fußgängerareal Europas. Ihr ›Rückgrat‹ ist die schnurgerade **Marktgasse** mit ihrem attraktiven Mix aus Cafés, Restaurants und Geschäften, der sich im breiten, von

Bäumen beschatteten **Graben**, einem Überrest der alten Stadtbefestigung, fortsetzt. Ganz anders ist der Eindruck beim lohnenden Spaziergang über das 20 ha große **Sulzerareal** (www.sulzerareal.ch) südlich des Hauptbahnhofs, zwischen den Gleisen und der Zürcherstrasse. Wo früher Maschinen und Motoren produziert wurden, entsteht seit nun schon 25 Jahren ein neuer Stadtteil zum Wohnen, Arbeiten, Studieren und Feiern – sehr beliebt nicht zuletzt in der lokalen Kreativszene. Auch im **Swiss Science Center Technorama** (Technoramastr. 1, Tel. 052 244 08 44, www.technorama.ch, Di–So 10–17 Uhr), ein gutes Stück nördlich der Altstadt gelegen, geht es um Gegenwart und Zukunft: an mehr als 500 Experimentierstationen zu physikalischen und mathematischen Phänomenen.

Oft ausgelassen und notorisch unterschätzt: Winterthur trumpft mit seiner Altstadt und seinen Museen

TOP TIPP Den Bogen von der Technik zur Kunst schlägt das **Fotomuseum** (Grüzenstr. 44/45, Tel. 052 234 10 60, www.fotomuseum.ch, Di–So 11–18, Mi 11–20 Uhr). Zusammen mit der angeschlossenen **Fotostiftung Schweiz** bildet es *das* europäische Kompetenzzentrum zum Thema, mit Ausstellungen und Sammlungen dokumentarischer wie künstlerischer Fotografie. Mitten in der Innenstadt und nur ca. 100 m voneinander entfernt liegen die beiden bedeutendsten Kunstmuseen der Stadt. Das **Museum Oskar Reinhart** (Stadthausstr. 6, Tel. 052 267 51 72, www.museumoskarreinhart.ch, Di–So 10–17 Uhr) präsentiert in schönem Rahmen die Sammlung des Winterthurer Mäzens, darunter 27 Gemälde von Ferdinand Hodler und die berühmten ›Kreidefelsen auf Rügen‹ von Caspar David Friedrich. Im **Kunstmuseum** (Museumstr. 52, Tel. 052 267 51 62, www.kmw.ch, Di 10–20, Mi–So 10–17 Uhr) werden im Altbau v.a. französische Impressionisten und Werke der Klassischen Moderne gezeigt, im Neubau aus dem Jahr 1995 u.a. Arbeiten noch wenig bekannter Gegenwartskünstler.

Praktische Hinweise

Information

Winterthur Tourismus, im Hauptbahnhof, 8401 Winterthur, Tel. 052 267 67 00, www.winterthur-tourismus.ch

Hotel

*****s Stiftung Kartause Ittingen,** 8532 Warth, Tel. 052 748 44 11, www.kartause.ch. Idyllisch gelegenes Kultur- und Seminarzentrum mit angeschlossenem Hotel knapp 20 km östlich von Winterthur mit herrlichen Garten- und Parkanlagen.

Neue Kunst im neuen Haus zeigt das Kunstmuseum in Winterthur in seinem modernen Anbau aus dem Jahr 1995

Restaurants

Restaurant Bahnhof Töss, Agnesstr. 65, 8406 Winterthur, Tel. 052 536 18 68, www.bahnhoeflitoess.ch. Ansprechendes Ambiente, freundlicher Service und eine Karte, auf der originelle Cordon-Bleu-Variationen ebenso wie das klassische Zürcher Geschnetzelte sowie verschiedene Rösti- und Spätzli-Gerichte gelistet sind (Mo–Di 8.30–14, Mi–Fr 8.30–14 und 17.30–23, Sa/So 10–14 und 17.30–23 Uhr).

Restaurant Pearl, Marktgasse 49, 8400 Winterthur, Tel. 052 208 18 18, www.kronewinterthur.ch. Mit 16 Gault-Millau-Punkten und einem Michelin-Stern geschmückte Gourmetadresse im zentral gelegenen Sorell Hotel Krone. Exquisite, einfallsreiche Küche auf mediterraner Basis (Di–Fr 12–14 und 18.30–24, Sa 18.30–24.00 Uhr).

Auf Tour

Winterthur – Schaffhausen (32 km)

Nach Norden geht es auf der A4 aus Winterthur hinaus und an Henggart vorbei bis zur Ausfahrt Adlikon. Entlang der Bahnstrecke kommt man, zuletzt über offenes Bauernland, nach **Marthalen** (391 m). Das Dorfbild begeistert mit seinen Fachwerkhäusern, bei denen der weiße Putz mit den leuchtend rot gestrichenen Holzbalken und dem üppig-bunten Blumenschmuck kontrastiert. Durch die freundliche Landschaft gelangt man nach Norden zu einer größeren Straße, die entlang der bewaldeten Hangkante über dem Rheintal zum Weinort **Dachsen** (395 m) führt und gleich hinter dem Ortsausgang zum **Schloss Laufen** (409 m) am Rheinfall.

Grand Tour of Switzerland aktuell A bis Z

Vor Reiseantritt

ADAC Info-Service:
Tel. 0800 510 11 12 (gebührenfrei)
Unter dieser Telefonnummer oder bei den ADAC Geschäftsstellen können ADAC Mitglieder kostenloses Informations- und Kartenmaterial zur Schweiz anfordern.

ADAC Mitfahrclub,
www.adac-mitfahrclub.de,
www.fahrgemeinschaft.de.
Kostenlose Vermittlung von Fahrtangeboten und Mitfahrgelegenheiten im Internet für einmalige und regelmäßige Fahrten.

ADAC im Internet:
www.adac.de
www.adac.de/reisefuehrer

Schweiz im Internet:
www.ch.ch
www.swissworld.org/de
www.swissinfo.ch

Über das Ferienland Schweiz informiert **Schweiz Tourismus:**

Call Center Europa,
Tel. 00800 100 200 30 (gebührenfrei), info@myswitzerland.com
Unter dieser Adresse können auch verschiedene Broschüren (z.B. City Guides) heruntergeladen werden.
Alle Infos zur **Grand Tour of Switzerland** finden Sie bei www.myswitzerland.com/grandtour unter ›Service!‹.

Allgemeine Informationen

Reisedokumente

Reisende aus Deutschland und Österreich brauchen einen gültigen Personalausweis oder Reisepass, Kinder unter 13 Jahren benötigen einen Kinderreisepass.

Kfz-Papiere

Mitzuführen sind der Führerschein und Zulassungsbescheinigung Teil 1 (vormals Fahrzeugschein). Darüber hinaus wird die Mitnahme der Internationalen Grünen Versicherungskarte empfohlen.

Krankenversicherung

Die in die übliche Versicherungskarte integrierte *Europäische Krankenversicherungskarte* garantiert die medizinische Versorgung auch in der Schweiz. Zusätzlich kann man eine *Reisekranken- und Rückholversicherung* abschließen.

Hund und Katze

Der in der EU vorgeschriebene *Heimtierausweis* mit eingetragener Kennzeichnung des Tieres durch Mikrochip (oder Tätowierung, die vor Juli 2011 vorgenommen wurde) und gültiger Tollwutimpfung (Erstimpfung mind. 21 Tage vor Grenzübertritt) wird anerkannt.

Zollbestimmungen

Zollfrei einführen dürfen Personen ab 17 Jahren:
Persönliches Reisegut wie Kleidung, Toilettenartikel, Sportgeräte, Foto-, Film-, Videokameras, Mobiltelefone, Laptops etc., das nach dem Aufenthalt in der Schweiz wieder ausgeführt wird.
Genussfertige Nahrungsmittel (Beschränkungen bei größeren Mengen von Fleisch, Wurst und Butter) und alkoholfreie Getränke als Reiseproviant.
Alkoholische Getränke: bis 18 % Vol. 5 l, über 18 % Vol. 1 l.
Tabakwaren: 250 Stück/g Zigaretten, Zigarren bzw. andere Tabakfabrikate.
Bargeld: ohne Beschränkungen.
Treibstoff im Tank und zusätzlich (z. B. im Reservekanister) bis max. 25 l.
Bei der Ausreise sind, abgesehen von den üblichen Ausnahmen (Tiere/CITES-Artenschutz, Waffen, Kulturgüter u. a.), für private Güter keine Zollbestimmungen zu beachten.
Info: www.ezv.admin.ch

Geld

Währungseinheit ist der *Schweizer Franken (CHF)*, unterteilt in 100 Rappen. Münzen gibt es zu 5, 10 und 20 Rappen sowie zu 1/2, 1, 2 und 5 Franken. Geldscheine sind im Wert von 10, 20, 50, 100, 200 und 1000 Franken in Umlauf.
Die *gängigen Kreditkarten* werden in Banken, allen großen Hotels, zahlreichen Restaurants und Geschäften sowie bei den Autovermietern akzeptiert. An EC Maestro-Geldautomaten kann man rund um die Uhr Geld abheben.
Meistens kann man auch mit *Euro* bezahlen, wobei man das Wechselgeld in Schweizer Franken erhält. Für den aktuellen Wechselkurs bemüht man einen Währungsrechner, z.B. www.oanda.com.

Trinkgeld: Wo alles schon nicht ganz billig ist, sind wenigstens die Trinkgelder in der Schweiz im Preis inbegriffen. Bei gutem Service rundet man gern auf.

Service und Notruf

Notruf
Tel./Mobil: 112 (EU-weit, auch Schweiz: Polizei, Unfallrettung, Feuerwehr)

ADAC Info Service
Tel. 0800 510 11 12
(Mo–Sa 8–20 Uhr)

ADAC Pannenhilfe Deutschland
dt. Festnetz: 0180 222 22 22 (6 ct/Anruf),
Mobil: 22 22 22 (Verbindungskosten je nach Netzbetreiber/Provider

ADAC Notruf aus dem Ausland
Festnetz: +49 89 22 22 22

ADAC Ambulanzdienst München
Festnetz: +49 89 76 76 76 (rund um die Uhr)

Pannenhilfe des TCS
Tel. 0800 140 140, www.tcs.ch

Pannendienst des ACS
Tel. 044 628 88 99, www.acs.ch

ÖAMTC Schutzbrief Nothilfe
Tel. +43 1 251 20 00, www.oeamtc.at

Tourismusinfo im Land

Die Adressen der lokalen Tourismusbüros sind im Haupttext unter ›Praktische Hinweise‹ aufgeführt.

Diplomatische Vertretungen

Deutschland
Deutsche Botschaft, Willadingweg 83, 3006 Bern, Tel. 031 359 41 11, www.bern.diplo.de

Österreich
Österreichische Botschaft, Kirchenfeldstr. 77/79, 3005 Bern, Tel. 031 356 52 52, www.aussenministerium.at/bern

Strom

Die Netzspannung beträgt 230 Volt. Achtung: In der Schweiz verwendet man dreipolige Stecker vom Typ J. Adapter bekommt man an den Hotelrezeptionen – oder man kauft sie schon (für wenig Geld) zu Hause.

Anreise

Auto

Von Deutschland bzw. Norden/Nordosten erreicht man die Schweiz am schnellsten über die Autobahnen Karlsruhe–Basel (A5) und Stuttgart–Schaffhausen (A81). Aus Richtung München nimmt man die Autobahn A96 bis Lindau, in der Folge die österreichische A14 (Maut) über Bregenz bis zur Ausfahrt Dornbirn-Süd und weiter zum Grenzübergang Lustenau an der schweizerischen A1 (westl. Richtung St. Gallen und Zürich) bzw. die A13 (südl. Richtung Chur bzw. Bad Ragaz).
Von Österreich bzw. Osten nimmt man die Inntalautobahn A12 über Innsbruck nach Landeck und in der Folge die Arlberg-Schnellstraße S16 durch den Arlbergtunnel (Maut) zur A14 Bludenz–Feldkirch–Dornbirn. Von der Anschlussstelle Oberinntal der A12 kommt man auch auf der B180/184 Richtung St. Moritz direkt ins Engadin.

Bahn

Die Schweiz ist bestens an das ICE- bzw. EC-Netz angeschlossen. Auskünfte erteilen:

Deutsche Bahn, Fahrpreise, Fahrpläne, Service unter Tel. 0180 699 66 33 (0,20 €/Anruf aus dem Festnetz, max. 0,60 €/Anruf mobil), www.bahn.de

Österreichische Bundesbahnen, Zugauskunft und Kundencenter, Tel. 05 17 17, www.oebb.at

Schweizerische Bundesbahnen, Rail Service unter Tel. 0900 30 03 00 (1,19 CHF/Min. vom Schweizer Festnetz, tgl. 24 Std.); Bahnverkehrsinformation, Streik und Zugverspätungen unter Tel. 166 (0,50 CHF/Anruf und Min.), www.sbb.ch

Flugzeug

Die internationalen Flughäfen in Zürich, Basel und Genf werden von mehreren deutschen und österreichischen Städten mehrmals am Tag angeflogen.

Flughafen Zürich, Tel. 0900 30 03 13 (1,99 CHF aus dem Schweizer Festnetz). Ca. 13 km außerhalb des Zentrums in Kloten. Richtung Hauptbahnhof mit Zug, Tram (Glattalbahn, Linie 10) in 10 Min.

Euro-Airport Basel-Mulhouse-Freiburg, Tel. 061 325 31 11, www.euroairport.com. Nur 4 km nordwestl. des Stadtzentrums. Mit dem Bus, Linie 50, alle 7–15 Min. zum Basler Hauptbahnhof, Fahrzeit 20 Min.

Genève Aéroport, Tel. 0227177105, allg. Fluginformationen Tel. 0900571500 (1,19 CHF/Min. aus dem Schweizer Festnetz). Ebenfalls nur 4 km nordwestl. des Stadtzentrums. Zugverbindung zum Genfer Hauptbahnhof alle 12 Min., Busverbindungen alle 8–15 Min., Fahrzeit 6 Min.

Autofahren im Land

Autobahnen/Vignette

Wer auf Schweizer Autobahnen und Nationalstraßen unterwegs ist, benötigt eine *Vignette*. Sie kostet 40 CHF, ist vom 1. Dezember des Vorjahres bis zum 31. Januar des Folgejahres gültig und kann im Land bei Poststellen, Tankstellen, Garagen und Kontaktstellen des TCS sowie bei den kantonalen Straßenverkehrsämtern gekauft werden. An der Grenze erhält man die Vignette bei allen besetzten Zollstellen und vielen Tankstellen, im Ausland bei den meisten Automobilclubs. Wer ›ohne‹ erwischt wird, zahlt 200 CHF.
Auch die Grand Tour of Switzerland benutzt auf wenigen Abschnitten Autobahnen (z. B. im Tessin, am Westufer des Vierwaldstättersees und in der Region Zürich).

Bergstraßen/Pässe

Sie sind eine der Hauptattraktionen jeder Schweiz-Rundfahrt. Allgemein hat das hinauffahrende Fahrzeug Vorrang. Ist es nicht möglich, aneinander vorbeizufahren, muss das hinabfahrende Fahrzeug zurücksetzen. Postautos/Postbusse haben auf engen Bergstraßen immer Vorrang; vor Kurven geben sie ein Hornsignal ab. Schwerere Fahrzeuge (Lastwagen, Wohnmobile etc.) sowie Fahrzeuge mit Anhänger haben generell Vortritt.
Bei zweifelhaftem Wetter und während der Übergangszeiten im Frühjahr und Herbst sollte man immer die aktuellen Wettermeldungen (s. ›Klima und Reisezeit‹) und Straßenverhältnisse (s. u.) abrufen.
Sollte ein Pass gesperrt oder zwar offen, aber nur mit Winterausrüstung befahrbar sein, weist ein Schild am Beginn des Aufstiegs darauf hin. An allen hoch gelegenen Passübergängen auf der Grand Tour of Switzerland gibt es, wenn erforderlich, Alternativrouten:
Flüela (2383 m): Autoverladung durch den Vereinatunnel von Klosters bzw. Davos-Selfranga nach Sagliains bzw. Susch (s. S. 50).
Julier (2284 m): Ganzjährig geöffnet, wird bei Schneefall geräumt.
San Bernardino (2065 m): Straßentunnel von Hinterrhein nach San Bernardino.
Gotthard (2106 m): Neue Passstraße oder Straßentunnel von Airolo nach Göschenen.
Furka (2429 m): Autoverladung von Realp nach Oberwald (s. S. 104).

Fahrlichter

Generell muss mit *Tagfahrlicht* (Abblendlicht) gefahren werden. Ausgenommen sind Motorwagen und Motorräder, die vor dem 1. Januar 1970 erstmals zum Verkehr zugelassen wurden.

Mietfahrzeuge

s. ›Verkehrsmittel im Land‹

Navigation

Analog: Touring Map ›Grand Tour of Switzerland‹, Maßstab 1:275 000 in laminierter Ausführung, Hallwag/Kümmerly+Frey; kostenloser Download der Karte aufs Smartphone mit geliefertem Zugangscode.

Digital: Die Kernroute und die drei ›Einstiegsetappen‹ (Basel–Neuchâtel, Genf–Saint-George, Chiasso–Bellinzona) können zu Hause mit dem Karten-Tool Geotrails online und mittels Zoom-Funktion detailliert für den gewünschten Streckenabschnitt betrachtet werden. Dies sowie weitere Infos zur Navigation finden Sie auf der Homepage www.myswitzerland.com/grandtourmap.

GPS/Apps: Unterwegs navigiert man mobil mit den importierten GPX-Routen, die ebenfalls auf der Seite www.myswitzerland.ch/grandtourmap heruntergeladen werden können. Folgende Apps sind geeignet:
iOS Galileo App
iOS Gpx Navigator
Android OsmAnd
Installieren Sie die App auf ihrem Smartphone/Tablet und öffnen Sie die GPX-Dateien mit der App.

Pannenhilfe

s. ›Service und Notruf‹

Parken

Blaue Zonen: Mo–Sa 8–18 Uhr mit blauer Parkscheibe für 1 Std. kostenlos; Ankunftszeit auf die nächste halbe Std. einstellen. So/Fei frei bis 7 Uhr des nächsten Arbeitstages.
Gelbe Zonen: Privat oder für Firmen reserviert.

Weiße Zonen: Gebührenpflichtig, häufig nummeriert; Parkautomat in der Nähe.
Gelbe Markierungen mit Kreuzen bedeuten Parkverbot, gelbe Linien am Fahrbahnrand bedeuten Halteverbot. An Hauptstraßen darf außerorts generell nicht geparkt werden (Fotostopps!).

Promillegrenzen

Generell *0,5 Promille.* Seit 2014 gilt die Grenze von 0,1 Promille für Fahranfänger (Führerschein/Führerausweis auf Probe), Berufschauffeure, Fahrschüler, Fahrlehrer und Begleitpersonen von Lernfahrten.

Straßenverhältnisse

www.strasseninfo.ch – ›Aktuelle Verkehrslage‹: Bietet auf einer speziellen GoogleMap die Verkehrsinfos des TCS. Detailinformationen können separat oder auch gleichzeitig eingeblendet werden: Stau und Straßenzustand, Baustellen, Pässe und Tunnels, Parkings und Webcams.
www.srf.ch/verkehrsinformationen: Infos des Schweizerischen Radios und Fernsehens, auch per kostenloser App für Android und iOS.
Schweizer Radio SRF 1, SRF 3 und SRF 4: Verkehrsinfo immer nach den Nachrichten und den Kurznews.
Viasuisse: Verkehrsinformationen/Straßenzustand, Tel. 163 (0,90 CHF/Anruf + 0,90 CHF/Min.).

Tanken

An vielen Tankstellen, die nur tagsüber geöffnet haben, kann man außerhalb der Öffnungszeiten an Automaten mit EC- oder Kreditkarte tanken. Wer mit Erdgas/Biogas fährt, findet alle Tankstellen auf der Seite www.erdgasfahren.ch/tanken.

Tempolimits

In der Schweiz gilt generell ein Tempolimit von 50 km/h innerorts und 80 km/h außerorts für alle Fahrzeuge. Auf Autostraßen (kreuzungsfrei, ähnlich den Autobahnen, aber meist einspurig) darf man 100 km/h fahren (mit Anhänger 80 km/h), auf Autobahnen 120 km/h (mit Anhänger 80 km/h, Wohnmobile über 3,5 t 100 km/h). Man sollte sich daran halten – gemessen wird ohne Toleranz.

Touring Club Schweiz

Mit knapp 1,6 Mio. Mitgliedern der größte Verkehrsclub der Schweiz; umfangreiche Serviceangebote (www.tcs.ch).

Bank, Post, Telefon

Bank/Geldwechsel

In großen Städten Mo–Fr 8.30–16.30 Uhr. Auf dem Land Mo–Fr 8.30–12.00 und 14–16.30/17.30 Uhr. Sa generell geschl. Wechselstuben für Währungen und Reiseschecks auf Flughäfen und an Bahnhöfen tgl. 6–21, oft bis 23 Uhr.

Post

Postämter sind in der Regel von Mo–Fr 7.30–12 und 14–18, Sa 8–11 Uhr geöffnet.

Telefon

Internationale Vorwahlen:
Schweiz 0041
Deutschland 0049
Österreich 0043
Es folgt die Rufnummer ohne die 0.
Innerhalb der Schweiz muss die 0 der in die Telefonnummer integrierten Ortsvorwahl immer mitgewählt werden. Bei der Benutzung von Mobiltelefonen muss v. a. in den Bergen vereinzelt mit Funklöchern gerechnet werden. Vorher Informationen über Auslandstarife und Roaminggebühren des eigenen Anbieters einholen bzw. eine Prepaid Daten SIM Card für die Schweiz besorgen.

Einkaufen

Öffnungszeiten

Üblicherweise sind die Geschäfte Mo–Fr 8–17 Uhr geöffnet, in größeren Städten bzw. Shoppingrevieren bis 18.30/19 Uhr (Bahnhofstrasse Zürich bis 20 Uhr), Sa 8–16/17 Uhr. Vorwiegend in Städten bleiben Warenhäuser und andere Geschäfte am Montagvormittag geschlossen. Viele große Kaufhäuser und Supermärkte öffnen einmal in der Woche (Do oder Fr) bis 21 Uhr. In kleineren Orten und außerhalb der Stadtzentren bleiben die Läden ab 12 Uhr oft 1–2 Std. geschlossen. In den meisten Ferienorten bleiben die Geschäfte länger geöffnet, manchmal auch stundenweise an Sonntagen.

Souvenirs

Gefragt ist v.a. Ess- und Trinkbares: Käse und Schokolade, lokale und regionale Spezialitäten (z.B. Würste, Bündnerfleisch), Gebäck (z. B. Bretzeli, Nusstorten), Spirituosen (Kirschwasser) und Weine wie eine Petite Arvine aus dem Wallis, die man zu Hause sicher nicht bekommt. Nicht besonders stilvoll, in der Regel aber (relativ) günstig ist der Einkauf in den Migros-Supermärkten. Uhren und Schmuck repräsentieren das nach oben offene Ende der Preisskala bei den ›Swiss made‹-Souvenirs, das klassische Taschenmesser mit Schweizerkreuz ist dagegen ein echtes Schnäppchen und schon für unter 20 CHF zu haben.

Tax Free Shopping

Reisende aus dem Ausland können sich für Einkäufe von über 300 CHF die Mehrwertsteuer (8 %) zurückerstatten lassen, sofern sie die Waren innerhalb von 30 Tagen ausführen.

Bei der Bezahlung im Geschäft nach einem Refund Cheque fragen und bei der Ausreise am Zoll die Einkäufe mit Rechnungen und Reisepass vorlegen. Den dort abgestempelten Refund Cheque im Refund Office nebenan vorlegen und einen Immediate Refund auf die Kreditkarte verlangen bzw. die Rückzahlung in bar entgegennehmen.
Infos: www.premiertaxfree.com, www.global-blue.com

Essen und Trinken

Schweizer Klassiker

Die schweizerische Küche ist traditionell eher einfach und deftig, oft sehr gehaltvoll und in Restaurants oft auch am preiswertesten. Einige typische Gerichte finden sich, mit lokalen und regionalen Variationen, in nahezu allen Landesteilen wieder.

Käsefondue: Geschmolzener Käse im Keramiktopf, in den auf lange Fonduegabeln gespießte Brotstücke getaucht werden.

Raclette: Geschmolzener Käse, der zusammen mit Pellkartoffeln (›Gschwellti‹) und eingelegtem Gemüse serviert wird.

Älplermagronen: Eine Art Gratin aus Kartoffeln, (dicken) Nudeln, Käse, Rahm und Zwiebeln. Dazu gibt's Apfelmus.

Rösti: Fladen aus geriebenen gekochten oder rohen Kartoffeln, der in heißer Butter oder Fett in der Pfanne ausgebacken und evtl. mit Käse, Schinken etc. verfeinert wird.

Birchermüesli: Der sehr nahrhafte Frühstücksklassiker aus Haferflocken, Zitronensaft, Kondensmilch, geriebenen Äpfeln und Haselnüssen oder Mandeln.

Ostschweiz

Appenzeller Biber: Lebkuchenspezialität mit Naturhonig. Die kleineren Biberli enthalten eine Mandel- oder Nussfüllung.

OLMA-Bratwurst: Die bekannteste Schweizer Grill- und Bratwurst kommt aus St. Gallen. Wird niemals mit Senf, gern aber mit Zwiebelsoße gegessen. (OLMA = Ostschweizerische Land- und Milchwirtschaftliche Ausstellung.)

Graubünden

Pizzoccheri: Eintopf aus Buchweizennudeln, Gemüse und Käse.

Capuns: In Mangoldblätter gewickelte Teigmasse mit Kräutern und klein geschnittenen Stücken Wurst oder Bündnerfleisch.

Maluns: Gegarte, geriebene Kartoffeln, mit Mehl vermischt und in Butter langsam geröstet.

Plain in Pigna: ›Ofenrösti‹ mit Speck und Wurst.

Bündnerfleisch: Luftgetrocknetes Rohpökelfleisch vom Rind – sehr fest, sehr dunkel.

Bündner Nusstorte: Süße und sehr nahrhafte Mürbeteigtorte mit Nussfüllung. Nicht verwechseln mit der:

Engadiner Torte: Zwei bis drei Böden aus Mürbeteig mit Butter-Vanille-Creme und Florentinerdeckel.

Tessin

Polenta: Maisbrei, mit Käse gemischt als Hauptgericht oder als Beilage serviert.

Marroni: Edelkastanien, aus deren Mehl Brot, Teigwaren oder auch Brotaufstreiche hergestellt werden; als Vermicelles (gekocht, gezuckert und durch eine Presse gedrückt) ein Dessert.

Zincarlin: Frischkäse aus Kuhmilch oder aus Kuh- und Ziegenmilch, mit schwarzem Pfeffer gewürzt und mit Weißwein eingerieben.

Wallis

Cholera: Gesundheitlich völlig unkritische Gemüsetorte mit Kartoffeln, Lauch und Äpfeln.
Gsottus: Deftiger Eintopf mit Kartoffeln, Kohl, Weißwein, Wurst und vier Sorten Fleisch (Schwein, Rind, Schaf, Zicklein).
Walliser Roggenbrot: In jedem Tal ein bisschen anders, überall gut.
Walliser Omeletten: Gefüllt mit einem Brei aus geriebenem Käse und Weißwein, überbacken mit einer Soße aus Mehl, Käse und Kirschwasser.
Sii: Süßspeise mit in Wein eingelegten Gewürzen, Roggenbrotwürfeln und Weintrauben, Zucker oder Johannisbeergelee und Holundersirup. Es handelt sich um ein traditionelles Hochzeits-Dessert.

Genferseegebiet und Jura

Saucissons: Rohwürste aus Schweinefleisch, z. B. Saucisse d'Ajoie, die gegrillt oder gekocht werden.
Toétché: Ein typischer Sauerrahmkuchen.
Papet vaudois: Kartoffel-Lauch-Eintopf mit auf Gemüse gegarten Saucissons.
Taillé au greubons: Blätterteiggebäck mit Grieben.

Fribourg

Cuchaule: Süßes Safranbrot.
Bergsuppe: Gekocht aus Kartoffeln, Zwiebeln, Nudeln, Käse, Spinat und Brennnesseln.

Basel

Suuri Lääberli: Saure, geschnetzelte Leber.
Mässmogge: Mit Haselnussmasse gefüllte Zuckerbonbons.

Bern

Berner Platte: Jede Menge (gekochtes) Fleisch und Wurst mit Sauerkraut, Rüben, Bohnen und Salzkartoffeln.
Zibelechueche: Zwiebelkuchen.
Berner Haselnusslebkuchen: Aus gemahlenen Haselnüssen, Zucker, Zimt und Eiweiß – ohne Mehl, Wasser und weitere Gewürze.
Meitschibei: Hufeisenförmiges Gebäck mit Haselnussfüllung.
Bretzeli: Rundes, süßes Feingebäck, das in Form und Geschmack nichts mit einer Brezel zu tun hat.

Luzern und Vierwaldstättersee

Chügelipastete: Luzerner Spezialität, gefüllt mit Brätklößchen an einer weißen Soße.
Hafenchabis: Kohl-Eintopf mit Lamm- oder Schweinefleisch.
Stunggis: Eintopf mit Schweinefleisch und Gemüse.

Zürich Region

Zürcher Geschnetzeltes: Kleingeschnittenes Kalbfleisch, evtl. auch mit Kalbsnieren und Champignons an Rahmsoße mit Rösti.
Bauernschüblig: Wie alle Schüblige eine Wurst aus Rind- und Schweinefleisch mit Speck, die meist roh gegessen wird.
Hüppen: Gerolltes Waffelgebäck, meist mit Schokolade gefüllt.

Sehr gute Informationen, Dokumentationen und Rezepte aus allen Regionen des Landes gibt es beim Verein ›Kulinarisches Erbe der Schweiz‹ auf der Seite:
www.kulinarischeserbe.ch (mit umfassender Link-Liste).

Wein

Weil kaum 2% der Schweizer Weinproduktion exportiert werden, sollte man die Grand Tour of Switzerland nicht zuletzt auch zu einer önologischen Entdeckungsreise machen. Die Route führt durch alle sechs Weinregionen: Deutschschweiz, Tessin, Wallis, Waadt, Genf und Drei-Seen/Neuchâtel. Insgesamt werden auf rund *15000 ha Rebflächen* mehr als 200 verschiedene Rebsorten in äußerst unterschiedlichen Lagen angebaut. Rote Rebsorten (v.a. Pinot Noir, Gamay, Merlot) nehmen mit 58 % den größten Flächenanteil ein, bei den Weißweinen dominiert ganz klar der Chasselas. 40 Gewächse werden nur in der Schweiz kultiviert, teilweise schon seit Jahrhunderten. Generell ist die Quantität bescheiden, die Qualität dafür umso besser. Eine gute Übersicht bietet die Seite www.swisswine.ch, eine Auswahl der besten Winzer findet man unter www.mdvs.ch.

Grand Tour of Switzerland – auf einen Blick

Die neue Ferienstraße verbindet **46 Schweizer Highlights** in allen Landesteilen auf landschaftlich besonders schönen Straßen. Die **Rundstrecke** kann in beiden Richtungen befahren werden, sie wird in diesem Reiseführer im Uhrzeigersinn beschrieben. Drei längere Stich-Etappen werden offiziell als ›Einstiegsetappen‹ geführt, sind aber für sich so lohnend, dass sie gleichwertige Bestandteile der Kernroute darstellen. Autobahnen werden nur befahren, wo es verkehrstechnisch sinnvoll erscheint.

Kernroute: 1643 km

Einstiegsetappen:

Basel–Neuchâtel: 165 km

Genf–Saint-George: 53 km

Chiasso–Bellinzona: 109 km

Höchster Punkt: Furkapass (2429 m)

Tiefster Punkt: Lago Maggiore (193 m)

Dauer: Mindestens 7–9 Tage; je nach Umfang des individuellen Besichtigungsprogramms auch erheblich (!) länger.

Markierung: Diese Wegweiser werden ab 2016 an allen Streckenabschnitten die Route im Uhrzeigersinn signalisieren:

Package-Angebote: Schweiz Tourismus bietet eine 9-Tage-Pauschale für die Tour an: 8 x ÜF in Zürich, St. Gallen, Davos, Lugano, Zermatt, Montreux, Gstaad, Luzern (1 Nacht pro Destination), auf Wunsch Mietwagen (Compact- oder Fullsize-Klasse), Parkplatz in allen Hotels (außer in Zermatt/Täsch und Montreux 3-Sterne), Zugticket 2. Klasse Täsch–Zermatt–Täsch, Straßenkarte von Hallwag, Reiseführer, Swiss Coupon Pass ›Essen und Erleben‹ (mit ›2 für 1‹ Angeboten und Ermäßigungen in elf Destinationen). Preise pro Person im DZ von 995 CHF (3-Sterne-Hotels, Nebensaison, ohne Mietauto) bis 2818 CHF (5-Sterne-Hotels, Hauptsaison, mit Mietauto), s. ›Klima und Reisezeit‹.
www.myswitzerland.com/grandtouroffers

Feiertage

Ganze Schweiz: 1. Januar (Neujahr), Karfreitag, Ostermontag, Christi Himmelfahrt, Pfingstmontag, Fronleichnam, 1. August (Schweizer Nationalfeiertag), 25. Dezember (Weihnachten), 26. Dezember (Stephanstag).
Nicht in allen Kantonen: 6. Januar (Heilige Drei Könige), 19. März (St. Joseph), 1. Mai (Tag der Arbeit), 29. Juni (Peter und Paul), 15. August (Mariä Himmelfahrt), 1. November (Allerheiligen), 8. Dezember (Mariä Empfängnis).

Festivals und Events

Januar
Grindelwald: Kunstvolle Skulpturen aus Eis und Schnee entstehen beim World Snow Festival (www.jungfrau region-events.ch).
Chateau d'Oex: Buntes Treiben am (hoffentlich) blauen Himmel beim Festival International de Ballons (www.festivaldeballons.ch).

Februar/März
Basel: Die Basler Fasnacht ist ein fotogenes Spektakel mit bis zu 20 000 Maskierten (www.fasnacht.ch).
St. Moritz: Beim White Turf liefern sich Vollblüter und Jockeys auf dem zugefrorenen St. Moritzersee spektakuläre Rennen (www.whiteturf.ch).

März/April
Luzern: Geistliche Musik in der Passionszeit erklingt bei der österlichen Ausgabe des Lucerne Festival (www.lucernefestival.ch).
Genf: Der Internationale Auto-Salon ist einer der wichtigsten Termine des automobilen Lebens auf dem Globus (www.salon-auto.ch).

April
Basel: Beim Blues Festival Basel (www.bluesbasel.ch) wird der ›Swiss Blues Award‹ verliehen.
Lugano (Anf. April–Ende Mai): Das Lugano Festival bringt Klassik mit internationalen Orchestern zu Gehör (www.luganofestival.ch).
Zürich: In der größten Stadt der Schweiz wird der Winter mit dem traditionellen Frühlingsfest Sechseläuten (www.sechselaeuten.ch) ausgetrieben.

Juni
Basel: Die Art Basel (www.artbasel.com) ist das Mekka der internationalen Kunstszene.
Interlaken (Ende Juni–Anf. Sept.): Bei den Tell-Freilichtspielen bringen Hunderte von Laiendarstellern den ›Wilhelm Tell‹ von Friedrich Schiller auf die Open-Air-Bühne (www.tell spiele.ch).

Juli
Zürich (1. Wochenende): Das Züri-fäscht (www.zuerifaescht.ch), das größte Volksfest der Schweiz, wird alle drei Jahre in der Stadt gefeiert (nächste Termine 2016, 2019).
Montreux: Jazz, Pop, Rock und Weltmusik beim Montreux Jazz Festival (www. montreuxjazzfestival.com), einem der Schweizer Top-Festivals.
Bern: Ein Open-Air mit härterer Gangart ist das Gurtenfestival (www.gurtenfestival.ch).
Gstaad (Mitte Juli–Anf. Sept.): Ein Klassikevent mit berühmtem Namenspatron ist das Menuhin Festival (www.menuhinfestivalgstaad.ch).
Genf (Mitte Juli–Mitte Aug.): Essen, Kultur, Jahrmarkt und ein legendäres Schlussfeuerwerk sind die Markenzeichen des Genf Festivals (www.geneve-tourisme.ch).

August
Locarno: Großes Renommee genießt das Film Festival Locarno (www.pardolive.ch): Kult-Kino auf der Piazza Grande – vor allem für Arthaus-Fans.
Zürich: Techno bis zum Umfallen bei der Street Parade (www.streetparade.com).
Zürich: Beim Zürcher Theater Spektakel (www.theaterspektakel.ch) wird alles geboten, nur kein Mainstream.
Luzern (Mitte Aug.–Mitte Sept.): Klassik erstklassig bei der Sommerausgabe des Lucerne Festival (www.lucernefestival.ch).

September
Zürich: Die besten Leichtathleten treffen sich bei Weltklasse Zürich (www.diamondleague-zuerich.com) im Letzigrund-Stadion.
Bellinzona: Trachten, Wein, Theater und viel Musik in der Altstadt verspricht die Bacchica Bellinzonese (www.labacchica.ch).

Oktober
Lugano (1. Wochenende): Tessiner Bauern präsentieren ihre besten Produkte bei der Festa d'Autunno auf den Plätzen der Stadt (www.luganotourism.ch/festadautunno).
Zentralschweiz: Der Abschluss des Alpsommers wird traditionell mit einer Älplerchilbi gefeiert: Erntedank mit Fahnenschwingen, Trachten, Tanz und Essen in den Kantonen Nid- und Obwalden, Uri und Schwyz – bis in den November hinein.

November
Bern (4. Montag): Kunsthandwerk und Zwiebelprodukte aus der Region beim volkstümlichen Zibelemärit (www.bern.com).

Dezember
Appenzell: Eindrucksvolle Maskenumzüge sind die Silvesterchlausen (www.appenzell.info) – zum Jahreswechsel im ganzen Kanton.

Klima, Wetter, Reisezeit

Die *empfohlene Reisezeit* für die Grand Tour of Switzerland ist die Sommersaison von April bis Oktober (Hauptsaison 1. Mai–30. September, Nebensaison 7.–30. April sowie 1.–31. Oktober). Sollte eine Passstraße in dieser Zeit wegen Schneebedeckung gesperrt sein, gibt es immer die Option, in einen Tunnel und/oder auf die Autoverladung auszuweichen (s. ›Autofahren im Land‹ – Bergstraßen/Pässe).

Allgemein weist das *gemäßigte Kontinentalklima* der Schweiz wegen der stark gegliederten Landschaft und der großen Höhenunterschiede viele regionale Abweichungen und Besonderheiten auf. Während sich feuchte Luftmassen v.a. am Nordrand der Alpen, aber auch im Tessin stauen und abregnen, sind inneralpine Täler wie das Engadin oder das Wallis deutlich trockener. Im Süden ist es im Jahresmittel drei Grad wärmer als im Norden, der Frühling beginnt am Lago Maggiore im März. Während Schönwetterperioden im Hochsommer (Juli, August) ist die Luft zwar warm, aber oft mehr oder weniger dunstig. Wer auf den Bergen klare Fernsicht für die ganz großen Alpenpanoramen genießen möchte, reist eher im September und Oktober, teilweise auch im (nicht so warmen) Frühsommer. Wer dagegen viel baden möchte, kommt zwischen Juni und September.

Wetterbericht: Gut für den großen Überblick, mit 5-Tage-Prognose: www.srf.ch/meteo und www.meteoschweiz.ch
Meteo Schweiz: Tel. 162 (Tonband-Wetterbericht, 0,50 CHF/Anruf und Min.)
Spezieller Alpenwetterbericht: Tel. 0900 16 21 38 (Tonband, 1,20 CHF/Min.)

Statistik

Lage: Die Schweiz liegt in der Mitte Europas, genauer: an deren südlichem Rand. Ihre Nachbarn sind Deutschland im Norden, Frankreich im Nordwesten/Westen, Italien im Süden und Österreich sowie Liechtenstein im Osten.

Fläche: Die Landesfläche von insgesamt 41 277 km^2 liegt zu 60 % in den Alpen, zu 30 % im Mittelland und zu 10 % im Jura.

Bevölkerung: Rund 8,21 Mio. Menschen leben in der Schweiz. Die größten Städte sind Zürich (402 000 Einw.), Genf (192 000), Basel (174 000) und Bern (knapp 139 000).

Hauptstadt: Rein rechtlich gesehen, besitzt die Schweiz *de jure* keine eigene Hauptstadt. Der Sitz der Bundesregierung ist *de facto* die ›Bundesstadt‹ Bern.

Verwaltung: Als föderalistischer parlamentarischer Bundesstaat ist die Schweiz gegliedert in 26 Kantone mit jeweils eigener Verfassung und Gesetzgebung. Über viele Volksabstimmungen sind die Bürgerinnen und Bürger an allen wichtigen Entscheidungen direkt beteiligt.

Sprache: In der Schweiz gibt es vier Amtssprachen. Deutsch wird in 19 Kantonen gesprochen, und zwar im größten Teil der Nord-, Ost- und Zentralschweiz (65,6 %). Rätoromanisch ist Amtssprache in Teilen Graubündens, v. a. in Engadin, Vorderrheintal (Surselva), Oberhalbstein und Hinterrheintal (0,6 %). Französisch spricht man in der gesamten Westschweiz – westliches Wallis, Genf, Waadt, Jura, Fribourg (22,8 %). Italienisch ist die Sprache im Tessin und im Südzipfel Graubündens, dem Valposchiavo bzw. Puschlav (8,4 %). Die Kantone Bern, Freiburg und Wallis sind zweisprachig (Deutsch/Französisch).

Religion: 38,2 % der Bevölkerung sind römisch-katholisch, 26,9 % protestantisch und 4,9 % muslimisch; 21,4 % besitzen keine Religionszugehörigkeit.

Wirtschaft: Die Schweiz gehört mit einem Bruttoinlandprodukt (BIP) von etwa 86 150 US-Dollar pro Kopf (2014) zu den reichsten Ländern der Welt. Nur noch knapp 4 % der Beschäftigten arbeiten in der Landwirtschaft, 24 % in Industrie und Gewerbe (Sekundärsektor) und 72 % im Dienstleistungssektor. Letzterer prägt v. a. mit Banken und Versicherungen, aber auch mit Handel, Gesundheits- und Bildungswesen das Bild der Schweiz im Ausland. In der Industrie dominieren Maschinenbau, Chemie und Pharmazie, Nahrungsmittel und Uhren/Luxusgüter. Die klein strukturierte Landwirtschaft wird stark subventioniert und ist v.a. mit Milchprodukten (Käse) und Wein, aber auch durch die bäuerliche Kulturlandschaft unverzichtbar für das Image der Schweiz.

Unterkunft

Hotels

Die Schweiz ist weltberühmt für ihre traditionsreiche, luxuriöse Hotellerie. Auf der Seite www.swisshotels.com können mehr als 2000 Hotels gebucht werden.

Unter den *Partnerbetrieben* der Grand Tour of Switzerland befinden sich einige der besten und bekanntesten Schweizer Hotels, darunter viele grandiose Belle-Époque-Paläste, aber auch ausgewählte Landgasthäuser und historische Hotels – ein bunter Querschnitt durch das eidgenössische Gastgewerbe. Infos: www.myswitzerland.com/grandtour

Zusätzlich zu diesen Angeboten gibt es eine große Zahl von qualitätsvollen Quartieren in Preiskategorien, die den Urlaub im Land auch für normale Budgets erschwinglich machen. Die Anbieter sind organisiert in der Interessengemeinschaft:

Parahotellerie Schweiz, Schaffhauserstr. 14, 8042 Zürich, Tel. 044 360 14 31, www.parahotellerieschweiz.ch

Bed & Breakfast

Es gibt sie flächendeckend in der ganzen Schweiz, in allen Lagen und mit Privatanschluss. Infos:

Bed and Breakfast Switzerland, Sonnenweg 3, 4144 Arlesheim, Tel. 061 703 00 83, www.bnb.ch

Camping

Eine Auswahl geprüfter Plätze bieten der jährlich erscheinende **ADAC Campingführer** sowie der **ADAC Stellplatzführer** (adac.de/camping fuehrer). Die Inhalte gibt es auch als App für iPhone, iPad und Android-Geräte in den Appstores von Apple und Google. 27 Plätze in der gesamten Schweiz – meist in sehr schönen Lagen und oft an Seen oder Flüssen – betreibt der Touring Club Schweiz. Infos:

Campingplätze des TCS, Chemin de Blandonnet 4, 1214 Vernier/Genève, Tel. 058 827 25 20, www.tcs-camping.ch

Ferienhäuser und Ferienwohnungen

Mehr als 3500 Ferienhäuser und -wohnungen in allen Landesteilen listet:

Interhome AG, Sägereistr. 27, 8152 Glattbrugg, Tel. 043 810 91 91, www.interhome.ch

Reka

Die Schweizer Reisekasse (Reka) ist eine Non-Profit-Organisation und mit über 3000 Ferienwohnungen, Mobile Homes, Zelten und Hotels zugleich eines der wichtigsten touristischen Unternehmen im Land – mit dem Ziel, möglichst vielen Familien einen Urlaub in der Schweiz zu ermöglichen – seit 1939. Infos:

Reka Schweiz, Neuengasse 15, 3001 Bern, Tel. 031 329 66 33, www.reka.ch

Jugendherbergen

Die Schweiz bietet mehr als 50 Häuser, vielfach in historischen Gebäuden, schönen Landschaften, aber auch in allen großen Städten – für Familien, Gruppen und Individualreisende. Infos:

Schweizer Jugendherbergen, Schaffhauserstr. 14, 8042 Zürich, Tel. 044 360 14 14, www.youthhostel.ch

Verkehrsmittel im Land

Bahn

Das über 5000 Streckenkilometer umfassende Bahnnetz in der Schweiz ist hervorragend ausgebaut, äußerst zuverlässig und über weite Strecken auch landschaftlich höchst attraktiv. Panoramazüge wie der Glacier Express (www.glacierexpress.ch) zwischen Graubünden und dem Wallis, die Centovalli-Bahn (www.centovalli.ch) im Tessin oder die GoldenPass-Linie (www.goldenpass.ch) zwischen Montreux, Interlaken und Luzern sind touristische Topangebote. Der Bernina Express der Rhätischen Bahn (www.rhb.ch) über Albula- und Berninapass ist mit seiner spektakulären Streckenführung sogar Teil des UNESCO-Welterbes – und eines der Highlights auch auf der Grand Tour of Switzerland (s. S. 69). Die ›Grand Train Tour of Switzerland‹ verbindet die schönsten Panoramastrecken zu einer eigenen Rundreise. Generelle Auskünfte und Bestellungen bei:

Rail Service der Schweizerischen Bundesbahnen (SBB), Tel. 0900 30 03 00 (1,19 CHF/Min. aus dem Schweizer Festnetz), www.sbb.ch.

Bus

Die gelben Postbusse – in der Schweiz **Postautos** genannt (www.postauto.ch) – fahren auch noch in die abgelegensten Bergtäler. Die Fahrpläne sind generell mit denen der Bahn abgestimmt.

Mietwagen

Autovermieter Nr. 1 in der Schweiz und offizieller Partner der Grand Tour ist Europcar (www.europcar.ch/schweiz-tourismus) mit mehr als 80 Stationen und bis zu 4500 Fahrzeugen: Kleinwagen, Cabrios, Vans, Premium-Limousinen und Offroader.

Für Mitglieder bietet die *ADAC Autovermietung* günstige Konditionen an. Buchungen über www.adac.de/autovermietung, die ADAC Geschäftsstellen oder unter Tel. 089 76 76 20 99 (tgl. 8–22 Uhr).

Für Motorradfahrer stellt *Harley-Davidson Authorized Rentals* (authorizedtours.harley-davidson.ch/) an 13 Stationen die neusten Harleys bereit – von den Sportstern – bis zu den Rushmore-Tourern.

Schiff

Fahrten mit Linien- oder Ausflugsschiffen auf Zürichsee, Vierwaldstättersee, Genfersee, Lago di Lugano, Lago Maggiore und vielen anderen größeren Gewässern sind gut in die Grand Tour of Switzerland einzubinden. Teilweise ist man auf historischen Schaufelraddampfern unterwegs. Die jeweiligen Schifffahrtsgesellschaften sind im Haupttext genannt.

Swiss Pass

Wer sich viel im öffentlichen Streckennetz bewegen möchte, ist mit den Sondertarifen des **Swiss Travel Systems** (www.swisstravelsystem.com) gut beraten, z. B. mit dem für 3, 4, 8 oder 15 Tage gültigen Swiss Pass (auch als 1 Monat gültiger Flex Pass mit individuell wählbaren Reisetagen erhältlich). Er erlaubt freie Fahrt mit Bahnen, Bussen, Schiffen und dem öffentlichen Nahverkehr in vielen Städten.

Taxi

Taxifahren ist in der Schweiz etwas teurer als in Deutschland oder Österreich. Die Preise pro gefahrenem Kilometer können lokal variieren.

Register

Bildnachweis

Titel: Furkapassstraße bei Tiefenbach im Kanton Uri
Foto: **Bildagentur Huber** (H.P. Huber)

Rücktitel: links: **mauritius images** (Prisma); rechts: **swiss-images.ch** (Christof Sonderegger)

Titel Faltkarte: Tremola mit Panorama in Airolo
Foto: **Switzerland Tourism** (Nico Schaerer)

altestramdepot.ch: 219 – Appenzellerland Tourismus AI: 35 (Marc Hutter) – arkivi UG: 10 – Bildagentur Huber: 3.2 (Wh.), 79, 81, 92, 94/95, 117, 120/121, 163, 242, 248/249 (Gräfenhain), 4.2 (Wh.), 104/105 (H.P. Huber), 33, 72/73, 241 (Sonderegger), 48, 56/57 (U. Bernhart), 62 (Kremer), 86/87 (Anna Serrano), 93 (Lukasseck), 130/131 (Richard Taylor), 134 (Eisele-Hein), 209, 254 (Schulte-Kellin) – Corbis: 4.1 (Wh.), 38, 49, 133, 147, 210/211, 217, 264 – dpa Picture-Alliance: 2.4 (Wh.), 36/37 (Bildagentur-online/Fischer), 90/91, 212 (Martin Ruetschi), 100 (Urs Flueeler), 155 (Laurent Gillieron), 207 (Keystone), 244/245 (Alexandra Wey) – fotolia.com: 3.3 (Wh.), 111 (Lukasz Janyst), 13.3 (Tim UR), 50 (Andrea Seemann), 74 (istylepictures), 150 (Vera Kuttelvaserova), 154 (jasckal), 184 (swisshippo), 234 (djama), 235 (Boris Breytman), 250 (shorty25) – gemeinfrei: 179 – ddp-images: 126 (Georg) – Gérard Benoit à la Guillaume: 164/165 – Getty Images: 3.1 (Wh.), 51, 58, 124, 186-187, 226/227, 231 – Glow Images: 24, 40/41, 125, 172/173, 202, 204/205, 221, 253, 259 – Grand Resort Bad Ragaz: 39 – imago: 2.1 (Wh.), 175, 243 (Schöning), 222 (Geisser) – Interfoto: 45 (Friedrich), 188 (TV-Yesterday) – JAHRESZEITEN VERLAG: 2.3 (Wh.), 196 (Kramp+Gölling), 3.4 (Wh.), 113 (Walter Schmitz), 119 (Grossmann Schürle), 138/139 (Gregor Lengler), 144, 146 (Arthur F. Selbach) – Axel Klemmer: 189, 190, 232/233, 247 – laif: 4.3 (Wh.), 223 (Philippe Roy/hemis.fr), 14.1, 161 (Niels Ackerman/NYT/Redux), 15.1, 80, 84, 101 (Joerg Modrow), 70, 225, 251 (Keystone Schweiz), 85 (Iris Kuerschner), 122 (Bally/Keystone Schweiz), 148 (Michael Jungblut), 167 (Berthold Steinhilber), 230, 252 (Andreas Hub), 262 (Gunnar Knechtel) – Laténium, Neuchâtel: 162 – look-foto: 52/53, 123, 127, 152/153, 195, 199, 240 – Mandarin Oriental Hotel Group: 149 – mauritius images: 8, 159 (Prisma), 34, 42/43, 71, 96, 98-99, 128/129, 135, 166, 171, 246 (Alamy), 89 (Steffen Beuthan), 102 (United Archives), 110 (imageBROKER/Meinrad Riedo), 142/143 (imageBROKER/Martin Moxter), 200/201 (Robert Harding), 220 (imageBROKER/Michael Szönyi) – PHOTOPRESS: 237 (Urs Flueeler) – Prisma: 260 (combodesign) – Pro Natura Champ-Pittet: 151 – Schapowalow: 83 (Günter Gräfenhain), 177 (Gabriele Croppi/SIME) – Shutterstock: 13.2 (Gilles Baechler), 14.2 (Eric Isselée), 137 (Zsolt Biczo), 160 (Peter Wey), 256-257 (Estea) – swiss-image.ch: 2.2 (Wh.) 6/7, 54, 67 (Nico Schaerer), 11 (Ivo Scholz), 12.1 (Andreas Gerth), 12.2, 180/181 (Gian Marco Castelberg & Maurice Haas), 13.1, 19, 30/31, 59, 60/61, 64/65, 116, 183 (Christof Sonderegger), 15.3, 25, 109 (Christian Perret), 16/17, 20/21, 23, 75, 156/157 (Roland Gerth), 22 (Lucia Degonda), 28, 141 (Christof Schuerpf), 46/47 (Stefan Schlumpf), 63 (Robert Boesch), 66 (Suvretta House), 68 (Franziska Pfenniger/ST), 69 (Juerg Stauffer), 97 (Jacques Perler), 136, 208 (Marcus Gyger), 168-169 (Gerry Nitsch), 185 (Julian Brenan), 192/193 (Lorenz Andreas Fischer), 197, 198 (Beat Mueller), 203 (Markus Aebischer), 206 (Rob Lewis), 214/215 (Terence du Fresne/ST), 229 (Gerry Nitsch), 238/239 (Peter Christensen), 266 (Max Schmid), 267 (Stephan Engler) – Switzerland Tourism: 9 (Jan Geerk/swiss-images.ch), 26/27 (swiss-images.ch) – The Omnia: 114/115 – Thermalbad Brigerbad: 112 – vario images: 76/77 (McPHOTO) – Villa Orselina: 82 – Wallis Promotion: 106/107 (Christian Perret) – Wieduaner: 32 (CC BY-SA 3.0)

Impressum

Herausgeber:
TRAVEL HOUSE MEDIA GmbH, München
Programmleitung: Dr. Michael Kleinjohann
Verlagsleitung: Ulrich Safferling
Redaktionsleitung: Jens van Rooij
Autor: Axel Klemmer
Redaktion: Simon Pause
Lektorat: Irene Unterricker
Bildredaktion: Dr. Nafsika Mylona, Tobias Schärtl, Lisa Meilinger
Satz: Michaela Reitinger, Eva Stadler
Schlusskorrektur: Julia Babin
Umschlaggestaltung: independent Medien-Design, München
Karten (Umschlag und Innenteil): Computerkartographie Carrle, München
Herstellung: Katrin Uplegger
Druck: Drukarnia Dimograf Sp z o.o. (Polen)

Ansprechpartner für den Anzeigenverkauf:
Kommunalverlag GmbH & Co KG, MediaCenterMünchen, Tel. 089/92 80 96 44

Wir danken Schweiz Tourismus für die Unterstützung bei diesem Band, insbesondere Carina Marugg und Antje Seeling.

ISBN 978-3-95689-146-5

1. Auflage 2015

ADAC Reiseführer
Markenlizenz der ADAC Verlag GmbH & Co. KG, München

TRAVEL HOUSE MEDIA

Ein Unternehmen der
GANSKE VERLAGSGRUPPE